U0583315

# 吉林全書

雜集編

㉘

吉林文史出版社

**圖書在版編目（CIP）數據**

辦理札薩克圖蒙荒案卷 : 上下冊 / 札薩克圖蒙荒行局編 . -- 長春 : 吉林文史出版社 , 2025. 5. -- ( 吉林全書 ). -- ISBN 978-7-5752-1135-2

Ⅰ . F329.49 ; D691.22

中國國家版本館 CIP 數據核字第 2025AE3548 號

BANLI ZHASAKETU MENG HUANG ANJUAN（SHANG XIA CE）

**辦理札薩克圖蒙荒案卷（上下册）**

编　　者　札薩克圖蒙荒行局

出 版 人　張　强

責任編輯　王　非　張雅婷

封面設計　溯成設計工作室

出版發行　吉林文史出版社

地　　址　長春市福祉大路5788號

郵　　編　130117

電　　話　0431-81629356

印　　刷　吉林省吉廣國際廣告股份有限公司

印　　張　64.5

字　　數　224千字

開　　本　787mm × 1092mm　1/16

版　　次　2025年5月第1版

印　　次　2025年5月第1次印刷

書　　號　ISBN 978-7-5752-1135-2

定　　價　320.00圓（上下册）

#《吉林全書》編纂委員會

總主編　曹路寶

雜集編主編　胡維革　李德山　劉奉文

# 《吉林全書》學術顧問委員會

學術顧問（按姓氏音序排列）

邴　正　陳紅彥　程章燦　杜澤遜　關樹東　黃愛平　黃顯功　江慶柏

姜偉東　姜小青　李花子　李書源　李　岩　李治亭　厲　聲　劉厚生

劉文鵬　全　勤　王　鍔　韋　力　姚伯岳　衣長春　張福有　張志清

# 總序

『長白雄東北，嵯峨俯塞州。』吉林省地處中國東北中心區域，是中華民族世代生存融合的重要地域，素有『白山松水』之地的美譽。歷史上，華夏、濊貊、肅慎和東胡族系先民很早就在這片土地上繁衍生息，高句麗、渤海國等中國東北少數民族政權在白山松水間長期存在，以契丹族、女真族、蒙古族、滿族融合漢族在内的多民族形成的遼、金、元、清四個朝代，共同賦予吉林歷史文化悠久獨特的優勢和魅力，決定了吉林文化不可替代的特色與價值，具有緊密呼應中華文化整體而又與衆不同的生命力量，見證了中華民族共同體的融鑄和我國統一多民族國家的形成與發展。

提到吉林，自古多以千里冰封的寒冷氣候爲人所知，一度是中原人士望而生畏的苦寒之地，一派肅殺之氣。再加上吉林文化在自身發展過程中存在着多次斷裂，致使衆多文獻湮没、典籍無徵，一時多少歷史文化精粹『明珠蒙塵』，因此，形成了一種吉林缺少歷史積澱，文化不若中原地區那般繁盛的偏見。實際上，在數千年的漫長歲月中，吉林大地上從未停止過文化創造，自青銅文明起，從先秦到秦漢，再到隋唐直至明清，吉林地區不僅文化上不輸中原地區，還對中華文化産生了深遠的影響，爲後人留下了衆多優秀古籍，涵養着吉林文化的根脉，猶如璀璨星辰，在歷史的浩瀚星空中閃耀着奪目光輝，標注着地方記憶的傳承與中華文明的賡續。我們需要站在新的歷史高度，用另一種眼光去重新審視吉林文化的深邃與廣闊，通過豐富的歷史文獻典籍去閲讀吉林文化的傳奇與輝煌。

吉林歷史文獻典籍之豐富，源自其歷代先民的興衰更替、生生不息。吉林文化是一個博大精深的體系，從左家山文化的『中華第一龍』，到西團山文化的青銅時代遺址，再到二龍湖遺址的燕國邊城，都見證了吉林大地的文明在中國歷史長河中的肆意奔流。早在兩千餘年前，高句麗人的《黄鳥歌》《人參贊》以及《留記》等文史作品就已在吉林誕生，成爲吉林地區文學和歷史作品的早期代表作。高句麗文人之《新集》，渤海國人『疆理雖重海，車書本一家』之詩篇，金代海陵王詩詞中的『一咏一吟，冠絶當時』，再到金代文學的『華實相扶，骨力遒上』，皆凸顯出吉林不遜文教、獨具風雅之本色。

吉林歷史文獻典籍之豐富，源自其地勢四達并流、山水環繞。吉林土地遼闊而肥沃，山河壯美而令人神往，吉林大地可耕可牧、可漁可獵，無門庭之限，亦無山河之隔，進出便捷，四通八達。沈兆禔在《吉林紀事詩》中寫道，『肅慎先徵孔氏書』，印證了東北邊疆與中原交往之久遠。早在夏代，居住於長白山脚下的肅慎族就與中原建立了聯係。一部《吉林通志》，『考四千年之沿革，挈領提綱；綜五千里之方輿，辨方正位』，從時間和空間兩個維度，寫盡吉林文化之淵源深長。

吉林歷史文獻典籍之豐富，源自其民風剛勁、民俗絢麗。《長白徵存録》寫道，『日在深山大澤之中，伍鹿豕、耦虎豹，非素嫻技藝，無以自衛』，描繪了吉林民風的剛勁無畏，爲吉林文化平添了幾分豪放之感。清代藏書家張金吾也在《金文最》中評議，『知北地之堅强，絶勝江南之柔弱』，足可見，吉林大地與生俱來的豪健英杰之氣。同時，與中原文化的交流互通，也使邊疆民俗與中原民俗相互影響、不斷融合，既體現出敢於拼搏、鋭意進取的開拓精神，又兼具脚踏實地、穩中求實的堅韌品格。

吉林歷史文獻典籍之豐富，源自其諸多名人志士、文化先賢。自古以來，吉林就是文化的交流彙聚之地，從遼、金、元到明、清，每一個時代的文人墨客都在這片土地留下了濃墨重彩的文化印記。特别是，清代東北流人的私塾和詩社，爲吉林注入了新的文化血液，用中原的文化因素教化和影響了東北的人文氣質和文化形態；至近代以『吉林三杰』宋小濂、徐鼐霖、成多禄爲代表的地方名賢，以及寓居吉林的吴大澂、金毓黻、劉建封等文化名家，將吉林文化提升到了一個全新的高度，他們的思想、詩歌、書法作品中無一不體現着吉林大地粗狂豪放、質樸豪爽的民族氣質和品格，滋養了孜孜矻矻的歷代後人。

盛世修典，以文化人，是中華民族延續至今的優良傳統。我們在歷史文獻典籍中尋找探究有價值、有意義的歷史文化遺産，於無聲中見證了中華文明的傳承與發展。吉林省歷來重視地方古籍與檔案文獻的整理出版。自二十世紀八十年代以來，李澍田教授組織編撰的《長白叢書》，開啓了系統性整理、組織化研究吉林文獻典籍的先河，贏得了『北有長白，南有嶺南』的美譽；進入新時代以來，鄭毅教授主編的《長白文庫》叢書，繼續肩負了保護、整理吉林地方傳統文化典籍，弘揚民族精神的歷史使命，從大文化的角度折射出吉林文化的繽紛异彩。隨着《中國東北史》和《吉林通史》等一大批歷史文化學術著作的問世，形成了獨具吉林特色的歷史文化研究學術體系和話語體系，對融通古今、賡續文脉發揮了十分重要的作用。正是擁有一代又一代富有鄉邦情懷的吉林文化人的辛勤付出和豐碩成果，使我們具備了進一步完整呈現吉林歷史文化發展全貌，淬煉吉林地域文化之魂的堅實基礎和堅定信心。

當前，吉林振興發展正處在滚石上山、爬坡過坎的關鍵時期，機遇與挑戰并存，困難與希望同在。站在這樣的歷史節點，迫切需要我們堅持高度的歷史自覺和人文情懷，以文獻典籍爲載體，全方位梳理和展示吉林政治、經濟、社會、文化發展的歷史脉絡，讓更多人瞭解吉林歷史文化的厚度和深度，感受這片土地獨有的文化基因和精神氣質。

鑒於此，吉林省委、省政府作出了實施《吉林全書》編纂文化傳承工程的重大文化戰略部署，這不僅是深入學習貫徹習近平文化思想、認真落實黨中央關於推進新時代古籍工作要求的務實之舉，也是推進吉林優秀傳統文化保護傳承、建設文化强省的重要舉措。歷史文獻典籍是中華文明歷經滄桑留下的最寶貴的東西，是吉林優秀歷史文化『物』的載體，彙聚了古人思想的寶藏、先賢智慧的結晶。對歷史最好的繼承，就是創造新的歷史。傳承延續好這些寶貴的民族記憶，就是要通過深入挖掘古籍藴含的哲學思想、人文精神、價值理念、道德規範，推動中華優秀傳統文化創造性轉化、創新性發展，作用于當下以及未來的經濟社會發展，更好地用歷史映照現實、遠觀未來。這是我們這代人的使命，也是歷史和時代的要求。

從《長白叢書》的分散收集，到《長白文庫》的萃取收録，再到《吉林全書》的全面整理，以歷史原貌和文化全景的角度，進一步闡釋了吉林地方文明在中華文明多元一體進程中的地位作用，講述了吉林人民在不同歷史階段爲全國政治、經濟、文化繁榮所作的突出貢獻，勾勒出吉林文化的質實貞剛和吉林精神的雄健磊落、慷慨激昂，引導全省廣大幹部群衆更好地瞭解歷史、瞭解吉林，挺起文化脊梁、樹立文化自信，不斷增强砥礪奮進的恒心、韌勁和定力，持續激發創新創造活力，提振幹事創業的精氣神，爲吉林高品質發展明顯進位、全面振興取得新突破提供有力文化支撑，彙聚强大精神力量。

爲扎實推進《吉林全書》編纂文化傳承工程，我們組建了以吉林東北亞出版傳媒集團爲主體，涵蓋高等院校、研究院所、新聞出版、圖書館、博物館等多個領域專業人員的《吉林全書》編纂委員會，并吸收國内知名清史、民族史、遼金史、東北史、古典文獻學、古籍保護、數字技術等領域專家學者組成顧問委員會，經過認真調研、反復論證，形成了《〈吉林全書〉編纂文化傳承工程實施方案》，確定了『收集要全、整理要細、研究要深、出版要精』的工作原則，明確提出在編纂過程中不選編、不新創，尊重原本、致力全編，力求全方位展現吉林文化的多元性和完整性。在做好充分準備的基礎上，《吉林全書》編纂文化傳承工程於二〇二四年五月正式啓動。

爲高質量完成編纂工作，編委會對吉林古籍文獻進行了空前的彙集，廣泛聯絡國内衆多館藏單位，尋訪民間收藏人士，重點以吉林省方志館、東北師範大學圖書館、長春師範大學圖書館、吉林省社科院爲收集源頭開展了全面的挖掘、整理和集納；同時，還與國家圖書館、上海圖書館、南京圖書館、遼寧省圖書館、吉林省圖書館、吉林市圖書館等館藏單位及各地藏書家進行對接洽談，獲取了充分而精准的文獻信息。同時，專家學者們也通過各界友人廣徵稀見，在法國國家圖書館、日本國立國會圖書館、韓國國立中央圖書館等海外館藏機構搜集到諸多珍貴文獻。在此基礎上，我們以審慎的態度對收集的書目進行甄别、分類、整理和研究，形成了擬收録的典藏文獻名録，分爲著述編、史料編、雜集編和特編四個類别。此次編纂工程不同於以往之處，在於充分考慮吉林的地理位置和歷史變遷，將散落海内外的日文、朝鮮文、俄文、英文等不同文字的相關文獻典籍一并集納收録，并以原文搭配譯文的形式收於特編之中。截至目前，我們已陸續對一批底本最善、價值較高的珍稀古籍進行影印出版，爲館藏單位、科研機構、高校院所以及歷史文化研究者、愛好者提供參考和借鑒。

『周雖舊邦，其命維新』，文獻典籍最重要的價值在於活化利用。編纂《吉林全書》并不意味着把古籍束之高閣，而是要在『整理古籍、複印古書』的基礎上，加强對歷史文化發展脉絡的前後貫通、左右印證，更好地服務於對吉林歷史文化的深入挖掘研究。爲此，我們同步啓動實施了『吉林文脉傳承工程』，旨在通過『研究古籍、出版新書』，讓相關學術研究成果以新編新創的形式著述出版，借助歷史智慧和文化滋養，通過創造性轉化、創新性發展，探尋當前和未來的發展之路，以守正創新的正氣和鋭氣，賡續歷史文脉、譜寫當代華章。

做好《吉林全書》編纂文化傳承工程是一項『汲古潤今，澤惠後世』的文化事業，責任重大、使命光榮。我們將秉持敬畏歷史、敬畏文化之心，以精益求精、止於至善的工作信念，上下求索、耕耘不輟，爲實現文化種子『藏之名山，傳之後世』的美好願景作出貢獻。

《吉林全書》編纂委員會

二〇二四年十二月

# 凡例

一、《吉林全書》（以下簡稱《全書》）旨在全面系統收集整理和保護利用吉林歷史文獻典籍，傳播弘揚吉林歷史文化，推動中華優秀傳統文化傳承發展。

二、《全書》收録文獻地域範圍，首先依據吉林省當前行政區劃，然後上溯至清代吉林將軍、寧古塔將軍所轄區域内的各類文獻。

三、《全書》收録文獻的時間範圍，分爲三個歷史時段，即一九一一年以前，一九一二至一九四九年，一九四九年以後。每個歷史時段的收録原則不同，即一九一一年以前的重要歷史文獻，收集要『全』；一九一二至一九四九年間的重要典籍文獻，收集要『精』；一九四九年以後的著述豐富多彩，收集要『精益求精』。

四、《全書》所收文獻以『吉林』爲核心，着重收録歷代吉林籍作者的代表性著述，流寓吉林的學人著述，以及其他以吉林爲研究對象的專門著述。

五、《全書》立足於已有文獻典籍的梳理、研究，不新編、新著、新創。出版方式是重印、重刻。

六、《全書》按收録文獻内容，分爲著述編、史料編、雜集編和特編四類。

著述編收録吉林籍官員、學者、文人的代表性著作，亦包括非吉林籍人士流寓吉林期間創作的著作。作品主要爲個人文集，如詩集、文集、詞集、書畫集等。

史料編以歷史時間爲軸，收録一九四九年以前的歷史檔案、史料、著述，包含吉林的考古、歷史、地理資料等；收録吉林歷代方志，包括省志、府縣志、專志、鄉村村約、碑銘格言、家訓家譜等。

雜集編收録關於吉林的政治、經濟、文化、教育、社會生活、人物典故、風物人情的著述。

特編收録就吉林特定選題而研究編著的特殊體例形式的著述。重點研究認定『滿鐵』文史研究資料和東北亞各民族不同語言文字的典籍等。關於特殊歷史時期，比如，東北淪陷時期日本人以日文編寫的『滿鐵』資料作爲專題進行研究，以書目形式留存，或進行數字化處理。開展對滿文、蒙古文，高句麗史、渤海史、遼金史的研究，對國外研究東北地區史和高句麗史、渤海史、遼金史的研究成果，先作爲資料留存。

七、《全書》出版形式以影印爲主，影印古籍的字體版式與文獻底本基本保持一致。

八、《全書》整體設計以正十六開開本爲主，對於部分特殊内容，如，考古資料等書籍采用一比一的比例還原呈現。

九、《全書》影印文獻每種均撰寫提要或出版説明，介紹作者生平、文獻内容、版本源流、文獻價值等情況。影印底本原有批校、題跋、印鑒等，均予保留。底本有漫漶不清或缺頁者，酌情予以配補。

十、《全書》所收文獻根據篇幅編排分册，篇幅適中者單獨成册，篇幅較大者分爲序號相連的若干册，篇幅較小者按類型相近或著作歸屬原則數種合編一册。數種文獻合編一册以及一種文獻分成若干册的，頁碼均單排。若一本書中收録兩種及以上的文獻，將設置目録。各册按所在各編下屬細類及全書編目順序編排序號，全書總序號則根據出版時間的先後順序排列。

# 辦理札薩克圖蒙荒案卷

札薩克圖蒙荒行局　編

# 提要

《辦理札薩克圖蒙荒案卷》札薩克圖蒙荒局編。清抄本。東北師範大學圖書館藏。孤本。此書是科爾沁右翼前旗，即札薩克圖郡王旗荒務檔案資料彙編。共八册計四百二十多篇。以奏辦札薩克圖蒙荒行局與盛京將軍增祺之間的呈報、札飭，以及與札薩克圖郡王烏泰、札薩克圖郡王旗間的相互移行移覆文爲主。兼及札薩克圖蒙荒行局與駐省總局、遼源州總巡吴俊升、康平縣等相互移行文，及與屬員、繩起、蒙古臺壯、新舊領荒户間的札示、稟請，還有增祺奏摺及與理藩院等有關部門的諮文、皇帝諭旨等。收録時间爲光緒二十八年（一九〇二）二月至光緒三十年（一九〇四）。區域以吉林省白城地區洮南市、白城市、通榆縣爲主，以及四平、懷德、雙遼、夫余、前郭、大安、鎮賚、長嶺、乾安等，波及地域包含遼寧瀋陽、鐵嶺、開原、昌圖，以及黑龍江、内蒙古等地。内容涉及放荒、建制、歷史沿革、人物、經濟、民族關係、山川、地貌、土壤、文化、中俄關係等。鈐有『奏辦科爾沁札薩克圖蒙荒行局關防』印。是研究白城地區規模最大的珍貴歷史檔案文獻。

爲盡可能保存古籍底本原貌，本書做影印出版，因此，書中個别特定歷史背景下的作者觀點及表述内容，不代表編者的學術觀點和編纂原則。

目録

# 辦理札薩克圖蒙荒案卷 上

札薩克圖蒙荒行局 編

# 辦理蒙荒案卷

第一冊

欽差奏為查辦札薩克圖郡王烏泰疊被參控各節並擬具該旗開荒章程十條由

稟為開辦蒙荒大概情形並擬具章程十一條告示二紙請　核由

督憲札據劉令福陞稟懇招撫降匪倚海等並令其招隊護局移批飭知由

稟為遵諭請領墊辦行局銀兩由

呈為解還墊辦銀陸千兩請　核由

稟為請刊荒務行局木質關防速發遵領由

督憲札據行局擬訂員司書差月支薪水車價銀兩各數目飭覆遵行由

稟為行局總幫辦薪水車價數目並開支日期請　示遵領由

札為開辦荒務委　派局起各司書由

呈送揀派　辦事官及局起各司事銜名冊由

呈為遵諭開送各員履歷由

呈為請發先儘蒙戶領荒告示並期明定限期由文未抄

督憲為出示先儘本旗蒙人定限報領荒地由

督憲札為再行出示招領由

呈為遵札再行出示諭各蒙戶照前示給限報領由

呈為移借吳總巡馬隊同赴蒙荒由

呈為職等現抵鄭家屯擬立行局並前往蒙荒勘辦日期由

呈為查勘蒙荒回局日期由

稟為王幫辦現抵鄭家屯行局日期由

呈為到荒查勘實情並擬議應辦事件即時開繩請 核由

附稟爲面晤該郡王其中語言不無轇轕謬妄各情由

再稟爲准蒙王面請傳集該旗台壯會同該王面爲傳諭以免上下歧異由

呈爲踹定城基並擬價值請 核由

呈爲新踹城基更名雙流鎮請 核由

呈爲繪送街基全圖丈尺領户花名並徵收價銀請 核由

雙流鎮城基圖總説

奏為遵查蒙古郡王叠被叅控各節訊明擬結暨各蒙旗被匪情形
現擬嚴拏匪首並酌擬蒙旗開墾章程據實具陳恭摺仰祈
聖鑒事竊奴才等於光緒二十八年二月初九日承准軍機大臣字寄正
月三十日奉
上諭理藩院奏台吉呈控盟長通匪據情代奏一摺所控札薩克圖郡王
烏泰斂財虐衆不恤旗艱通匪搶掠致將札薩克印信竊去等語又
稱烏泰携帶印信不知去向前後所報兩歧情節支離亟應澈底根究
著裕　會同增　確切查明據實具奏原呈著抄給閱看將此各諭令知
之欽此十八日又准軍機大臣字寄初七日奉
上諭理藩院奏科爾沁札薩克鎮國公喇什敏珠爾等呈報札薩克圖王旗

圖古木地方賊匪聚衆肆行搶奪及派兵勦辦情形將原呈譯漢呈覽一摺
卓索圖土默特貝勒旗亂匪滋事致斃蒙員多命自應迅速查辦着裕
會同增　確切查明歸入前案認真辦理據實覆奏原摺呈均著抄給
閲看將此各諭令知之欽此二十七日又准軍機大臣字寄十七日奉
上諭薩保奏江省開復蒙王無案可稽請仍革任不准再管旗務一摺札
薩克圖郡王烏泰前經叅革並無開復之案情節種種支離著裕　會
同增　歸併前案認真查究務期水落石出據實具奏毋稍徇隱原摺
著抄給閲看將此諭令知之欽此　奴才　等恭讀疊次
諭旨遵查前後案情詳細推尋其故悉由札薩克圖郡王旗亂匪滋事而
起須將郡王烏泰協理台吉巴圖濟爾噶勒傳案詳訊方能水落石出其

科爾沁鎮國公旗之扎蘭散巴拉克察典儀達蘭泰亦應提傳來省查訊該旗被匪情形並行文黑龍江將軍將一應卷宗咨送備查始能澈底根究奴才等一面遴派委員分往各旗提傳人証一面咨行黑龍江將軍調取卷宗旋准署黑龍江將軍薩保將卷宗咨送前來札薩克圖旗郡王烏泰協理台吉巴圖濟爾噶勒科爾沁鎮國公旗扎蘭散巴拉克察典儀達蘭泰等一干人証均隨同傳案委員先後報到四月十一日奴才裕會同奴才增率領隨帶司員親傳郡王烏泰當堂宣示

查辦

諭旨該郡王烏泰伏地引咎出於至誠奴才增因地方公事繁劇仍由奴才

裕督飭司員秉公審理將傳到人証隔別研訊逐細推求究明各案確

情由奴才等復加詳核緣札薩克圖郡王烏泰初因欠債三萬餘兩無款籌還始擬放荒招墾而衆台吉壯丁人等情願分攤銀兩抵還該王欠債求爲盡逐荒戶該王亦曾允許已革協理台吉朋蘇克巴勒珠爾因該郡王事後食言不但舊日荒戶未逐而新增荒戶又復紛添曾在理藩院暨奉天省城盟長等處屢控不已至該郡王多招荒戶之由實因從前已放荒界南北長三百餘里東西寬一百餘里外來客民共有一千二百六十餘戶該郡王不諳放荒章程每戶不問墾地多寡槪令交押荒銀二十兩以致嗜利之徒任意墾佔轉相私售以一戶之名隱匿私租多戶其報名領地之戶已不按長一里寬四里章程而外佃鎊青之戶尤不遵領限制每年僅納租糧十石即可盡力開墾由是青戶愈多佔地愈廣戶口

實已暗增數千餘家致新開荒地又增長三百餘里寬一百餘里該郡王毫無覺察任聽梅楞齊莫特色楞已革協理台吉色楞汪保已革管旗章京達氏桑保已革梅楞崔木丕勒已革札蘭丹森呢嗎台吉旺霍爾等經理其事而該梅楞等又受各攬頭愚弄從未考究戶口地段之多少徒有放荒虛名轉為攬頭等添一利藪該梅楞等復袒護荒戶不准台吉壯丁在彼游牧該台吉壯丁等因荒戶隱佔腴産反阻本旗游牧愈為不平而該郡王之左右蒙蔽招摇足為釀禍之漸光緒十七年卓索圖昭烏達二盟土匪作亂喀喇沁敖漢土默蒙古鎮旗等處人丁逃難外出悉至札薩克圖郡王旗陀喇河南北兩岸居住二十年曾由該郡王據情呈報經理藩院奏明事平之後即行驅遣各自回旗毋得逗遛行知在案而

剛保桑保薩那多爾濟等皆非各該旗安分良民亂萌即伏於此二十五年該郡王被人控告經前任將軍依克唐阿奏請暫行撤去札薩克印務聽候辦理嗣經奴才增　查明覆奏由理藩院核議奏請查銷暫撤札薩克印務處分革去副盟長職任二十六年五月二十二日奉

旨依議欽此由院恭錄行文該郡王遵照其前署黑龍江將軍壽山奏請開復該郡王札薩克之案係是年六月二十一日距理藩院所奏相去僅止一月既經理藩院奏明奉

旨在先則黑龍江將軍奏請開復之案似覺重複惟自二十六年以後該旗外來游民剛保桑保薩那多爾濟等業已勾引鬍匪王洛虎等乘間作亂以該郡王旗圖古木地為老巢於是科爾沁圖什業圖親王旗科爾沁鎮

國公旗郭爾羅斯輔國公旗同時被其騷擾驛站處處梗阻事隔一年
理藩院印文尚未奉到而黑龍江將軍印文亦經年屢月始達該旗護
理該旗札薩克印務協理台吉巴圖濟爾噶勒奉到江省印文後即將
札薩克印務移送該郡王接收而札賚特郡王等旗尚未接奉理藩院
開復該郡王烏泰札薩克印務之文所有應行札薩克圖旗文件仍知照
護印人員辦理巴圖濟爾噶勒心生疑惑追思江省印文或有舛誤轉悔
從前送還印信之非遂有硃墨不符種種疑議因臚列該郡王前後多
款呈由盟長札賚特郡王咨報理藩院並行查黑龍江將軍衙門即經
理藩院據情代奏復經署黑龍江將軍薩保據咨奏參先後奉
旨交
奴才等查辦查前任將軍依克唐阿查辦該郡王之時並未革其爵職

其開復之案亦指查銷暫撤札薩克處分而言而盟長札賚特郡王咨查黑龍江將軍謂黑龍江緣何開復烏泰郡王原職似係誤會至
恩准開復之案業經理藩院行知奉省前來由奴才增 恭錄轉行哲里木盟在案所有印信據巴圖濟爾噶勒呈稱遵諭送交復加竊去字樣未免自相矛盾至稱該郡王通匪與科爾沁鎮國公喇什敏珠爾等呈報該公旗被匪各節查札薩克圖郡王旗自遭匪亂道路戒嚴道員周冕由黑龍江路過該旗即有被鬍匪搶奪並槍斃兵役之事蒙古各旗匪蹤出沒靡常搶掠之案層見迭出亟宜勦撫并行以安蒙業二十七年七月疊經黑龍江將軍薩保出示定限遴派員弁實力招撫分行各旗一體遵辦以期永靖地方其著名鬍匪遵示繳械投誠者實繁有徒該郡王自是年七

月接印後深知該匪等器械堅利勦不如撫遂於十月間赴圖古木地方親自開導賞以扎蘭梅楞頂戴給以米石草料以示羈縻喇嘛沁色林保一併給以會首執照該旗協理台吉巴圖濟爾噶勒等不知底藴遂疑該郡王與賊相通大失所望一面會同圖什業圖親王科爾沁鎮國公郭爾羅斯輔國公等旗官員齊赴哈爾濱俄國伯里總督處商求派兵勦匪俄兵於十一月初一日行抵該旗剛保桑保等因該郡王親加撫恤即未在該旗肆擾科爾沁鎮國公旗距圖古木地方止三十餘里從前屢被匪衆搶掠牲口財物並殺傷達喇嘛什拉布温保等數人適該匪等恃有梅楞扎蘭職銜就近前往該旗挾制需索該鎮國公派員查詢即為該匪等盡行拘拏所拏之扎蘭阿玉勒烏貴與札薩克圖郡王旗擊斃之台吉阿玉勒烏

貴查明係屬兩人該公旗協理台吉察克達爾色楞被執不屈首先爲匪用槍擊斃其餘扎蘭散巴拉克察等八名方欲殺害未及動手適巴圖濟爾噶勒等邀請俄兵旋至該匪剛保桑保薩那多爾濟王洛虎等抵禦不住潰散遣逃匪蹤稍靖該郡王擬赴哈爾濱親往致謝而俄伯里總督亦欲面見該王該郡王報明盟長始攜印往見非敢私攜擅出惟該旗甫定之後闔旗人等正擬商辦善後之事因未見該郡王之面亦不知因公出境緣由遂疑攜印不知去向現均質訊明確該郡王自二十五年被控放荒之案查明奏結後與該協理台吉巴圖濟爾噶勒尚未會同辦事以致宵小乘隙播弄遂致彼此懷疑互相誣揑其巴圖濟爾噶勒藉匪聚兵勒索旗衆傳聞似屬有因細按皆無實據經奴才

等親自當堂剖悉宣導等該郡王該協理台吉等均各悔悟感泣情願湔洗前愆驅逐讒慝和同辦理旗務各具供結懇求核辦查該郡王旗以開荒起衅纏訟多年初因信任非人措施不善漸至各懷私意互立黨援幾置旗務於不顧而游民鬍匪乘機勾結侵成該旗之患復貽鄰壑之憂皆不得謂之無咎署黑龍江將軍薩保謂烏泰不能和協統議持平立議固足折服其心而巴圖濟爾噶勒懷疑呈控亦非事所應為即將其概加嚴譴均屬咎由自取惟是該旗亂匪粗平整飭地方清查戶口在在均關緊要若僅擬予尋常處分不為籌一長治久安之策恐數年之後隱患潛滋遺害匪淺殊非仰體

朝廷安撫外藩之意奴才等悉心詳酌擬將札薩克圖郡王烏泰之札薩克職

台吉巴圖濟爾噶勒之協理職一并奏請督行叅革仍准留任勒限三年飭令將閤旗事務和衷共濟認真經理三年限滿果能經理得宜准闔旗台吉壯丁人等聯名公保呈由

盛京將軍暨理藩院奏請開復暫革留任處分倘仍各存意見別滋事端准其呈報查係何人之咎即將何人永遠革任不准再管旗務以示懲儆而戒效尤是否有當伏候

聖裁至烏泰信用之梅楞齊莫特色楞已革協理台吉色楞汪保已革管旗章京達瓦桑保已革梅楞崔木丕勒已革扎蘭丹森呢嗎台吉旺霍爾等及巴圖濟爾噶勒信用之已革協理台吉朋蘇克巴勒珠爾台吉薩郍舍利梅楞哈斯梅楞郍遜拔都梅楞温度爾虎等應飭分別屏黜不准妄行干預

閭旗公務庶足以昭平允科爾沁鎮國公旗協理台吉察克達爾色
楞實係遇賊被害應否議卹之處即由理藩院奏明請
旨辦理查蒙古地面游民鬍匪勾通為害已非一年或明目張膽或混跡
潛蹤聚則為匪散則為民查拏殊為非易屢經奴才增　會同吉林
黑龍江各省將軍分飭旗屬勦撫兼施不遺餘力仍復不能淨盡況
剛保桑保薩那多爾濟王洛虎等均為著名匪首擾亂數旗已成
一方巨患若不合力兜緝盡法處置不足以安民心除由奴才裕　會同奴才
增　通飭嚴密查拏毋令一名漏網外仍請
旨飭下吉林將軍黑龍江將軍分飭所管各盟旗一體緝拏務獲懲辦以
淨根株而安良善案情既已查明人証即行省釋至札薩克圖郡王旗

放荒開墾一事行之二十餘年招徠數千餘户勢難中止該台吉壯丁深知耕穫之益亦思自行墾種但膏腴之地早為外來荒户所佔欲驅不可欲攘不能遂至忿爭成隙訐告不休該協理台吉巴圖濟爾噶勒所呈各節與面訴供詞皆請嚴查匪類禁止私荒並非腹誹墾務若不妥為計議實不足體恤蒙艱且札賚特郡王旗放荒開墾業經奏明奉

旨允准由户部核定章程飭令試辦該札薩克圖旗事同一律而水土豐潤倍勝他旗亟宜援照辦理惟游牧乃蒙古本業尤宜兼顧總令農政與牧政相輔而行庶主客兩無偏倚奴才裕 詳稽成案俯察輿情與奴才增酌中定議謹擬章程十條繕具清單恭呈

御覽如蒙

俞允再由奴才增　奏派廉幹之員前往該旗周歷巡視講求詳細辦法稟請
奏明立案竊維查辦蒙古事件現與內地不同奴才等受
恩深重目擊時艱值此邊防多事之秋當以綏服藩封為要故一應事件寬嚴
互用懲勸兼施未敢稍存偏見如經營旗產安插客民等事務求行諸
久遠不敢調停敷衍專顧目前惟期上為
國家開濬利源下為藩民籌謀生計雖外招荒戶該旗或有畛域之分而懷
保惠鮮在
朝廷則皆視如赤子舉凡興利除弊戢暴安良必須實惠均霑然後衆心傾
服培蒙旗之根本即所以固疆域之藩籬果能樂利相安當可仰紓
宸慮其餘善後事宜隨時體察情形奴才增　詳核辦理奴才裕　拜摺後即率

隨帶司員仍遵前奏乘坐火車起程回京恭覆
恩命所有奴才等遵
旨查辦札薩克圖郡王烏泰疊被叅控各節訊明擬結暨該旗並科爾沁鎮
國公旗被匪情形共著名匪首擬由各該省將軍通飭一體嚴拏並
將該旗開墾章程開單具擬各緣由理合恭摺據實覆陳伏乞
皇太后
皇上聖鑒訓示謹
奏請
旨

一經界宜正也查該旗纏訟多年固由於押荒銀兩未能均勻分派而其要端在報領荒地漫無限制如報名領荒不以地計只以戶計每戶納銀二十兩將地段盡情開墾從無查考無論所放荒地若干僅止每戶每年納糧十石甚至一人出名將原領數十百晌之地任意轉賣暗復另闢閒荒其原領花名册内只有一人而私戶不知凡幾此羣情所以不服而纏訟所以不休也欲廓清積弊非厘定墾戶領地晌數不足以清界址而息爭端

一畝數宜清丈也查札賚特王旗奏准放荒章程將墾戶所種之地丈清晌數核收荒價但將荒價繳清已墾者不强令退地免致有棄産之累該旗自應仿照辦理各該墾戶應丈地畝應繳荒價勿得隱匿觀望自

誤生業

一原領荒價宜畫一也查原墾每户交銀二十兩准予開荒一百晌闔旗墾户自應一律辦理倘私墾逾額准報明確數將應補押荒銀兩照原數繳足此係體恤原領墾户而言如新領墾户則應另立新章聽候

出示遵行

一續放荒價宜酌增也查札賚特王旗招墾成案每晌訂收中錢四千二百文以二千一百文歸之

國家作為報効以二千一百文歸之蒙旗自王府以下至台吉壯丁喇嘛人等分別等差各有一定應得數目無所偏倚永為生業上下相安此次該郡王暨協理台吉率同闔旗人等公同呈請情願請員代辦出於至誠

查核該蒙情形非遴委廉明幹練之員不能妥協辦理果真經理得宜上可以充
國帑下可以恤蒙情務期公私兼盡俾該旗咸知耕鑿之利

一蒙荒全勢宜先知也查該王呈驗地圖南北千餘里東西一二百里現在開墾之處核該旗地址已逾其半較之札賚特旗奏准開荒之地南北約長三百餘里東西寬數十里更為寬廣依山帶水壤脈膏腴尤屬開源要舉

一地畝宜分別荒熟也除墾熟地畝以應令當年一律起科其新開生荒准照六年升科例徵收俾符成案至於廬墓所在已墾者宜量為讓出未墾者尤宜設法繞越以示體恤

一升科章程宜酌定也查札賚特王旗每晌地酌訂中錢六百六十文以二百四十文歸之國家為籌餉安官各項經費以四百二十文歸作蒙古生計此次勘辦詳細條目應俟委員查明後參酌妥定辦理

一報領生荒宜示區别也查本旗開荒應先儘本旗蒙古台吉壯丁人等儘數納領如果報領無人方准外來之户報領以固根本而示優異

一酌留餘荒宜講求牧養也該旗地段除丈准開荒立定界址外務將水草豐茂之區寬留餘地以作牧場俾各蒙人毋荒本業兼資養畜

一遴派委員宜親往該旗督辦也當此蒙衆粗安所有一應安插良善驅逐匪類及續行招墾善後各事宜均屬不易務須詳察蒙地情形暨札賚特旗奏准

成案遇事互相體察酌中辦理

全銜　名謹

稟

督憲將軍麾下敬稟者竊職等渥蒙

憲恩委充札薩克圖蒙旗荒務行局總辦自應即時操辦以期無負

憲台委任之至意惟查此荒事體重大絶非尋常荒務可比且其中轇轕甚多如該旗屬員既與該郡王上下離心慣事串唆而舊有之墾戶又係喀喇沁等部落亘古天驕更難箝制原奏十條似多含意待於引伸而第三條之補繳荒價每晌僅合銀二錢若照此辦理則棄數十萬金錢誠為可惜若照新價徵收恐一經滯碍即得輕翻奏案

之咎是以不得不請先到段查勘始能定明此節況原奏結尾有由
憲台遴員周歷巡視詳細講求辦法再行奏明立案數語似一切均須職
等赴荒查明禀由
憲台再行核奏至該處距省窵遠人烟稀少寔為苦境非事權攸屬
上下聯為一氣不易有成所幸
憲台素昔最為精熟墾政職等遇事有所禀承私心尚堪幸慰茲
謹擬大概章程十二條並告示二紙是否有當謹繕具清單恭呈
憲台核示遵行處請
飭安伏冀
垂鑒職　謹禀

計呈章程十二條告示二紙

欽命鎮守盛京等處將軍管理兵刑兩部兼管奉天府府尹事務兵部尚書都察院右都御史總督奉天旗民地方軍務兼理糧餉增　為

出示招領事照得前經

欽差大臣裕　會同本軍督部堂奏請出放本省轄境之札薩克圖郡王

旗荒地一摺業已奉

旨允准自應即時舉辦除該旗所招各蒙戶已經墾熟之地就便丈量安插外其餘生荒亦應招民領墾以集鉅款而實邊圉查此荒坐落在昌圖府屬鄭家屯迤北三百餘里濤浪河兩岸南北長約四百里東西寬或百里或三五十里不等土脈膏腴原野平曠並無山石樹木難於開墾之處各等種植均屬相宜所有招放章程條做

照黑龍江奏放札賚特成案每十畝為一晌三七折扣毛晌一晌擬作實荒七畝每晌計收荒價銀二兩二錢願領多寡聽民自便自領之後六年升科每晌按年徵收大租銀二錢二分即為領户世產永不增租奪佃現經札派花翎副都統銜開復海龍城總管依花翎分省試用知府張總辦行局事宜帶同局起各員即日赴段照章開放惟恐遠近民户尚未周知合行出示曉諭為此示仰爾諸色人等如有願領者速備妥荒價親赴行局報明願領晌數將價銀交齊即由行局製發三連信票隨繩撥地絕無躭延此荒東通伯都訥西達庫嚕南自鄭家屯法庫門直接省城北近江省四會五達糧石最易銷售甚毋觀望不前自誤致富之源也切切特示

將軍全銜　　為出示曉諭事照得前經
欽差大臣裕　會同本軍督部堂奏請出放札薩克圖郡王荒地一摺
業已奉
旨允准自應即時舉辦除擬放生荒現已出示招領外至原有墾戶
業經墾戶地畝若干亦應一律丈量安插查此次定章係每毛
荒一晌扣作七畝每晌徵收荒價銀二兩二錢屆限升科每晌經徵
大租銀二錢二分惟已墾之地與生荒不同生荒係六年升科已墾
之地須於丈清時即收二兩二錢荒價當年升科方足以昭平允
現經札派　　總辦行局事宜帶同局起各員赴段勘辦
惟恐爾等舊戶或未周知合行出示曉諭為此示仰爾舊有墾戶

人等於委員到段時務須遵照定章將地界指清以便丈量俟丈量之後除去扣成共地若干即照數繳納荒價領照認租倘有隱匿地段包套界址並阻撓勘丈拖欠價銀者輕則由行局責懲重則解省按例治罪決不姑寬本軍督部堂言出法隨爾等慎勿以身嘗試也各宜凛遵毋違切切特示

謹將擬訂札薩克圖郡王旗荒務招墾章程十二條繕具清單恭呈

憲台鑒核示遵

一此荒坐落在札薩克圖南境自巴彥招分界南接達爾罕王東至郭爾羅斯公西至圖謝圖王北至濤浪河即陀喇河南北約長二百三四十里東西寬貳百餘里或不足百里約計毛荒在六七十萬晌自濤浪河北至哥根廟前又有荒一段南北長百餘里東西寬三五十里約計毛荒在二三十萬晌河北土脉膏腴較勝河南現經該郡王擬請先行訂價由河南招放一面查勘情形如果舊户安靖新户踴躍即行酌量加價續放河北以期進款多多益善

一原奏此荒訂價本擬倣照黑龍江所辦札賚特之價每晌收中

錢四千二百文合銀一兩四錢

國家與該旗各得七錢惟今昔情形不同彼此土脉亦異既據該旗懇

請畧為加增擬每實荒一晌收荒價銀二兩二錢

國家與該旗各得一兩一錢由行局收妥每屆一月或兩月即清算一次

國家應得者委員解省蒙古應得者提交該旗自領以期相信而免

轇轕

一此荒係屬蒙界與東西流大凌河等荒不同況既傚照札賚特舊案尤未便以六畝成田等法開放自應准照向來蒙荒成章十畝名為一晌每毛荒一晌扣作七畝收取荒價但使荒價交清無架空拖欠影射諸弊則所領多寡聽民自便如遇河泡水窪堿場

石田寔係不堪耕種者准由起員報明行局量予折扣蓋普扣三成係指寔地而言若河泡水窪城場石田則非地也倘本係沃土而領户有意狡展希圖扣數及起員受囑受賄代為朦報者查出一并懲治

一放荒之後自須按照定章六年升科徵收租賦查向來蒙荒均係蒙古自得租項惟札賚特之荒創辦時議定租賦中錢六百六十文以四百二十文為蒙古之生計以二百四十文為
國家之經費此次自應倣照酌訂每晌按年徵收租銀二錢二分仍合中錢六百六十文將來以一錢四分仍合中錢四百二十文歸蒙古以八錢仍合中錢二百四十文歸

國家一經升科之後即永免勘丈加徵至收租之法升科後即設有地方
官應由地方官會同該蒙旗設局經徵官為張貼告示派役分
催每冬月十五開徵來年五月初一停徵届時結算清楚各提各款
一查奉省現放之荒係屬論方江省札賚特之荒係屬挨號報領此
荒界在極北領户較腹地每多觀望論方固易拘滯挨號報領亦
慮村屯星散異時受賊匪之擾擬令各領户到局報明願領晌數
由行局製掣發三連信票將票根存局其中段與票梢俾領户收執
俟起員下段挨號呈驗由起員與領户踏明可為村屯之處先丈出
村基再由村外東西南北各放四五里或二三里為率如此則一村之
中必須數十户異日可以成圩練團庶免受賊匪之害惟此項村基並

非市鎮仍須以荒論價放竣後即將信票中段由起員截留繳局其領戶執持票梢俟六年升科再換領蒙古大照

一此荒内所有舊日已有之墾戶均屬喀喇沁敖漢土默特蒙古鎮等處人丁逃難外出寄居濤浪河兩岸交納押租銀兩墾田餬口惟河北之地較河南為優故住戶亦河北偏多查原奏有原墾每戶交銀二十兩准予開荒一百晌閫旗墾戶自應一律辦理倘私墾逾額准報明確數將應補押荒銀兩照原數繳足以示體恤云云詳核每荒百晌交銀二十兩則每晌只合銀二錢較新價直少二兩雖云體恤亦未免太輕且據該王指稱此項銀兩係屬押租並非荒價當時相約如果異日有賣荒之時則退還押租聽原戶自

去荒地任該王留賣今既議由官代放且係儆照札賚特成案不令退地則另賣固無此理而徵以新價又與原奏不符擬行局到段一面招放新户一面丈量舊户並查勘舊户之地按晌照新價徵收有無滯礙隨時禀核辦如果蒙情帖服即一律將荒價徵訖遵照定章當年升科以示區别

一開放之初尚未設有地方官而荒事辦竣約須二三年之久所有荒段一切詞訟必須由行局秉公訊辦擬請稍假事權以期遇事措便設事體重大行局未可擅主者仍解省審辦至民間遇事亦不可畧無管束擬即由行局先驗放鄉約甲長數人將地方鄉社牌甲均編列整齊驗放鄉甲後由行局發給執照歸鄉充當有事則報經

鄉甲轉稟行局庶有線索俟設有衙署即飭歸地方官另換執照

一此荒既設行局派有總辦幫辦應請刊發關防文曰奏辦札薩克圖蒙荒行局兼理詞訟關防以昭信守至局起各員均應隨時派定並先擬借銀六千兩以資墊辦俟收有荒價即行歸還惟此荒距省八九百里距鄭家屯亦且三四百里道路並無旅店荒段絕少人烟飲食歇宿無一非至苦之事故所有薪水車價擬請署從優訂擬既示體恤兼杜弊端至局中置辦鋪墊器具並心紅房價諸項開銷應倣照本省辦荒成案實用實報以便荒務放竣與薪水車價一併送部

核銷

一此荒遠在蒙界與各處均不相連屬民户既未易知而荒段舊有之

户亦須明白曉諭始能遵辦現擬就告示二件一係招來新户一係

曉諭舊户擬請填用

憲銜刻印多張其招新户者分别咨行吉林伯都訥黑龍江或代為張貼或轉飭所屬與荒段相近之府縣張貼並札發昌圖府轉飭所屬各縣張貼其諭舊户者即發行局携赴荒段張貼庶遠近同知爭先快領而舊有墾户亦不敢肆其刁風起意抗阻

一此荒北界距省約四百里南界約七百里土曠人稀一旦領户麕集各有銀錢騾馬而行局收款未解省時既慮慢藏將解省時又須護送設非派有隊伍恐馬賊竄擾致領户裹足官款有失均能妨礙大局且奸民間有阻撓亦非兵不足彈壓擬請撥兩哨到段駐防即

歸行局節制調遣庶呼應靈便裨益匪輕

一開放之時除省局無須蒙員外現已議妥該旗亦自設蒙古行局

一所蒙古起員四起會同省派行局省派起員認真辦理行局並須不時抽察如起員有受囑受賄將荒多放者一經查出輕則撤換重則禀請參辦其領户行賄干求一併撤佃另招

一此荒放竣自應安官設署行局到段除民居村落與地畝一律價放外更須隨時踏勘城基一處酌留衙署廟宇書院等地其餘即出放街基所有價值俟屆時另定至各處再有可為市鎮之所亦應一並踏勘定價招放

開辦札薩克圖蒙荒章程

計開

一查札薩克圖郡王旗界全境南北長一千餘里東西寬者至一百二三十里此次擬放荒界在該旗南面不及全境三分之一其北境山岡平原河泡具備水草極為豐茂於牧畜最宜此案既為經營旗産起見自應先就本旗生計妥為籌畫擬即將北境原無墾户之地盡行劃留以為本旗牧場嚴立界址不許外人雜處亦不准該旗私佃以重本業

一此次奏辦蒙荒原以安插客民為要務所有劃分應放荒界自應以原有墾户之地為斷查該旗地方南自巴彦招入境北行抵旗十七道嶺蓮花圖野馬圖山三處附近均有佃青各户開墾其間

至三處以北始無外戶今擬三處以北劃歸該旗作為闔旗牧場三處以南劃歸應放荒界計由旗十七道嶺至蓮花圖由蓮花圖至野馬圖山東西相值各距數十里擬飭起員到段時一面勘丈一面於三處相距中間均匀添設封堆若干處務使墾牧兩不相妨以正經界而絕爭端

一此荒北界牧場南至巴彦招東西盡本旗所有南北長四百里東西廣自七八十里至百里不等皆係應放荒界察其土脈截然三等梵通寺以南至桃兔河即陀喇河東北一帶實為北段舊有墾熟之地大半在此原野平曠土脈膏腴擬定為上等自蓮花圖以南沙磧茅土即新更名雙流鎮以北處交流桃兔兩河之間實為中

段其荒地生熟相間土色黑潤微有石子擬定為中等沙磧茅土以南巴彥招以北實為南段其地性窪者帶堿高者帶沙擬定為三等

一荒界寬濶將來一律開墾均當先後安設官署應預先踹定城鎮等街基以為治所市場茲已於荒界適中之地沙磧茅土踹定城基一處更訂新名為雙流鎮縱橫五里過徑内除劃留垣壕官道衙署廟宇學校倉儲一切公所並城外附近寬留義地設立馬廠外所有街基均先行文出定價招領如查有添設城市之處再行續踹隨時請奪一律照辦惟查三等生荒土帶沙鹻恐一時報領不能踴躍如有應行變通之處仍擬隨時呈奪

一荒地既有三等之分荒價自應照此加減此荒膏腴之處勝於他旗自應因地酌增今擬南段三等荒地仍照札賚特成案定為每晌荒價壹兩肆錢中段二等荒地每晌照加肆錢定為每晌荒價壹兩捌錢北段頭等荒地每晌照加捌錢定為每晌荒價貳兩貳錢統照札賚特成案三七折扣即報領時止按七畝交價文放時仍給毛荒十畝所以寬留餘地俾作房身墓地道路園場街基擬照各處成案另價出放擬每街基一丈見方收價三分三厘勿容折扣願領者長以六十丈為度不准任意短長以免限斷官道寬則一聽領户之便

一查奏准章程第二條內開將墾熟之地丈清晌數核收荒價但

將荒價繳清已墾者不强令退地等語自應遵辦擬按前訂各等價值查其熟地在某界即照某等補繳價銀以免偏倚

一此次文放熟荒擬無論原墾逾墾本佃冒佃一律收價勿容折扣惟曾經一户交過押租二十兩者准於交價時報明核與該旗移送名册相符即行扣除作為該户已交荒價於該旗應得項下註明俟分提時作扣惟熟荒雖不扣成然佃户舊有之房身墓地道路園場准其報明起員量為留出不在該墾地内亦不另收價值以示體恤而符奏案

一此荒既係仿照札賚特成案所有晌畝數目亦應仿照辦理用二八八弓計畝每十畝為一晌計一里見方合荒四十五晌報領者但令交

清荒價無架空拖欠等弊則所領多寡各從其便

一查向例辦荒多係先將荒地丈出或任民採佔或到局掣簽辦法不同不無弊竇茲既仿照札賚特奏准成案挨號出放以免採佔並參酌伯都訥開荒成案挨村出放令民聚處易於防賊凡領戶應先赴局報明願領晌數即將荒價繳清由行局刷印三連信票預編號頭將票根存局其中段與票梢掣交領戶持赴該起挨號呈驗由起員與領戶跴明可為村基之處先行丈出再由村基四面挨號各放五里為率惟此項村基仍當以荒論價放後即將信票截留中段其票梢仍交領戶收執俟六年升科換領蒙古大照至報領街基者亦由行局另刊三連信票照章挨號一律辦理

一舊户承領自墾熟荒與報領生荒不同擬由行局刷印三連信條先
發起員其舊户熟地由起員丈清晌數註明數目等第填入信條内
將存根截留彙總報局將條尾交該户持赴行局呈驗繳清荒價
即由行局刷印二連信票將存根截留其票稍交承領之户收執以
備當年升科换領蒙古大照

一查原奏熟地先儘原墾之户承領一條已擬照辦惟丈清數目之
後即應赴局繳價不許拖延今擬定一期限自丈清給條之日起如
逾限兩個月不繳查係有意抗延者即由行局撤佃另招以儆拖欠
至原户無力全種情甘退佃者或已墾若干晌不能全留者所留多
寡均聽其便餘地由局另招

一查原奏內開本旗開荒先儘本旗報領如果報領無人方准外戶報領等因自應遵辦現已先期請示曉諭預定期限來局報領如逾限不到擬即招放外戶免稽大局惟查原奏先儘本旗報領係指生荒而言至舊戶自墾熟地仍應儘原戶承領以符原奏安插客民之意

一熟地中間夾荒擬准連界之舊戶先領若在兩戶或三四戶之間准各依各界由起員自撥分領如均不願承領再行挨號另放以示體恤

一准該蒙旗移局地圖內載荒界之內有垣寢禁地佛寺鄂博以及站道河流鹻泡等均應酌留不在應放之列查原奏內開凡廬墓所

在已墾者量為讓出未墾者設法繞越自應一律照辦惟河道雖不出放而人行渡口仍應放出設渡以利往來擬由行局逐細訪查衝要之處另價招領如該處原有船户者准比照熟荒章程儘原户承領放後仍交該旗換照徵課

一本旗台壯既經劃留北境大段作為牧場以安本業惟間有原住荒界以内不諳耕種如又不願遷歸牧場者准報由該旗咨明行局查勘確實即按屯之大小户之多寡依所住地段酌留牧地若干以後如經遷移所遺基地牧地仍應由官作荒招佃如有原在荒界内居住於附近自已墾出熟荒纔因避匪别徙將廢棄者如仍願遷回准其報由該旗咨明行局即為酌留住基其原墾棄去之地如

願續種准其備價承領惟須該旗丁遷回之後查其確係本人方准照領以防外户頂名探佔之弊

一查奏案内開札賚特招墾成案經收荒價以一半報効

國家以一半歸蒙旗自王府以至台吉壯丁喇嘛人等分得等因此次所擬各等荒地每晌概收壹兩肆錢之底價擬仿照辦理將此底價以一半歸

國家作為報効以一半歸該王旗自王府以至台吉壯丁喇嘛人等分別等差各有應得數目無所偏倚以資生業至所擬二等加收之肆錢頭等加收之捌錢應別籌辦法查該郡王以纏訟多年益形匱乏此案既為

朝廷體恤蒙艱起見自應仰體此意斟酌辦理擬將此項加收銀兩及街

基渡口價值全數撥歸該王府以上副

朝廷恤藩之至意下紓該王艱窶之憂

軍督憲增　為札飭事案據幫辦札薩克圖墾務行局事務劉令福陞稟稱竊邊外匪首靠山即徐海亭吉林農安縣屬新集廠人該匪首自去冬以來即志在投誠而無由階進曾屢託人為沐恩言之沐恩未敢遽信迨今年夏間該匪首忽偕其本籍新集廠恒升號十餘家舖户同至沐恩家中跪訴其非聲淚俱下並稱黨羽業已散盡僅剩單身一人實出至誠懇求援手沐恩隨又明查暗訪該匪首自去冬後即棄邪歸正毫無不法其本籍各舖商所以出保者固皆深知其人決其不至變心故皆甘願作保竊思憲台正當勦撫兼施棄瑕用人但得真心効順無不准予自新該匪首事同一律可否

併賜收錄之處伏求憲奪如蒙恩准再查札薩克圖蒙荒正須招隊護局然隊多則餉無所出隊少又恐荒曠之所難於立脚籌思至再惟徐海亭於蒙地情形最為熟悉足當此任若令自招有槍馬隊兩哨帶駐該處常川巡緝必可得力可否之處伏求批示遵行等情據此除批示並分札外合行抄批札仰該局即便知照特札

計抄批一件

批稟悉匪首靠山即徐海亭既願改過自新真心求撫且有該處各鋪户出具保結姑准收錄令其先招有槍馬隊六十名至多不得過八十名分為兩哨即聽蒙荒行總局節制調遣以觀後効如

果收撫後仍有不法情事定當嚴行懲辦俟飭交涉營務糧餉

各局處知照繳

幫總辦全銜謹

稟

督帥將軍鈞座敬稟者竊職等奉

札開辦蒙荒當經擬具章程呈請

鑒核并擬訂行局員司等薪工車價開單呈奉

核准各在案八月二十一日職心　面奉

憲台手諭札薩克圖荒局著發薪水兩箇月即刻起程等諭奉此

查職等前擬章程第八條內有擬請先借銀陸仟兩以資墊辦

今遵
憲諭准發兩箇月薪水合局費計算約須銀陸仟兩整是職等前擬數
目與
憲諭正符職等急應遵
諭赴荒操辦應懇
憲台轉飭糧餉處借撥銀陸仟兩整徑發職局備文收領以期捷便之
處伏乞
核奪飭遵寔為公便所有遵
諭請領行局墊辦銀兩各緣由合肅稟陳恭叩
勛安伏乞

鈞鑒職　謹稟

局銜　為移請事案照敝行局開辦伊始需款墊

辦現經稟請

督憲借撥銀六千兩整以資辦公等情在案旋奉

批示所請借撥銀六千兩整准予撥給俟飭糧餉處核發仰即逕領

具報等因奉此自應備移具領專派解運錫委員壽持文前赴

貴處逕領即請如數撥銀六千兩整彈對清楚給交敝局錫委員壽

領訖除呈報

督憲查核外相應備文移請為此合移

貴處請煩查照核發施行須至移者

右　移

督轅糧餉處

總幫辦全銜　　稟爲遵　諭請領行局墊辦銀兩由

批　稟悉所請借撥銀六千兩整准予撥給候飭糧餉處核發仰即

遵領具報繳

全局銜　爲呈報移行付事竊卑案照敝局前經開辦蒙荒需款墊辦稟奉

憲台督憲　批飭由

糧餉貴處借撥瀋平銀陸千兩業經卑敝局備由具領如數彈收呈報

憲台督憲鑒核在案茲派卑敝局解運委員錫壽解到瀋平銀陸千兩遵交

糧餉貴處清還前欠　並飭守候迴覆希即

照數彈收以重公款除分移呈報外相應理合備文移呈報衙為此呈請合移
憲台鑒核伏乞
貴處請煩查照
貴總局見覆施行須至移者
照呈施行須至呈者
右　呈移
軍督部堂增
蒙荒省局
督轅糧餉處
總幫辦全銜
呈為解還糧餉處墊款銀陸千兩伏乞鑒核由
批　呈悉既據遝解糧餉處候飭該處核收具報繳
督轅糧餉處　為移覆事現准
貴局移開　云云　等因准此當將交還前借瀋平銀六千兩如數兑
收訖除呈報外相應備文移覆為此合移

貴局請煩查照備案施行須至移者

右　　移

奉天蒙荒行局

總辦幫辦全銜　為呈報事竊職等前奉

憲札委總辦奉天札薩克圖蒙荒行局事務稟請刊發木質

關防在案今於光緒二十八年八月三十日接奉

憲台批開所請關防隨批鈐發仰即逕領啟用一面將啟用日期

具報備案等因隨封領發奏辦奉天蒙荒行局木質關防一顆

到局職等即日祇領謹於光緒二十八年九月初二日開用辦事除移

行外所有接奉關防並開用日期理合呈報備案為此呈請

憲台鑒核施行須至呈者

右　　　　　　　　呈

軍　督　部　堂　增

總辦全銜　　　　　　稟為請刊荒務行局木質關防速發遵領由

批　稟悉所請關防候飭迅速刊就隨批鈐發仰即遵領啟用一

面將啟用日期具報備案該處蒙荒亟應從速開辦仰該總

辦率同各員限於九月初一日務宜動身前往毋得延宕繳

軍督部堂增　　　　　為飭覆事照得札薩克圖蒙荒墾務

行局開辦伊始應設各項委員業經分別遴委飭遵在案所有

各該員及應需之辦事官司書局差月支薪水車價津貼銀兩

各數目既據該行局分别擬訂開單呈核應即如呈備案合行
飭覆爲此抄粘各委員銜名及薪水車價銀數清單札仰該局
即便遵照特札

計抄單二件

計開局中各員

收支委員分省試用州同　紀應瀾

主稿委員候選通判　鍾祺

清訟委員五品頂戴候選縣丞　張仲麟以上三員薪水各三十兩車價各三十六兩

幫稿委員五品頂戴候選府經歷　劉作壁

解運委員候選府經歷　錫壽以上二員薪水各二十四兩車價各三十六兩

繪圖委員五品頂戴儘先把總　孫其昌
繪圖委員候選縣丞　陳峒壽
稽查委員分省補用知縣　鄭爾純
稽查委員工部主事　崇華
抽查委員提舉銜候選州判　王蔭第
蒙文繙譯官委筆帖式　文亨
蒙語繙譯官五品頂戴　靖兆鳳以上七員薪水各二十兩車價各三十六兩
辦事官同知銜分省即補知縣　謝漢章
辦事官揀選知縣　邵建中以上二員薪水各十五兩車價各二十四兩

計開繩起各員

督繩委員　委署驍騎校　榮斌

督繩委員　揀選知縣　善成　以上二員薪水各二十四兩車價各三十六兩

頭起監繩委員　藍翎五品頂戴前鋒校　舒秀

二起監繩委員　候選巡檢　張篤福

三起監繩委員　補用驍騎校　豐慶

四起監繩委員　藍翎補用防禦　成友直

五起監繩委員　分省補用鹽大使　田震

六起監繩委員　候補筆帖式　吉芳

七起監繩委員　委用筆帖式　德壽

八起監繩委員　補用縣候選府經歷　周瑞麟　以上八名薪水各二十四兩車價各三十六兩

計開

收支委員一員　薪水三十兩　車價三十六兩

主稿委員一員　薪水三十兩　車價三十六兩

清訟委員一員　薪水三十兩　車價三十六兩

幫稿委員一員　薪水二十四兩　車價三十六兩

解運委員一員　薪水二十四兩　車價三十六兩

稽察委員二員　薪水各二十兩　車價各三十六兩

繪圖委員二員　薪水各二十兩　車價各三十六兩

蒙文繙譯官一員　薪水二十兩　車價三十六兩

蒙語繙譯官一員　薪水二十兩　車價三十六兩

辦事官二員　薪水各十五兩　車價各二十四兩
司事六名　薪水各十三兩　車價各十二兩
貼書十名　薪水各八兩　車價各九兩
局差十名　薪水各四兩　津貼各四兩
督繩委員二員　薪水各二十四兩　車價各三十六兩
監繩委員八員　薪水各二十四兩　車價各三十六兩
司事八名　薪水各十三兩　車價各十二兩
書手八名　薪水各八兩　車價各九兩
繩夫每繩四名
木匠每繩一名

總幫辦銜敬稟者竊　等遵
飭辦理蒙荒業大概辦法擬具章程呈請
鑒核在案查此荒地極邊藩距省千有餘里行無旅店居乏人烟其
苦樂勞逸較之大凌河東西流等荒殆有逕庭之別故職等前
擬局員薪水車價開單呈
鑒皆係仰體
憲意較之大凌河等荒務章程畧從優厚所以示體恤而杜弊端
旋蒙
憲台核准並將各員薪水車價原擬較少者改訂加優仰見
憲台俯恤辛勞曲體寮屬之至意莫名欽感惟職局總辦暨幫辦

等差所有薪水車價應如何支領及可否遵照向章於奉札之

日開支自應稟由

憲台酌奪批示數目併開支日期以資辦公是否之處職等未敢擅

便謹候

批飭遵行所有行局總幫辦月支薪水車價及開支日期請

示遵領各緣由合肅稟陳恭請

勛伏乞

鈞鑒職　謹稟

總幫辦全銜　稟為行局總幫辦月支薪水車價數目并開支日期請示遵領由

批　稟悉該局總辦每月准給薪水銀一百兩車價銀五十兩幫辦每月

准給薪水銀五十兩車價銀五十兩均由奉札之日起支以資辦公候飭
糧餉處知照缴
局銜為札委事照得本行局遵奉
督憲奏派總辦札薩克圖蒙荒事務開辦伊始公務綦繁額委
員司不敷差遣亟應加派員紳以襄庶務查有　　堪以派為
行局額外委員（額外效力）差官（效力）除呈報外
督憲查核外合行札委為此札仰該紳即便遵照切切特札

右札仰文案核發管票委員五品頂戴增生胡　盈甲

額外文案委員　郭　桂五

額外委員二員　陸　蓮

張耀春

額外差遣委員二員

常潤

佐東都

効力委員六員

候補驍騎校世緒

委前鋒校玉德

五品藍翎姜玉陞

候選知縣伊良

候選從九品余發鐸

候選訓導韓英奇

効力差官六員

吳亮孚

五品藍翎候補驍騎校永　吉

恩　修

盧崇恩

徐慶元

即補千總楊光照

加派效力委員一員候選府經歷趙承安

局銜為諭派事照得本行局開辦伊始文牘綦繁所有貼書等差亟

應分派以充繕寫查有

堪以派為行局貼書隨繩貼書效力貼書合行給諭為此諭仰

該書即便遵照切切特諭

右諭行局貼書葉綿熙　李作崑

才碧峯　常連　准此

耿相元　沈廷璞

右諭隨繩貼書

牛廷芳　張承緒　葉之春　郎成韶

丁聘三　田維上　錢桂芬　趙文棟

准此

右諭効力貼書

盛文　王立德　袁嵩琳　馬春元　恒興

春茂　馬慶瑞　孫炳輝　楊春榮　春德　全璞

准此

局銜謹將職局札委辦事官司事各員銜名分晰造具清冊呈請

憲台鑒核備案施行

計開

一行局辦事官二員

同知銜分省即補知縣　謝漢章

揀選知縣邵建中

一行局司事六員

分省補用巡檢吳培基

候選府經歷張畯田

五品頂戴候選巡檢王化普

五品頂戴候選訓導郭世傑

增　生胡盈甲

文　童高凌奎

一八起隨繩司事八員

頭起五品頂戴監生蔡文忠

二起候選縣丞　蕭齊賢
三起六品頂戴監生　張文堂
四起五品頂戴候選巡檢　劉樹芝
五起五品藍翎委官領催　申文慶
六起五品藍翎候選巡檢　秦福田
七起五品頂戴候選巡檢　程玉森
八起五品藍翎候補防禦　承厚

以上共十六員

總辦衙為呈報事竊職等奉

札辦理蒙荒行局事務業將局起各員司等差缺開單呈奉核准在案

除已奉
憲札委派各員不計外所有辦事官及局起各司事自應由職局揀派
委員分别札委以專責成除分札暨移知省局外理合造具銜名清册
備文呈報
憲台鑒核爲此具呈伏乞
照呈施行須至呈者
計呈清册壹本
右　　呈
軍督部堂　增
局銜　爲移行事案照敝局奉札辦理蒙荒行局事務業將局起各

員司等差缺開單呈奉
督憲核准在案除已奉
堂札委派各員不計外所有辦事官及局起各司事自應由敝局揀派
妥員分别札委以專責成除呈暨分行外相應粘單備文移行為此合移
貴局請煩查照施行須至移者
計粘單一紙
右　　移
蒙　荒　省　局
總幫
衙
呈送揀派辦事官司事銜名册由
批
如呈備案候飭蒙荒總局知照繳册存

總幫辦銜為呈報事竊職等現奉傳
諭著各局處總幫辦暨各委員開具切實履歷呈核等因奉
此職等遵即轉飭開具前來職局幫辦劉　帶同蒙語委員
靖兆鳳續調繪圖委員陳峒壽先後赴荒辦事計三員遠在邊
外不及開具暨清訟委員張仲麟原差係右翼巡隊辦事官解
運委員錫壽原差係斗秤局委員業由該營局開送勿容複呈
外所職等暨局員履歷十八分理合彙齊備文敬送
憲台鑒核伏乞
照呈施行須至呈者
右
計呈履歷十八分
呈

軍督部堂增　　為呈請事竊查
欽差大臣奏辦札薩克圖蒙荒章程第八條内載本旗開荒應先儘本旗蒙古台吉壯丁人等納領如果報領無人方准外來之户報領等語現當職局開放之初雖該旗不能承領亦應畧為遵照以符原奏擬懇憲台賞發告示十張以便及時曉諭並祈示内明定限期或廿日或半月庶免蒙人不能報領而悮外來民户承領之期理合備文呈請伏乞憲台鑒核批示施行須至呈者
右
呈
總辦全銜
憲台會同

軍督部堂增

總幫辦銜　呈為請發先儘蒙人領荒告示並乞明定限期俟候鑒核批示由

批　如呈繕給告示十張隨批鈐發仰即妥為張貼報查繳

軍督憲增　為出示招領事照得前經本軍督

部堂會

欽差大臣兵部尚書裕　奏請出放哲里木盟札薩克圖郡王旗荒地

一摺業已奉

旨允准設局遴員前往開辦並出示曉諭各在案查原奏第八條章程

內開該旗開放荒地應先儘該本旗蒙古台吉壯丁人一體知悉　自

示之後該局丈出地段准予限三十日儘爾等首先赴局報領一面照

章繳價聽候給照管業如果逾限不報即准外來之户報領以示
限制而免延悞該蒙古台吉壯丁等須知此係格外體恤務須依限
呈報毋得觀望自悞倘敢事後藉端攬擾惟有執法嚴懲决不寬
貸其各懍遵毋違特示

為札飭再行出示招領事照得前

軍督部堂增

經本軍督部堂會同

欽差大臣兵部尚書裕 奏請出放哲里木盟札薩克圖郡王旗荒地

一摺業已奉

旨允准設局遴員前往開辦並出示曉諭在案嗣據蒙荒行局呈稱該

旗開放荒地應先儘該本旗台吉蒙古壯丁人等首先報領次及外

來領户如逾限不報即准外來之户報領以示限制而免延悞等情當經出示招領並准丈出之地予限三十日儘該旗蒙古台吉壯丁人等首先報領各在案惟思該蒙古台吉壯丁人等僻處荒隅恐一時文告未及週知合行札飭札到該局即便遵照迅即查照前發告示再行出示曉諭張貼多處俾衆週知以期依限呈報倘有觀望不前事後藉端攙擾即行據實稟明以憑懲辦毋稍違延切切特札

右札辦理札薩克圖蒙荒行局准此

全銜　　為呈覆事竊卑局於本年十一月二十六日接奉

札開云云等因奉此當即遵照

憲台前示擬繕告示三十張移交札薩克圖郡王旗分發張貼多處俾
衆週知去訖除將告示底稿繕單呈
核外理合備文呈報為此呈請
憲台鑒查伏乞
照呈施行再查
憲台前發告示內開自示之後該局丈出地段准予限三十日儘爾等
首先赴局報領等因按卑局辦荒條文敘并行並不預先丈出地
段業經呈明在案故茲擬告示所有前示該局丈出地段一句未經
錄入以免該蒙丁等逾限藉口合併聲明須至呈者
計呈清單壹分

右　　呈

軍督部堂增

全銜

呈為遵札再行出示諭招札薩克圖郡王旗台壯照前示給限報領請核由

批據呈已悉繳示稿存

局銜為移行事案照敝局前奉

將軍札發照奏曉諭

貴旗台吉壯丁人等先儘領荒予限報領告示十張業經敝局移交

貴旗請煩分發張貼曉諭准覆各在案茲奉

將軍札飭敝局遵照前示再行曉諭以便僻處荒隅之台吉壯丁等

得以週知倘逾限不到事後藉端攙擾即行據實稟明以憑懲辦

等因奉此遵即查照前示再行曉諭繕譯告示三十張移交
貴旗請即一面分發張貼多處俾無遠近均得週知依限報領除呈報
外相應備文移行為此合移
貴旗請煩查照仍希將接收暨分發日期示覆備案施行須至移者

計告示三十張

右　　移

札薩克圖郡王旗

前件光緒二十八年十一月二十七日移

局銜為再行出示招領事照得本行局前經呈請
將軍查照奏案第八條該旗出荒應先儘本旗台吉壯丁人等報領次及

外來領户等因出示曉諭札薩克圖郡王旗台吉壯丁等予限三十日儘該台吉壯丁等首先赴局報領一面照章繳價給照管業如果逾限不報即准外來之户報領以示限制而免延悞倘敢事後藉端攙擾惟有執法嚴懲決不寬貸等因告示曉諭札發到局當經移交王旗分發張貼去後並准咨覆各在案現際限期將滿本旗報領雖已有人誠恐各台吉壯丁等内有僻處荒隅一時難以週知之處兹奉

將軍札飭遵照前示再行招領合亟出示曉諭為此示仰該台吉壯丁人等一體知悉自此次曉諭之後予限三十日來局報領裁票撥荒該台吉壯丁等當知此係

將軍格外加恩體恤務須懔遵前示依限報領毋得任意指佔延價不交

以及事後藉端攪擾致干法辦其各懔遵勿違切切特示

呈為移借吳總巡馬隊同赴蒙荒呈報 鑒核由

為呈報事竊卑府等擬赴扎薩克圖巡視蒙荒並與該郡王商訂以便開辦各情業經呈報在案伏查蒙民愚昧謠議無常恐有以訛傳訛因而起訌之事不得不預為之防卑府等此次到蒙擬於剴切曉諭之中仍畧示以彈壓之意將卑府新募馬隊四十名全數帶往惟該隊初經招撫訓練未深若帶此隊尚恐不甚穩便卑府等再三籌酌祇得就近移請遼源州總巡吳俊陞借撥哨官一員帶馬隊二十名合同卑局馬隊隨卑府等前往俾資彈壓除移行外理合呈報為此呈請

憲台鑒核伏乞

照呈施行須至呈者

右　　呈

軍督部堂

為移行事案查敝幫總辦遵照

督憲諭飭擬赴札薩克圖周視蒙荒兼與該郡王商訂開辦等因

業經呈報在案查敝局現在前赴蒙荒應畧帶兵隊以示彈壓但

敝局護勇馬隊僅止四十名且係初經招募訓練未深若竟携之前往

未免尚嫌單薄擬應請吳總巡

貴總巡派撥巡捕哨官一員帶領馬隊二十名隨同前赴蒙荒俾得

籍資鎮攝除移請

北路巡捕統巡暨遠源州知照並呈報

吳總巡暨遠源州北路統巡知照並呈報

督憲查核外相應備文移行為此合移

貴總統州巡請煩查照施行須至移者

右　　　　移

總巡遠源州巡捕馬步吳

統巡北路巡捕馬步全軍恒

遠　源　州　正　堂　蔣

批據呈已悉候飭營務處交涉局知照繳

呈為職等現抵鄭家屯擬立行局並前往蒙荒勘辦日期伏乞　鑒核由

為呈報事竊照職心　前至法庫邊門業將驗看來接馬勇並職福變通招募護局步隊各情形禀明在案　職　等現於九月十三日行抵鄭家屯當經張貼省頒招墾告示及卑局　嚴緊關防告示隨即租得舊房一所衹以局中人衆此房尚屬能容趕緊派員量加修理以備先行設立行局擬於十六日携帶關防帶領帮稿堪輿繪圖蒙文蒙語繙譯各委員前赴札薩克圖荒段週歷巡視悉心察勘以便分别訂價並將應設城基地方預為跴明一併繪圖呈報一面親至該蒙旗與該郡王妥籌商辦除俟職　等查明旋鄭後再行詳細呈報外所有職　等現抵鄭家屯並前往荒段日期理合備文呈報伏乞

憲台鑒核施行須至呈者

右　　呈

軍督部堂

批據呈已悉繳

為呈報卑府等查勘蒙荒回局日期伏乞　憲鑒由

為呈報事竊卑府心　卑職福於光緒二十八年九月十七日帶同員司赴

札薩克圖蒙荒週歷巡視所有起程日期業經呈報

憲鑒在案茲於十月十四日回局除將查勘情形擬具章程另文呈請

核奪外所有回局日期理合呈報為此呈請

憲台鑒核伏乞

照呈施行須至呈者

右　　呈

軍督部堂增

批　據呈已悉繳

為幫辦王　現抵鄭家屯行局日期稟請　　憲鑒由

幫辦銜謹

稟

督憲將軍鈞座前敬稟者竊卑職　稟辭後當即帶領一切局繩員司

人等就道現於九月二十二日行抵鄭家屯行局適卑局總辦張守

心　幫辦劉令福　業經前於九月十六日同赴蒙荒去訖約於十

月初十日前後當可旋局卑職隨即督飭迅將卑局租房修理完竣趕緊帶同員司書差人等移歸局中俾得隨時易於稽查約束至卑局一切應行開辦事宜除俟卑局總辦張守心由荒旋回再行會同妥商呈報外所有卑職現抵行局日期理合肅稟陳明恭請

鈞安伏乞

垂鑒卑職　謹稟

呈為到荒查勘實情並擬議應辦事件即時開繩呈報鑒核由

為呈報事竊卑府等前赴札薩克圖蒙荒周歷巡視并與該旗商明開辦等情業經呈報在案九月二十日至巴彥招入該旗境沿途巡視荒地考察人情二十三日抵該王府商訂一是二十八日由府啟

行十月初一日回至沙磧茅土地方勘定城基一處並從該王之請擬在此傳集該旗台吉等會同該王面諭開辦此卑府等到荒大概情形也卑府等前奉

面諭該荒應往察看寔情分等定價一面呈明一面開放等諭奉此卑府等往返察看并博訪周諮查得該旗應放地面南北贏而東西縮南北約長四百東西寬百里或八九十里不等可分為三段自巴彥格以北至沙磧茅土約長二百里間有熟地而佃戶被匪多經廢棄土色微薄寔為南段自沙磧茅土以北在桃兒河即陀喇河與交流兩河之間荒地生熟相間全屬黑土高出南段之上寔為中段至桃兒河東北一帶所有舊有外旗佃戶全在此處未墾之荒亦尚不少盡

屬膏腴迥出南中兩段之上寔為北段卑府等詳查三段截然三等深服
憲台分等定價之諭明燭千里擬即將南段定為下等照 奏引價值每
晌收銀壹兩肆錢但此處比較中北兩段相形見屈若照此價首先開
放報領恐難踴躍擬請暫照此價權為試放觀其能否暢旺再為稟
奪其中段擬定為中等價值照下等酌加四錢作為每晌壹兩捌錢
至北段擬即定為上等價值照中等酌加四錢作為每晌二兩二錢凡
報領生荒按晌三七折扣熟荒除按戶扣去押租銀兩外一律補價當
年生科卑府等擬於此次呈明後即遵
諭撥派繩弓分途前往放文至該處人情除本旗係公同請員代辦
原出至誠外其外旗佃戶亦願出荒蓋一經補價即成永業惟慮加

價過多卒難繳辦若照前擬酌數錢揣度情形當無滯碍至四兩之庫平一五之經費自應仿照向章隨價加收此卑府等查勘蒙荒土地人情及擬辦之寔在情形也卑府等行抵王府宣示憲意與該王數次晤面查得該王旗數年纏訟殊形空乏該王始請免放河北舊户繼請自放城基詳察其情蓋欲多得荒價以濟困窮卑府等因就奏案局章國恩憲德前後宣導破其茅塞並言擬懇憲台奏將荒價多撥該旗等情可否即懇憲恩所有荒價除原擬一兩四錢之數及城基價值均按定章分劈外其擬定中等每晌酌加之四錢上等每晌酌加之八錢即准全歸該王

並由卑府等酌量會商分給該台吉等以示格外體恤之處伏候
裁奪如蒙
核准即乞
奏明遵辦此卑府等面晤該王各節并擬請核辦之寔在情形也
伏查奏案十條應由卑府等按情詳議請奪者爲款尚多兹因
封凍在即亟應開繩謹于途次倉卒將查勘寔情及此時應辦
事件擬具馳報以便一面開辦除詳細章程圖説懇容旋局再行擬
呈外理合呈報爲此合呈
憲台鑒核仍乞
批示遵行須至呈者

敬附禀者竊卑府等面晤該郡王各情業經呈報大畧其中尚有轇轕之處不得不為我

憲台陳之查辦荒一案原出該王旗本意乃晤面之時忒請不放河北忒請自放城基又謂告示無河北字樣種種謬言殊屬出人意表卑府等因諭以此案之所由始與利害之所以終凡

憲台格外成全之至意委曲宣傳反覆駁議該王始稍醒悟特餽羊酒臨行又各贈馬一匹卑府等恐其多心因即不却卑府等留府數日查知該王總有欲留河北之意實緣有劉東武者即劉秉武之兄勾串　皇寺巴喇嘛之姪及王扎蘭之子蠱惑其間謂此事若經官辦河北佃戶定有大變若從緩由劉某包辦利更大而全數歸王

且無變故等語不一而足該王人雖忠厚素無主見故劉某啗以大利嚇以虛辭以致畏葸之心與近利之見積而有此查劉昶武前次稟開商局包辦蒙荒即係其兄主謀屢經駁斥未遂私圖而該員蒙駁之時即卑府等奉札之日因謂卑府等為之挑剔在省時已播散謠言後抵局次而劉東武已先到鄭而謠詠如前及赴蒙荒則劉東武已遠道河北一路鼓煽佃丁旋達王府聞卑府等到此乃退赴北荒卑府等言旋伊復來府及卑府等抵沙磧茅土則道途傳述謂卑局專司繩丈至荒價則劉東武奉委包辦云云衆口喧傳蒙民一說伏思劉某蠱惑該王誠為可惡而又託為討債使官中不能究辦其計甚巧擬懇

憲台俯鑒卑局創辦維艱一面先飛札該王旗諭以該旗原因河北招
户起衅以致
欽差查明既經該旗公請派員代辦始奏奉
諭旨欽遵辦理自應首辦河北以符奏案若留至異日則私户數千勢
必又出枝節况河北膏腴河南磽薄相形之下自應擇尤開辦以
免領户裹足毋得仍前偏聽致干違
旨之慫等諭嚴飭到蒙至劉某在此盤踞可否出自
憲施飭下拿送驅逐以免造言生事之處伏乞
核奪速賜施行寔為公便合肅附禀恭敂
勛安伏乞

鈞鑒　謹禀

敬再禀者竊　等又准該郡王面請借重

憲威傳集該旗台吉等會同該王面爲傳諭以免上下歧異退有後

言等語竊惟該旗上下離心匪伊朝夕若不代爲調停令其帖服倘積

而生事寔於大局有關且聞該旗相傳向例辦荒本旗台吉有留七

里界五里界之説伏思蒙丁散處若照此劃留則異日蒙民相間耕

牧雜居彼此最易生事斷難照准然竟不爲設法該台壯等亦必

情有不甘　因即從該王之請限於十月初五日在沙磧茅土傳集該

台吉等該王亦於是日前來面同傳　諭俾各安靖並擬將前擬

中上等荒地所加價值全數撥歸該王旗照原奏分等撥給上下

均沾以資生業之議畧為宣示俾該蒙等咸感
恩施而免異議似此辦理庶該旗上下可相安於無事矣合肅附
稟恭請
鈞鑒載叩
勛安　謹稟
批呈悉該蒙旗荒地統照札賚特成案每晌收價四千二百文以
一半報効以一半歸該王台吉壯丁喇嘛等照章各分此外無論加
價若干均仍給該王台吉壯丁喇嘛以示體恤至附稟該王請留
河北荒地並欲自放城基及劉東武蠱惑生事各情查該王旗
原因河北招户以致起衅成訟迨

欽差大臣會同本軍督部堂查明
奏奉
諭旨開辦蒙荒係統指河南北而言自應一律開辦以符奏案至所
收城基價值即可撥歸該蒙王等勻分局中止收經費以資辦
公但仍須由局監放清楚以免日後爭狡再貽訟累劉東武造言
滋事搖惑人心殊堪痛恨仰即派隊拿解送省嚴辦候飭札
薩克圖王旗遵照並候飭蒙荒總局知照繳

呈為哂定城基並擬價值呈請　鑒核示遵由
為呈請事竊查蒙荒地方寬濶將來開放完竣即當安設官
署自應先哂城基以備治所卑職　等查得沙磧茅土西面依桃

免河西岸即中段地方乃適中之地水陸兼通依山帶河甚得形勢堪以定為城基現已勘定四至其街基價值擬每一丈見方收價銀三分三釐以長六十丈為度寬則聽其自便至河北佃戶已屬不少不久即應安設撫蒙一廳即河南亦應分設州縣所有城基應俟續踏再行稟奪所有卑府等擬定城基並價值等項各緣由是否有當理合備文呈請

憲台鑒核施行須至呈者

批據呈已悉所擬尚屬周妥仰即照辦一面詳細繪圖貼說送轅備查候飭蒙荒總局知照繳

呈為新𨂍城基更名請　核由

為呈報事竊卑局前在荒界沙磧茅土地方𨂍定城基業經

呈報在案惟沙磧茅土一名係屬蒙人土語音繁語詰民漢

傳者人各異詞將來建立城池此地必臻繁盛查此地在桃兒河

與交流河滙流處緊依西岸擬將沙磧茅土更名為雙流鎮

是否之處應懇

憲台鑒定理合備文具呈為此呈請

憲核伏乞

照呈施行須至呈者

批據呈已悉候飭蒙荒總局知照繳

呈為繪送街基全圖丈尺領戶花名并徵收價銀請核由

為呈報移行事竊職案照敝局曾以札薩克圖荒段之中勘得沙磧茅土地方改名雙流鎮招放街基現經繩丈放竣該城東西計寬九百四十丈南北長九百五十五丈核佔荒地一千二百四十六晌八畝零六釐以縱橫一丈見方核成八十九萬七千七百丈方其中街巷衙署廟學城壕官留一十七萬四千三百二十丈方實放花戶三百三十八名共計卄基七十三萬三千三百八十丈方內除舊戶熟地房身變作街基不收基價地四萬八千丈方外淨應徵收基價地六十八萬五千三百八十丈方每丈按照三分三厘計徵基價庫平銀二萬二千六百一十七兩五錢四分又徵一五經費庫平銀三千三百九十二兩六錢三

分一厘二共徵收庫平銀二萬六千零一十兩零一錢七分一厘合將所放花户編為號頭按名造具毘連清一本繪録貼說基圖一分註明街巷城門名目是否合宜恭請

憲訂除移行（呈報）外理合（相應）備文呈報（移行）為此呈請（合移）

憲台鑒核
貴局
貴王旗 請煩查照施行須至移呈者

計移呈城基圖說一分花名清册一本

雙流鎮城基圖總說

謹按此城係井字分街正門應設八座茲特以國富民豐和親康樂八字分配命名外在西北來龍及東南文峯另開乾佑啟文二小門既以通天地之氣而啟文明復可避讓省垣八門八關至本城八門

各相對峙按時地之宜以取意焉所有領户花名均已按方填註
衙署倉學廟地俱經留出並將街巷垣壕界址亦一律劃清以備
異日濬修整齊沿垣種樹以壯觀瞻而資捍衛庶不患無其基
爾敬謹繪具圖説恭呈
憲鑒鈞裁再大街雖屬四丈小街雖屬二丈五尺但有興修者皆飭令
自留五尺餘地是大街公私合計已寬至五丈小街已寬至三丈五也

# 辦理蒙荒案卷

第二册

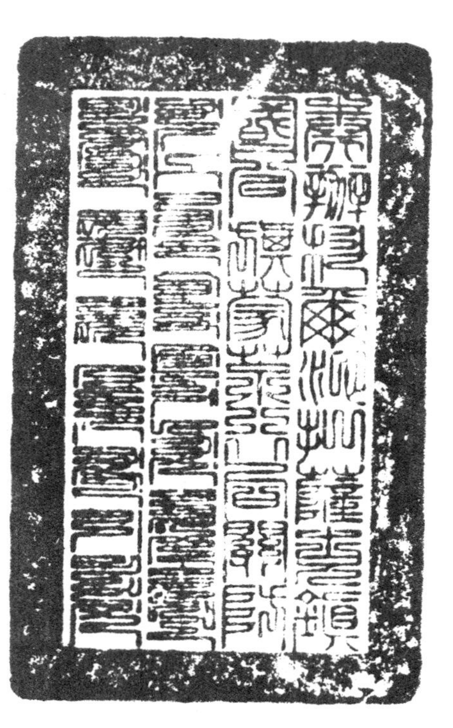

呈爲護局馬步隊就近歸總巡吳俊陞節制由

蒙旗移爲在莫勒格池傳諭台壯如再不到自應外戶報領由

蒙旗爲移送台壯墳墓房園牧場地圖由

蒙旗移爲派員會同觧送押荒銀兩由

督憲札爲曉諭舊戶分别交價告示移交蒙旗張貼由

蒙旗移爲收到告示二十張並飭各處遵照張貼由

爲總幫辦到荒曉諭蒙民關防告示由

曉諭蒙旗台壯等齊集莫勒格池聽候面諭由

移請昌圖各府縣轉飭張貼省發告示由

出示爲嚴禁關防告示由

出示為開局報領街基章程由

呈為卑局擇於十月十八日開局由

為分移開局日期由

呈為荒界銀色低潮應否從權照收由

呈為擬添設管票委員一員由

呈為司事吳培基提充管票委員遺差以張瑾補充由

為札委鄭張二委員兼理營務處由

為札委試辦轉運辦事管官司事等由

為諭試辦轉運分卡貼書由

為諭試辦轉運分卡什長由

呈為擬設轉運分站請札飭達爾罕王旗知照由

為添設轉運設立十站移行達爾罕王旗札薩克圖旗轉飭所屬知照由

蒙旗為移覆設站自應傳諭各處一體知悉由

呈為擬請設站轉運並派辦事官等先行試辦由

呈為繩弓併起赴段日期由

稟為熟地擬收荒價並將頭二等加價撥歸王府由附稟三件

為定生熟荒地價值移行蒙旗知照由

為八起併為四起次第赴荒日期移知蒙旗由

蒙旗為移覆所定荒地價值暨街基價值業已曉諭各處由

蒙旗為移覆併起下段已派委員守候會辦由

為曉諭放荒地分三等價值牌示招領由

為曉諭各站員司書勇暨蒙戶等一體公平交易由

為酌給十站房租出示曉諭由

為開辦札薩克圖荒務章程移行省局由

督憲札為業經將開辦蒙荒情形出奏由

為私設墾局冒收荒價移行昌圖府奉化縣嚴密查拏由

遼源州移為稟明沿途安設馬撥請遞公文由

為移覆遼源州安設馬撥請遞公文由

為移覆吳營魯辦事官充本局差遣委員由

呈為總幫辦赴荒起程日期並稽察督繩等常川輪流駐荒由

呈爲司事胡盈甲請假遺差以郭桂五提充由

呈爲擬定各起心紅及車價銀兩數目請 核由

呈爲生熟三等荒地暨城基票號請鑒由

爲將生熟荒及城基三項票號開单移行肴局由

呈爲遵募護局馬步隊造具花名清册呈報請 核由

呈爲隨收補庫平並經費銀兩請 核由

呈爲督委員善成請咨原旗據情轉呈由

爲諭領街基各户章程告示由

爲札發辦荒章程及隨起告示飭起遵照由

爲通飭各起半月繪圖造册由

為札發十一二起章程并應辦事宜由

為隨起諭領生荒各戶章程告示由

呈為行局護勇月餉懇免扣平由

呈為行局報銷擬緩期俟總辦回局再行造報由

為擬具開辦札薩克圖蒙荒章程移行省局由

為諭張毓華等派為効力貼書由

諭為貼書常潤久未到差以趙承安頂補由

為札發領戶花名晌數票號分飭各起遵照由

為曉諭報領頭二等生荒及城基各戶執票赴起照章撥領告示由

札文二頭二起城基領戶花名清单

為札交樂字領戶花名由

為札交數字領戶花名由

為牌示報領頭二三等生荒及城基各戶執票赴起照章撥領由

呈為提派員帶勇赴懷德收解荒價銀兩由

呈為書識常連稟請轉呈咨行原旗由

為曉諭舊佃戶一體照章報明赴局交價換票告示由

為嚴禁原佃冒頂勾串報領熟地出示由

省局為奉　督憲札發木質關防擇吉啟用移行由

省局移為信票鈐用關防總局以省字列號行局以行字列號由

省局移為信票蓋用二十八年硃戳由

省局移爲督憲撥地印文編立清慎勤三等字號由

呈爲蒙旗現派協理等官在沙磧茅土等處會辦由

三四 起監繩委員呈爲開繩日期由

呈爲開繩丈放日期由

呈為護局馬步隊就近歸總巡吳俊陞節制伏乞鑒核由

為呈報事竊卑局前奉

批飭招護勇二哨業將募齊日期稟蒙

批准併飭各局處遵照等因各在案惟卑局馬步護勇均係

新募成哨必須妥為操演方能得力惟是卑府等常川公出碍難朝夕訓練查有駐遼源州吳總巡俊陞久歷戎行聞望夙著所部隊伍均有紀律擬將卑局馬步隊各一哨請歸該總巡就近節制與巡捕隊一體演練庶該員弁什勇有所遵循雖卑府等因公遠出亦不至漫無約束致滋事端除移行外理合備由具文呈請

憲台鑒核示遵為此具呈伏乞

照呈施行須至呈者

為移行事案查敝局前奉

督憲批飭招募護勇二哨業將募齊點驗日期分别呈移各在

案惟查馬步什勇均係新募成哨若非妥為操演難期用命敝

總幫辦常川公出碍難朝夕訓練

貴軍吴總巡總巡久歷戎行聞望素著所部隊伍均有紀律擬將敝局

護勇馬步隊各一哨均請

貴吴總巡就近節制與巡捕隊一體演練俾該員弁什勇人等有

所遵循雖敝總幫辦因公遠出亦不至漫無約束致滋事端除

呈報

督憲鑒核暨移行吳恒總統巡外相應備文移行為此合移

貴總統巡請煩查照見覆施行須至移者

右　　移

總統巡吳恒

為札飭事照得本行局招齊護勇二哨均係新募必須妥
為操演方能得力本幫總辦常川公出碍難朝夕訓練查有駐
遼源州吳總巡久歷戎行聞望夙著所部隊伍均有紀律茲
將該馬步隊各一哨均歸該總巡就近節制與巡捕隊一體
演練庶有遵循除呈報暨移行外合亟札飭為此札仰該巡

長等即便遵照務須恪遵約束勿負委任切切特札

右札仰
馬隊正巡長五品頂戴徐海亭
副巡長五品頂戴披甲寶麟
步隊正巡長五品頂戴王紹東准此
副巡長六品頂戴李成林

批呈悉該局馬步護勇准其歸遼源州吴總巡俊陞就近
節制仍須勤加演練不時約束毋滋事端切切繳

為移行事案查敝局前募馬步隊各一哨擬歸
貴州巡捕隊總巡吴軍吴總巡總巡就近節制等因業經呈請
督憲核奪並移行
貴州統巡總查照各在案茲於十一月十三日奉到

督憲批開呈悉該局馬步護勇准其歸遼源州吳總巡

俊陞就近節制仍須勤加演練不時約束毋滋事端切切

繳等因奉此除分移外相應備文移行為此合移

貴統總巡州請煩查照施行須至移者

右　　移

遼源州蔣

統巡恒

總巡吳

總巡遼源巡捕馬步隊吳　為移覆事茲准

貴局移開案查敝局前募護局馬步隊各一哨擬歸貴總

巡就近節制云云等因准此敝總巡當即札飭護局馬步隊
官長率同什兵與巡隊一體操演并不時就近訓練以期
咸知紀律克成勁旅除呈報外相應備文移覆為此合移
貴總
幫辦請煩查照施行須至移者
乾清門行走哲里木盟科爾沁札薩克圖多羅郡王協理印務四等台吉巴圖濟爾噶勒等
為咨行事今呈報
軍督部堂文開為呈請本旗奉
旨開荒以安蒙民事茲准
貴軍督部堂出派委員張　劉　等於九月二十三日到

上
諭辦通新章錄寫十條查開本旗之荒先由本旗之蒙古台吉壯丁
人等報領如本旗無人報領再由外戶呈領以便恩施原戶不
失其業等因遵
旨將台吉壯丁等傳喚如有不顧報領之情再行開放外戶今由本
旗將台吉壯丁等每戶傳喚一人以
旨勸諭各情等因傳喚幾次未到又會同委員出示曉諭本旗台吉
壯丁等每戶傳人一名限於十月初五日在莫力格奇地方齊
集各處曉諭具情呈報
貴軍督部堂而且遵
旨傳喚又候至十幾仍是未到今奉飭

旨要件恐遲延時日是以具情呈報希為
貴軍督部堂鑒閱是否等候如台吉等再行不到自應照
旨所擬准其外戶報領並候指示遵行等因照抄知會為此合咨
貴委員請煩查照可也須至咨者
札薩克圖多羅郡王協理印務四等台吉巴圖濟爾噶勒等　為
咨行事今呈報
軍督部堂文開為呈請事本旗奉
旨出荒與丈地委員會同核議年久居住之蒙戶人等今開新荒
界址所有著留墳墓房產牧廠等處並將地名繪圖裝封呈報
貴軍督部堂查核即由地圖著留本旗台吉壯丁牧廠以安衆

蒙古生活不失原業。今准
貴軍督部堂飭交告示內擬一面先行開辦等語，仿照本盟長王
札賚特旗界新荒丈量樣式，曉諭辦理本王旗南界地方新荒
丈量開辦，係屬奏奉
上諭議定章程布為
貴軍督部堂鑒閱是否，即候指示外，相應照抄地圖並註圖說
一分咨送。為此合咨
貴委員查照可也。須至咨者。
札薩克圖多羅郡王協理印務四等台吉巴圖濟爾噶勒等　為
咨行事。今呈報

軍督部堂文開為呈請事茲與委員會商奉
旨出荒押租照議原
奏章程而本旗内押荒銀與委員等並由本旗出派委員兩造
會同照
旨解送即收租時再行立局出派會勘繩丈委員希為
貴軍督部堂鑒核飭覆一併呈報外相應照抄知會為此合咨
貴委員查照可也須至咨者
為軍憲曉諭舊墾蒙荒佃户分别交價告示移交蒙旗分發張貼由
為移行事案照敝局前奉
軍督部堂曉諭舊墾荒地蒙民佃户告示頒發到局除由敝局就

近張貼外兹將原示二十張移交
貴旗希即飭發舊墾佃户地方擇要張貼以便周知相應備文
移交為此合移
貴旗請煩查照飭發見覆施行須至移者
右　移
蒙　旗

札薩克圖郡王　為咨覆事今收到告示二
十張並轉飭各該處遵照為此特咨
貴總幫辦請煩查照可也須至咨者
為總幫辦到荒曉諭蒙民關防告示由

為剴切曉諭事照得本局遵奉
諭旨開放札薩克圖蒙荒聞有不肖之徒冒稱本局委員或揑稱
與本局暨王旗素有交識可以代繳荒銀價廉地倍或通融
絕丈先得膏腴種種招搖殊堪痛恨無識鄉民輒被愚弄除由
本局派員隨時嚴密查訪外合亟出示曉諭為此示仰爾蒙民
人等如遇此等奸徒准其扭送來局或赴局禀報以便緝拿按
法懲辦決不姑寬倘爾蒙民人等希圖取巧自受欺愚本局
查知亦當照予受同科之例懲辦勿謂言之不預也其各凜
遵毋違特示

為曉諭蒙旗台吉等限期齊集摩勒克圻聽候面諭由

為出示曉諭事照得本局奉
軍督憲札飭開辦札薩克圖郡王旗荒務不日即當撥派繩弓
到段放文自應傳諭該旗台吉人等以便周知合行出示曉諭
為此示仰該台吉人等作速遵照前來限於十月初三日齊集摩
勒克圻地方聽候面諭毋稍稽延致干未便其各凜遵勿違切切
特示

為移請昌圖康平奉化懷德各府縣轉飭張貼省發告示由

為移行事案照敝局奉
督憲奏派辦理札薩克圖蒙荒所有開用關防日期業經移行
貴府縣查照在案茲奉

督憲札發曉諭招墾告示并飭行局移送附近地方衙門代爲張貼以廣招徠等因奉此相應備文移送爲此合移

貴府縣請煩查照轉飭鄉地張貼市鎮通衢並即見覆可也須至移者

計移告示十張

昌圖府正堂福

康平
奉化縣正堂
懷德

昌圖府正堂福

爲移覆事光緒二十八年九月二十三日准

貴局移開爲移行事案照敝局奉

督憲奏派辦理札薩克圖蒙荒所有開用關防日期業經移行
貴府查照 云云等因准此當將送到告示派差分貼去後茲據
去役林玉堂禀稱奉派携帶告示十張遵往府城亮中橋通江
口雨家子金家屯寶力屯大窪八面城四平街鴜鷺樹等處各
貼一張等情禀奪前來敝府覆查無異合將張貼處所備文
移覆為此合移
貴局請煩查照須至移者
署奉化縣正堂鮮　　為移覆事光緒二十八年九月二十日准
貴局移開為移行事案照敝局奉
督憲奏派辦理札薩克圖蒙荒所有開用關防日期業經移行

貴縣查照在案云云等因准此敝縣遵將送到告示十張飭差前往
縣屬大小城鎮擇要粘貼俾衆周知擬將張貼處所開具清單移
覆爲此合移
貴局請煩查照施行須至移者

計移送清單一紙

計開

實貼署前照壁一張　　本城東大街一張

西大街一張　　榆樹台街二張

小城子街二張　　拉嗎甸街一張

四平街一張　　南郭家店街一張

為出示嚴緊關防告示由

為出示曉諭事照得本幫總辦現奉
督憲　奏派總辦札薩克圖蒙荒事務先在鄭家屯設立行
局定期出示招墾一切悉秉大公惟蒙荒關繫重要開辦伊
始首宜嚴緊關防所有本幫總辦隨帶員司人等俱係由官
派定居住局中仍由本幫總辦時加約束嚴密關防決不敢出
外與人交通此外並無隨從親友及一切私人在外遊行散
處招摇生事如有不法之徒膽敢假託本幫總至親朋跟隨家
丁與冒充本行局員弁差役人等設計撞騙愚弄鄉民或揚
言能多領晌數或聲稱能代辦膏腴種種弊端殊堪痛恨除

由本幫總辦遴派妥幹員弁隨時明察暗訪嚴拏重懲外合亟出示曉諭為此諭仰旗民人等一體知悉倘有以上不肖奸民准爾等即時扭送來局立即照例懲辦倘竟行賄囑託甘受愚惑即係貪圖取巧不安本分之民一經訪聞或別經發覺定按與受同科之例從嚴懲治決不寬貸各宜凜遵毋違切切特示

為開局出示報領街基章程由

為出示曉諭事照得本行局開辦札薩克圖蒙旗荒務業經本幫總辦親赴荒段週歷巡視詳細履勘於桃兒河西岸沙磧茅土地方跴得城基一處該處依山帶河水陸兼通土地

腴厚形勢融結屬四通八達最爲蒙荒適中之地現已於該處勘定四至設立井字大街畫留官道官道之外一律出放街基擬定每一丈見方收價實足銀叁分叁厘每領户長以六十丈爲度寬則不拘多寡聽其自便每收銀壹兩遵照定章加庫平銀肆分經費銀壹錢五分本局擇於十月十八日開局合先牌示旗民商賈人等一體知悉如有願領街基者限於二十日起照後開章程報領交價掣發信票即由該領户執赴該處呈驗照撥自行蓋房永遠管業惟此項街基係有定數爾等切勿觀望遲疑自悞致富之基也切切特示

計開

一每街基長以六十丈爲度不准多領寬至數十丈百餘丈均聽領户之便

一每街基一丈見方收銀三分三厘計寬一丈長六十丈合銀壹兩玖錢捌分

一每價銀壹百兩應補庫平銀肆兩並隨繳經費銀壹拾五兩此外局内以及地起並無分釐費用

一丈放街基由本局報領先後編列號頭給票前赴繩起挨號丈放勿許顛倒挪移

一欲領街基之户應先到本局收支處報明寬長尺丈照章繳價領票即由該領户執赴城基地方報該繩起照撥地基倘

逾限不到繩弓不能守候即須按以下名次挨放

一該户等所領之票到繩領地後應由該繩起加蓋戳記仍交該領户收執以備報竣後换領大照

一該户領妥街基之後務須及時修造房屋不得久留空地

一城基居中先行畫定衙署基址外設井字大街四道每道均寬四丈由官畫留不得外放領户蓋市房時亦不准稍有侵佔

呈為卑局擇於十月十八日開局伏乞鑒核由

為呈報事竊卑局奉

札開辦蒙荒擬在鄭家屯設立行局各情業經呈報在案兹擇於光緒二十八年十月十八日開局除移行外理合備文呈報

為此呈請
憲台鑒核伏乞
照呈施行須至呈者
為分移開局日期由
為移行事案照敝局開辦蒙荒擬在鄭家屯設立行局業
經呈報
督憲查核在案茲擇於光緒二十八年十月十八日開局除呈
報外相應移行為此合移
貴局處請煩查照施行須至移者
右　　移

蒙荒省局

督轅文案營務糧餉處

交涉局

批據呈已悉繳

呈為荒界銀色低潮應否從權照收伏乞鑒核由

為呈請事竊查卑局開辦伊始所有徵收價銀自應酌定妥切章程以昭平允惟查蒙荒一帶銀色向來低潮大約較之省銀相差不等職等再四籌思若照此項銀色徵收將來解省誠恐糧餉處碍難照收若照省銀必須加色一經照加又恐物議沸騰若令領戶自行變買好銀此地又無銀行票商無

從轉換當此開辦之初若不因地從權誠恐有碍招徠難期踴
躍此係實在情形應懇
憲台俯鑒前情可否即照此地市銀收解之處職等未敢擅
便理合呈請
憲台察奪爲此具呈伏乞
批飭遵行須至呈者
批據呈已悉銀色過於低潮將收運到省勢難發放務須選擇
足色者徵收方免日後周折仰即斟酌妥善認真經理繳
呈爲擬添設管票委員一員呈請　核奪由
爲札委事照得本行局管票一差事繁責重業經稟請添設管

票委員一員以司事吳培基提充理宜聽候
督憲札委再行任差惟現值出放之際事務殷繁自應將分
省試用巡檢司事吳培基先行委為試署管票委員合亟札
委札到該員即便遵照務須勤慎供差勿負委任切切特札

右札仰分省試用巡檢吳委員培基准此

為呈請事竊卑局出放荒地文案收支而外惟經管票張一事最
為重要現在又添利熟地城基等項票張合之生荒三連票計
共三項地票非添設專員經理不足以專責成是以懇乞
憲台垂念卑局票件事體繁重可否添設管票委員一員專
司核發信票事宜其薪水車價擬請仿照解運委員開支如

蒙 俯允即請以卑局司事候選巡檢吴培基提充并乞飭發委札以便遵照任差可否添設之處 等未敢擅便理合備文呈請 憲台鑒核批示施行須至呈者

批呈悉司事吴培基既常川駐局即責成專管票張不必提充以節糜費繳

呈為司事吴培基提充管票委員遺差以張瑾充補伏乞鑒核由

為呈請事竊照卑局現在呈請添設管票委員一差擬以司事吴培基提充如蒙 恩准所遺司事一差即請以府經歷銜張瑾補充以專責成理合備文呈請

憲台鑒核批示施行須至呈者

批呈悉已於提充吳培基呈中批示矣繳

為札委鄭張二委員兼理營務由

為札委事照得本行局護勇馬步隊各一哨業經募齊派有正副巡長領帶所有營務事件自應派員管理以資鈐束而專責成查有清訟張委員仲麟稽查鄭委員爾純老成諳練熟悉營務均堪派爲兼理營務一切事宜除分札外合亟札委札到該員等即便遵照務須認真考查申明約束力副委任之至意特札

右札仰藍翎五品頂戴候選縣丞張委員仲麟
升用直隸州即補知縣鄭委員爾純准此

為札委試辦轉運辦事官司事等由

為札飭事照得本行局繩起各員司書差人等刻日赴段放荒蒙地糧草維艱業經稟請添設轉運以濟食用自應暫為借墊公款派員先行試辦以濟急需查有藍翎五品頂戴儘先千總吳亮孚堪以派為試辦轉運正辦事官住沙磧茅土居中囤積供應上下 藍翎五品軍功委官領催恒興堪以派為試辦轉運總卡司事五品頂戴儘先外委盧崇恩堪以派為試辦押運副辦事官藍翎五品頂戴委官徐慶堪以派為試辦押運司事專司採買糧草押運等事除呈候 督憲批飭再行札委外合亟札飭札到該員等即便遵照務須勤慎經理認真操辦如果辦理妥善自當擇尤存獎倘有侵蝕虧空

等事即予懲撤仍責令包賠決不姑寬切切特札

右札仰試辦轉運正辦事官藍翎卅用守備直隸提標補用千總吳亮孚
轉運總卡司事藍翎五品軍功委官領催恒興
押運副辦事官五品頂戴儘先外委盧崇恩准此
押運司事藍翎五品頂戴委官徐慶元

為諭試辦轉運分卡貼書由

為諭飭事照得本行局繩起各員司書差人等刻日赴段放荒蒙地糧草維艱業經稟請添設轉運以濟食用自應暫為借墊公款先行試辦以濟急需查有姜德陞堪以派為試辦轉運包四土第二分卡貼書世緒堪以派為少拉歐根第四分卡貼書王立德堪以派為巴彥格第六分卡貼書楊春榮堪

以派爲摩勒格池第八分卡貼書以便收發糧米購儲柴草暨
傳遞公文各事除呈候　督憲批飭並分行外合亟諭飭爲此
諭仰該書等即便遵照務須勤慎經理認真操辦如果辦
理妥善自當擇尤存獎倘有侵蝕虧空等事即予懲革並責
令包賠决不姑寬切切特諭

右諭仰試辦轉運分卡貼書

姜德陞

世緒

王立德　准此

楊春榮

爲諭試辦轉分卡什長由

爲諭飭事照得本行局繩起各員司書差人等刻日赴段放

荒蒙地糧草維艱業經稟請添設轉運以濟食用自應暫為借墊公款先行試辦以濟急需查有本行局什長王錫九堪以派充試辦轉運卧虎屯第一分卡什長佟呈祥堪以派充各洛根保頭第三分卡什長丁建桐堪以派充茂得土第五分卡什長吳得隆堪以派充哈喇吳蘇第七分卡什長温殿卿堪以派充又岡達拉第九分卡以便護送糧車彈壓地面暨購儲柴草傳遞公文各事除呈候　督憲批飭並分行外合亟諭飭為此諭仰該什長等即便遵照務須勤慎供差毋得藉端滋擾致干查究不貸切切特諭

右諭仰試辦轉運
卧虎屯第一分卡什長王錫九
各洛根保頭第三分卡什長佟呈祥
茂得土第五分卡什長丁建桐
哈喇吳蘇第七分卡什長吳俊隆
又岡達拉第九分卡什長温殿卿
遵此

為擬設轉運分站請　札飭達爾罕王旗知照所屬由

為呈請事案照卑局擬設轉運分段立站等情業經呈請在案惟查現擬安站之處由鄭家屯至巴彥招二百餘里均係達爾罕王旗地界所有各站員書兵勇常川駐守一切來往地面租借住房等事在在與該蒙戶相交涉所有卑局前呈如蒙核准自應懇請　憲台札飭達爾罕王旗轉飭所屬一體知照除移行外理合備文呈請　憲台鑒核速賜施行須至呈者

批呈悉候飭達爾罕王旗轉飭所屬遵照繳

為添設轉運分段設立十站運儲糧草移行達爾罕札薩克圖王旗轉飭所屬知照由

為移行事案查本行局現奉　欽命盛京將軍增　奏派總辦

札薩克圖郡王旗荒務業經稟請由鄭家屯至沙磧茅土稟請添設轉運分段設立十站專為轉運儲糧草供應放荒各委員兵役食用各在案惟查現擬安站之處由卧虎屯至巴彦招均係　貴王旗地界所有各站員書兵勇常川駐守一切價買馬草往來地面租借住房等事悉與蒙户相交涉自應移請　貴王旗轉飭所屬傳諭各該處蒙户一體知悉除分行呈報外相應備文移行為此合移

貴王旗請煩查照施行須至移者

右　　　　移

達爾罕王旗

為移行事案照本行局現經稟請由鄭家屯至沙磧茅土添設轉運分段設立十站專為運儲粮米供應放荒各委員兵役食用在案惟查現擬安站之處由巴彦掐至沙磧茅土均係貴王旗地界所有各站員書兵勇常川駐守一切價買馬草來往地面租借住房等事悉與蒙户相交涉自應移請貴王旗轉飭所屬傳諭各該處蒙户一體知悉除分行呈報外相應備文移行為此合移

貴王旗請煩查照施行須至移者

右　　　移

札薩克圖王旗

札薩克圖王旗移為添設轉運分卡等因札飭所屬遵照移覆由

札薩克圖王旗　爲移覆事。本年十一月初一日准貴局移開：爲移行事。案照本行局現經稟請由鄭家屯至薩戉吉改毛圖添設轉運分段設立十站，長爲運儲糧草，供應放荒各委員兵役食用各在案。惟查現擬安站之處，由巴彦招至薩戉吉改毛圖，均係貴王旗地界，所有各站員書兵勇常川駐守，一切價買馬草，來往地面，租借住房等，悉與蒙户相交涉，自應移請貴王旗轉飭所屬傳諭各該處蒙户一體知悉，除分行外，相應移行貴王旗請煩查照施行，須至移者等因。前來相應照抄，即傳諭各該處蒙户人等一體遵照外，並移覆

貴局請煩查照可也須至移者

呈為擬請設站轉運並派辦事官等先行試辦伏乞 核示由

為呈請事竊查卑局由局到荒遠者七百餘里均須自備食粮而馬草一節須先冬騰購開凍即無從採買共計卑局繩起員司書役勇丁暨卑府等總幫辦四員并稽查委員等常川輪流駐荒人數甚多需用甚鉅僱覓運車多不願往且又笨重遲延費時誤事卑府親歷其境深悉此難且領户因此亦多裹足殊屬有碍招徠卑府等公同籌議因擬請設轉運辦事官正副二員司事二員貼書四名自卧虎屯起至雙流鎮止相距五百餘里中間分設十站以雙流鎮為首站正辦事官及司事一員駐之總司轉運以

下九站派貼書四名局勇内撥什長五名均各帶步勇二名相間分駐以司應付收存由行局經費項下借墊款項派副辦事官及司事一員價僱官車二輛採買粮食先後押運前往按站分存至雙流鎮尤應多積其各站步勇除遞送公文彈壓地面外仍令隨時騰積馬草均備員起之需兼供過往之用准其收還價值再購再運接續辦理差竣仍將借款繳局以重公款其辦事官司書等差從省酌擬薪水不給車價護勇仍領原餉以示撙節卑府等前擬局章固已早慮及此惟以帑項支絀憲慮焦勞但可牽就即當節省兹經親歷訪查覺舍此實無辦法應乞憲台俯念卑局創辦艱難准予照辦

一以下恤員司且亦便于領户庶免觀望稽延辦理得以通暢倘荒務早竣數月全局即省數月之支銷則此舉似費而實省于大局不無裨益現因天氣漸寒業飭繩起開拔謹從權分派前往試辦以濟急需是否有當理合繕單備圖具呈為此呈請

憲台核奪伏候　批示遵行須至呈者

計清單一分　站圖一分

謹將卑局擬請安設轉運十站地方暨擬委員司事貼書並撥什勇各員名開具清單呈請　憲核施行

計開

首站　設雙流鎮住勇四名　正辦事官儘先千總吳亮孚薪水十五兩　司事領催恒興十二兩

二站　設乂岡達拉 二住 名勇 什長温殿卿

三站　設摩勒格池 二住 名勇 貼書楊春榮　薪水八兩

四站　設哈喇烏蘇 二住 名勇 什長吳俊隆

五站　設巴彥胡 二住 名勇 貼書王立德　薪水八兩

六站　設茂德土 二住 名勇 什長丁建桐

七站　設少拉歐根 二住 名勇 貼書世緒　薪水八兩

八站　設各洛根保頭 二住 名勇 什長佟呈祥

九站　設包四土 二住 名勇 貼書姜德陞　薪水八兩

十站　設卧虎屯 二住 名勇 什長王錫九

副辦事官　儘先　外委　盧崇恩　薪水十五兩

押運司事委官徐慶元薪水十二兩

以上共計辦事官二員月支薪水銀各十五兩司事二名月支薪水銀各十二兩貼書四名月支薪水銀各八兩統共每月應支薪水銀八十六兩均不另給車價步隊什長五名步勇二十二名均各食隊餉不另

開支以節經費合併聲明

謹請添設轉運十站圖

謹查由鄭家屯至沙磧茅土共計五百二十里其間巴彦昭以南係達爾罕旗屬境巴彦昭以北係札薩克圖旗屬境按二十里

開方擬請將於兩旗地界添設轉運十站處所暨各站分駐辦事官

司書什勇數目繪具圖説恭呈　憲鑒

批如呈辦理仰即認真經理毋得過事鋪張致滋靡費候飭

蒙荒總局知照繳單圖存

為呈報繩弓併起赴段日期由

為「呈報／移行／札飭」事「竊卑／案照敝行／照得本行」局開辦蒙荒業經擬具章程呈請「報」「憲台核奪／督憲鑒核」并由局收價發票照辦各在案自應派令起員及時赴荒分段丈放現定將八起併為四起頭二起丈城基三四起丈二等熟荒五六起丈上等生荒七八起丈中等生荒定於十月二十五日由局帶領司書工、役人等啟行次第前往各按派定地段照章開繩秉公丈放除分行暨「移行蒙旗并省局／呈報并移行蒙旗／呈報并移行蒙旗派人指段」外「理合呈報為此呈請／相應移行為此合移／合亟札飭為此札仰該」

憲台鑒核施行
貴局請煩查照施行　須至移者

起員即便遵照前往仍將到段日期報局備案切切特札

右　移

軍督部堂增
蒙荒省局

右札仰
頭　二　三　四　五　六　七　八
起監繩委員
委前鋒校舒委員秀
候選巡檢張委員篤福
委筆帖式豐委員慶
即補防禦成委員友直
知縣用分省補用鹽大使田委員震
即選筆帖式吉委員芳
委用筆帖式德委員壽
補用知縣候選府經歷周委員瑞麟
准此

批呈悉桃兒河東北上地前已允該蒙王所請俟該王年班晉京事畢回省後再會同丈放該局將現在已經收價之上地如數撥放仰仍先由河南段丈放可也繳

為稟明熟地擬收荒價並將頭二等加收價值撥歸王府請核准辦由

全銜謹稟

督帥將軍麾下敬稟者竊卑府等現擬蒙荒開辦章程均係查照奏案十條酌核擬辦惟熟地收價一節查原奏第三條內開閒旗墾戶倘私墾逾額准報明確數將應補押荒銀兩照數繳足等因止言押荒並未申明應否照收荒價查原奏第二條內開札賚特奏准章程將墾戶之地丈清晌數核收荒價但將荒價繳清已墾者不强令退地該旗應倣照辦理各該墾戶應丈地畝應繳荒價毋得隱匿觀望等因是舊戶熟荒仍應照繳荒價卑府等細繹奏文始知第三條閒旗墾戶補足押荒等語係專指本旗原領逾墾而言所

以特示優異惟卑府等現赴蒙荒周視詳查所有該處舊墾之戶盡
屬外旗至本旗丁壯實少原領及逾墾之戶則第三條補繳押租一
節似無庸虛懸一格應即作罷仍照第二條清丈後照繳荒價
一律辦理茲已傚照札賚特成案擬定價值并遵奏酌增查該蒙土
地膏腴外佃歷年墾種逾額招青深沾利益故青戶或有貧民原
佃則例多殷實且現定荒價原屬從廉較之各處新章實輕數倍
在該佃照繳畧無損於膏脂而於 國帑蒙艱固已大有裨益此
卑府等擬將舊佃熟荒仍收荒價之實在情形也茲議章程除
將經收各地底價遵原奏分撥外其頭二等地遞加之四錢八錢擬
全數撥歸該王府蓋該郡王因多年纏訟匱乏異常卑府心

歷游各蒙頗知大概現經親歷該旗知哲里木盟之中惟該王府
最為貧窶幸所屬台壯素嫻畜牧外户耕穫有餘生頗裕夫
以大義而論則下給者自無上貧然屬丁各有以為生外姓且
蒙其樂利而藩封首望反日以不給為憂撫之我　朝恤藩
之心亦應一為之所此卑府　等擬將加收荒價全歸王府之實
在情形也是否之處恭候　憲裁如蒙　核准即乞採擇入
奏除條擬辦法呈　鑒外所有擬收熟地荒價並將加收價值全
歸王府各因由合具稟陳恭請
勛安伏乞
鈞鑒卑府　等謹稟

敬再稟者竊卑府前赴該王旗會商一切詳加體察查知該旗之事不外兩大端一曰外旗墾戶皆以奏准出荒價銀係一兩四錢如太加多定即不領而該王又自聲言但使無事即少於一兩四錢亦所甘心卑府揆度情形仍為斟酌加添但不至太重該戶等已相安無事聽候勘辦矣一曰本旗台吉該王旗前此搆訟實由革職留任王協理台吉巴圖濟爾噶勒已革協理台吉朋蘇克巴勒珠爾兩人起衅雖已獲譴褫職仍然不甚悔過猶復暗中唆使各台吉以留荒為詞意在藉肆阻撓然尚不敢公然挺露耳卑局惟有一切照章辦理暫行不動聲色應開導者則委婉開導宜駁詰者則據理駁詰總期消患未萌以仰副

憲台綏懷藩服之至意倘該蒙員等不知自愛從中蠱惑顯違
奏案攬擾墾政是彼仍欲欺侮該王即係自外生成卑局自當酌
度情形隨時禀請拏辦合肅附禀載請　勛安卑府　謹再禀
敬再禀者卑局　自十月二十日懸牌招領街基生荒至三十日共計
報領街基三千八百餘丈報領頭等生荒四千七百餘晌報領二
等生荒八百餘晌三等生荒尚在無人報領推原刻間未能踴躍
之故一由劉東武王良等謠言惑阻鄉愚半信為渠等包辦故
不無遲疑一因冬令到處錢緊周轉不易又以天氣嚴寒知丈
放無甚多日領戶亦不無觀望卑府　等思但使到段開繩年前
得以出放無論多寡人心即穩約俟來春當可暢旺矣知關

憲釐敬以附陳載請　鈞安

再密稟者竊卑府猥以庸愚謬邀　委任每以荒務重大事體紛繁縱欲竭盡心力而才知短淺時虞隕越不得不亟求熟悉荒務堪以助理之人前於傳見之時曾經面稟福齡可用一節當蒙

憲台諭令稟請咨調且右多設一幫辦亦不妨事之諭本擬遵　諭稟請緣該革員與江省當事已成冰炭恐一著形迹愈一遭嫉妬因先函達該革員囑其設法前來聽用旋接覆稱江省上下均視該革員如仇防閑甚嚴萬難託詞出省並囑亦不可露有卑府荐引之意蓋恐一經傳聞愈招忌刻勢必又將設法尼陋即如前此卑府託該革員鈔錄札薩克圖咨文並札賚特奏案嫉之者即陷以危

辭茲將該草員收禁即此亦可想見等語卑府再四思維祇右懇乞
憲台垂念卑局襄贊需人可否[經]調該草員來奉酌添擬調薪水
費予卑局幫辦名目出自
逾格鴻施肅此謹具密禀再請　鈞安
伏乞　垂鑒卑府　謹再禀
批禀及另禀各情均悉熟荒照章增價所增地價統歸該王旗以
示體恤業於該守等初禀批示矣仰即認真經理毋得稍滋弊竇
致貽口實繳

為將出放生熟荒地等項價值暨街基價值起員八起併為四起次第赴荒日期移知蒙旗由

為移行事案照敝局出放蒙荒業將擬定章程呈請
欽命奉天軍督部堂增　奏明在案查現定出荒章程地分三等桃

兎河東北一帶生荒定爲頭等交流河與桃兎河中閒南至沙磧茅土一帶生荒定爲二等沙磧茅土南面一帶荒地定爲三等頭等生荒每晌定價銀二兩二錢正二等生荒每晌定價銀一兩八錢正三等生荒每晌定價銀一兩四錢正凡領生荒者照三七折扣即係每生荒一晌扣作七畝收價並於桃兎河西岸沙磧茅土地方踩定城基一處每街基一丈見方定價銀三分三厘長以六十丈爲度寬則聽領户自便已於二十日由敝局收價發票除分行呈報外相應備文移行爲此合移

貴王旗請煩查照備案見覆施行須至移者

右

移

札薩克圖郡王旗
為移行事案照敝局開辦蒙荒業將繩起各員分起前往行知在
案現定監繩委員八起暫行併為四起放荒頭二起丈城基三四起
文熟荒五六起丈上等生荒七八起丈中等生荒飭於本月二十五
日由局分起次第起程約在十一月初五日定可到沙磧茅土聚齊
所有領界指段之人自應先行移請　貴王旗預為派定赶緊飭
赴沙磧茅土守候俟各起員到時務須明白指領以便及時丈放
相應備文移行為此合移
貴王旗請煩查照迅速施行須至移者
右　　移

札薩克圖郡王旗

為咨覆事本年十一月初一日准 貴局移開為移行事案照敝局開放蒙荒業將擬定章程呈請 欽命奉天軍督部堂增 奏明在案查現定出荒章程地分三等桃兒河東北一帶生荒定為頭等交流河與桃兒河中間南至薩戓吉改毛圖一帶生荒定為二等薩戓吉改毛圖南一帶荒地定為三等頭等生荒每晌定價銀二兩二錢二等生荒每晌定價銀一兩八錢三等生荒每晌定價銀一兩四錢凡領生荒照三七折扣即係每生荒一晌扣作七畝收價並於桃兒河西岸薩戓吉改毛圖地方踹定城基一處每街基一丈見方 定價銀三分三厘長以六十丈為度寬則聽領户自便已於二十日由

敝局收價發票除分行呈報外相應移行貴旗請煩查照備案見覆施行須至移者等因前來相應照抄曉諭各該荒户人等並移覆　貴局請煩可也須至移者

札薩克圖王旗

為移覆事本年十一月初一日准

貴局移開為移行事案照敝局開辦蒙荒業將繩起各員分起前往行知在案云云等因前來查本年十月二十日本札薩克處遵奉

諭旨出派協理等官並與貴監繩委員等與兼辦台吉官員諭令筆其各奇通事等即與協理等官一員在薩戌吉改毛圖等處守候會辦合行移知　貴局請煩備查可也須至移者

為曉諭放荒地分三等價值牌示招領由

為曉諭事照得本行局開放札薩克圖蒙荒地分三等桃兒河東北一帶生荒定為頭等交流河與桃兒河中間南至沙磧茅土一帶生荒定為二等沙磧茅土南面一帶荒地定為三等所有各等荒價及交款領票挨號放撥章程合亟開列曉諭為此諭仰民商人等一體周知如有願領之户務須投局照章報領切切

特示

計開

一頭等生荒每晌定價二兩二錢整二等生荒每晌定價一兩八錢整

三等生荒每晌定價一兩四錢整

一凡領生荒照三七折扣即每生荒一晌扣作七畝收價

一每荒價銀一兩隨收補庫平銀四分整隨收經費銀一錢五分整此外并無絲毫雜費

一凡報領生荒者須到本行局收支處報明願領晌數照章繳價即由該處填發信票二段一紙交該領戶持赴起員處呈驗明確挨號丈撥即由該起將此票加戳截留中段其票梢仍交該領戶收執俟六年升科換領蒙古大照

一凡已經報領裁票之戶務須即赴該起丈撥照領若過時不到繩弓不便久候即將該戶應得之地撥放續到之戶其原戶准仍投局報明即予更號交起另撥

一凡領荒之戶務須於丈撥時認明官定界址勿許展佔閒荒

及侵佔鄰地倘敢故違定即從嚴究辦仍將侵地追囬

牌示

右示通知

為曉諭轉運卧虎屯等站辦事官司事貼書什長暨該站蒙户一體公平交易由

為出示曉諭事照得本行局奉　欽命奉天軍督部堂增　奏派總辦札薩克圖蒙荒招墾事務業經開辦在案現在由卧虎屯至沙磧茅土設立轉運十站派辦事官司事貼書什長等帶領兵勇分駐其地專司轉運粮米囤積馬草護送官車遞送公文等事除分行達爾罕札薩克圖王旗知照轉飭所屬外合亟出示曉諭為此諭仰該處蒙户人等一體周知該員司書長等到站之後所有一切租住房間價買馬草等事該蒙户等須知一切差員皆係為蒙旗

出放荒務而來有房者務須通融租給不得推辭不拾有草者務須照行出賣不得高抬價值以期主客相安互相和睦該辦事官司書什勇等亦須恪遵局章公平交易不准稍有抑勒滋擾情事倘敢故違一經查出或被告發定即嚴懲不貸各宜懔遵勿違特示

實貼十站處所

為酌給十站房租出示曉諭由

為出示曉諭事照得本行局辦理札薩克圖荒務在該旗及達爾罕王旗界安設十站分駐員司書勇以備運辦糧草接遞公文業經稟請　將軍批准並札飭各旗遵辦在案查各站均係租賃蒙戶店家房屋居住自應酌給房租以昭公允茲經議定以後

每站每月准給該户銀元壹元作爲該駐站人等房租以外如有本局過往員司兵役到該店尖宿者仍應照規給價不在此内除札行外合亟出示曉諭爲此諭仰該站及該蒙户等一體知悉自示之後該駐站人等務須按數交給勿許吞蝕短少該蒙户亦不得居奇取盈希圖加價倘敢故違定即究辦不貸其各懔遵勿違特示

爲擬具開辦札薩克圖蒙荒章程移行省局由

爲移行事案照敝局業將赴蒙查勘與該旗商明擬辦蒙荒各情呈請

督憲核奪在案兹經擬具開辦札薩克圖蒙荒章程條並繪圖粘票除呈請

督憲核奪並另文申叙各情外相應備

文移行為此合移　貴局請煩查照施行須至移者
計抄粘章程一件　荒界圖一分　城基圖一分　票式三分
右　　移
蒙　荒　省　局
為督憲業經將勘辦蒙荒情形出　奏札知由
軍督部堂增　　為札飭事照得本軍督部堂於光緒二
十八年十月初四日具　奏為現已派員勘辦札薩克圖王旗蒙荒
情形等因一摺除俟奉到　硃批再行恭録飭知外合行抄
奏札仰該局即便知照特札
計抄奏一件

奏為現已派員勘辦札薩克圖王旗蒙荒情形恭摺具陳仰祈
聖鑒事竊查本年四月間　欽差查辦哲里木盟事件大臣兵部尚書
裕德會同　覆奏查明札薩克圖郡王烏泰疊被參控各節緣該
王初因生計維艱欠債無款籌還始擬放荒招墾繼因不諳章程
致墾戶日多佔地日廣梅楞齊莫特色楞等復袒護荒戶不准台
吉壯丁在彼游牧由是積忿成隙訐告不已近來該旗台吉壯丁亦
深知耕穫之有益故一經查辦該郡王及協理台吉等即公同呈請
情願請員代辦當經查照札賚特王旗放荒收價每晌收中錢四
吊二百文以一半歸　國家作為報効以一半歸蒙旗自王府
以下至台吉壯丁喇嘛分別等差各有應得之數此次開辦擬照

札賚特成案酌增荒價以期兩有裨益謹將酌擬章程十條恭呈

御覽如蒙

俞允再由　奏派廉幹之員前往詳求辦法各等因於光緒二十八年四月

二十九日奏奉　諭旨著照所議辦理該衙門知道欽此欽遵在

案旋該郡王回旗後隨經　先行派員前往查勘得該旗陶爾河

南北已墾未墾約有荒地一千萬餘畝當於七月十四日札派開復副

都統銜總管依桑阿試用知府張　為蒙荒行局總辦一切事宜帶

同各員司人役分起馳往該旗將已墾未墾各地與該郡王就近

商定荒價即一面試辦一面報由　奏明立案以免往返延滯並曉諭

台吉壯丁此次招墾該旗　荒地係為蒙民籌謀生計各宜仰體

皇仁安分當差聽候委員分别勘放倘敢造言生事從中阻撓惟有隨時
嚴為懲辦以重墾務另於省城設立總局一所選派妥員專司稽核
收支一切案牘再該王旗遠距省城千餘里地方遼曠人烟稀少收
欵丈地均須有兵保護彈壓方免疏虞並募馬步隊一百二十名派
員管帶聽行局調遣所支餉項即由所收荒價作正開銷至前次
酌擬章程十條其中如有應行變通之處再為隨時查核奏明辦
理總期上裕國帑下恤蒙艱無負朝廷軫念藩封之至意
除分咨户部理藩院暨哲里木盟長查照外所有派員開辦蒙荒
緣由理合恭摺陳明伏乞
皇太后
皇上聖鑒謹奏

軍督部堂增　為恭錄札飭事照得本軍督堂於光緒二十八年十月初四日具　奏為現已派員勘辦札薩克圖王旗蒙荒情形等因一摺當經抄奏飭知在案茲於十月二十五日奉到
硃批著即認真經理以裕國帑而恤蒙艱欽此除欽遵並分行外合行恭錄札仰該局即便欽遵特札

為抄錄奏案移知蒙旗由

為移行事案照敝局現奉　將軍札開本部堂於光緒二十八年八月初四日具奏為現已派員勘辦札薩克圖王旗荒情形一摺俟奉到　硃批再行恭錄飭知等因抄粘原奉此相應備文抄粘移行為此合移　貴旗請煩查照施行須至移者

右 移

札薩克圖郡王旗

為私設墾局冒收荒價移請 昌圖府奉化縣 嚴密查拏由

為移請事案照 敝局 開辦荒設局招墾業經移行在案現在查有不法之徒潛在各處冒稱荒務局員甚至私設局收價誆騙鄉愚殊堪痛恨由 敝局 呈經 督憲批飭准由行局派隊拿解送省嚴辦等因奉此茲聞該匪等又在 貴府縣 有私設墾局冒收荒價等情于 敝局 既屬大有妨碍且恐 貴府縣 民商受其詐騙應請 貴府縣 飭派幹役嚴密訪查如果屬實即請拏獲從嚴究辦以儆效尤除呈報 督憲查核外相應備文移請為此合移

貴府縣請煩查照施行須至移者

右　　　　移

昌圖府正堂福

奉化縣正堂鮮

為匪徒假冒荒局移行地方官緝拏呈報請核由

為呈報事竊卑局聞有不法匪徒潛在昌圖奉化一帶冒稱荒務局員甚至設局收價誆騙鄉民殊於荒務大有妨碍現經卑局移請昌圖府奉化縣嚴行緝拏究辦去訖理合備文呈報為此呈請

憲台鑒核伏乞

照呈施行須至呈者

右　呈

軍督部堂　增

批　據呈已悉繳

為局勇趙永祿携帶槍械馬匹潛逃移行吴總巡派隊嚴拏務獲由

為移行事案據本行局營務處報稱據護局馬隊正巡長徐海亭等禀稱卑哨馬隊三隊正兵趙永祿於本日携帶毛瑟槍一桿子母七十粒騎七齒白馬私自逃跑呈請拏辦前來查兵勇潛逃殊干法紀非緝獲懲治不足以警效尤除飭該巡長等趕緊嚴拏務獲外相應移請

貴總巡查照派隊一體嚴拏務獲盼切移行須至乞移者

右　移

總　巡　吳

遠源州移為稟明沿途安設馬撥請轉遞公文由

遠源州　蔣　為移知事案照遠源地處僻壤並無上下站接遞文件之處所有往來公牘均關緊要敝署業已稟明各憲於馬隊中抽撥八名離遠源一百三十里之遠陽窩堡地方居住三名離遠陽窩堡一百一十里之法庫門地方居住二名離法庫門八十里之石佛寺地方居住二名省城離石佛寺八十里居省一名分作四站凡有往來文件註明發文投送時刻挨站接遞不得稍有遲誤磨損並聲明勘丈王旗地畝往來公文於安設各處係

屬必由之道亦可由此挨遞較為簡便在案擬合備文移知為此
合移　貴局請煩查照嗣後如有公文可由敝署安設各處挨站
轉遞以免遲誤望速施行須至移者

為遼源州移稱安撥遞文准覆由

為移覆事案照敝局接准
貴州移開現已稟設馬撥由遼源州南之遼陽窩堡至省城分
作四站遞送公文並經聲明敝局往來公文亦由此挨遞等因准此
自應照辦以副　公誼而免遲誤相應備文移覆為此移請
貴州請煩查照施行須至移者
右　　移

署理遼源州正堂蔣

為移行吳總巡本局委魯經歷充差遣委員由

為移行事案照敝局開辦之際事務紛繁額委人員不敷調遣

應加派員司以資差遣查有

貴營辦事官魯經歷國梁精明穩練結實可靠堪以派兼敝局

効力差遣委員藉資襄助除札委外相應移行為此合移

貴總巡請煩查照施行須至移者

右　　移

貴總巡　吳

為呈報總幫辦赴荒啟程日期並擬嗣後由總幫辦并稽查督繩等常川輪流駐荒請核由

為呈報事竊卑局監繩委員八起併四起赴荒丈放所有遺拔日期業經呈報在案惟繩丈初開均資督率且卑府前次到荒經該郡王面約於開繩時仍請總辦親往督率藉安衆情兼可就近商酌等語面允去後茲卑府心職福 於冬月初一日由局啓程擬將關防暫交卑職壽 收掌遇事主持如有緊要之事仍應包封寄由卑府核奪並擬嗣後卑局總幫辦四員暨稽查督繩委員等分班輪流常川駐荒以期局務荒情兩可兼顧理合備文呈報為此呈請

憲台鑒核伏乞 照呈施行須至呈者

右 呈

軍督部堂增

批呈悉仰即認真經理毋得稍滋弊竇如至雪大不能行繩之時應即轉飭回省俟明年春融再行開辦以節糜費繳

呈為司事胡盈甲請假遺缺以郭桂五提充由

為呈移報行事竊案照卑敝局司事胡盈甲現在請假所遺司事一缺未便久懸查有貼書府經歷銜附生郭桂五堪以提充除移行札飭暨札飭呈報外理合相應備文呈報移知為此呈請合移

憲台鑒核伏乞照呈
貴局請煩查照備案施行須至移呈者

右 移呈

軍督部堂增

蒙荒省局

批　如呈准其補充繳

為札委事照得本行局司事胡盈甲現在請假所遺司事一缺未便久懸查有府經歷銜附生郭桂五堪以補充仍以額外委員在文案當差除呈報

督憲暨移行外合行札委為此札仰該員即便遵照切切特札

右札仰額外文案委員府經歷銜附生郭桂五遵此

為擬定各起心紅及夫匠工食器具車價銀兩數目呈請　核奪由

為呈請事竊卑局繩起應用各夫匠名數業經擬單呈　核照准飭覆在案至卑局局費心紅擬倣大凌河荒務章程實用實銷呈經照准亦在案惟各起繩弓每月應有心紅以及繩夫木匠工食前因開

繩尚早均未擬訂又查大凌河章程每起僱大車一輛拉運繩弓標木簽錘等項由局給價不在起員車價之内此次各起赴荒所有標木業經由局暫行給價僱車每起一輛拉運去訖查荒界苦寒食用昂貴一切工食雜用如過事撙節誠恐繩起太苦弊竇因之而生若訂擬稍優又恐支銷有過將來難以報　部茲謹酌中擬議每起每月心紅銀四兩每木匠一名工銀八兩每繩夫一名工銀七兩其器具大車擬仍倣照大凌河章程每起准僱一輛由局隨時給價歸局費項下實用實銷四項均於起員赴段時起支停繩回局時停支以節靡費是否之處理合呈請　憲台核奪為此具呈伏乞

批飭祇遵須至呈者

右　呈

軍督部堂增

批如呈辦理遇停繩時即行停止以節靡費候飭蒙荒總局

知照繳

呈為生熟三等荒地暨城基票號伏乞　鑒核由

為呈報事竊職等辦理蒙荒現將領票撥地挨號出放擬議章

程呈請　憲台鑒核在案所有編列生熟荒三等與城基票號

理合備文開單呈請　憲台鑒核備案施行須至呈者

右　呈

軍督部堂增

謹將卑局編列票號開具清單恭呈
今敝　　　　　　　　　　　　移請
憲鑒
貴局查照

計開

一頭等熟荒票編列禮字自第一號至百號千號萬號
一頭等生荒票編列樂字自第一號至百號千號萬號
一二等熟荒票編列射字自第一號至百號千號萬號
一二等生荒票編列御字自第一號至百號千號萬號
一三等熟荒票編列書字自第一號至百號千號萬號
一三等生荒票編列數字自第一號至百號千號萬號
一雙流鎮街基票編列興字自第一號至百號千號萬號

一文熟地信條編列信字自第一號至百號千號萬號

批呈悉生熟各荒暨城基信票均應由省刊刻填寫字號蓋用將軍印信以昭慎重一俟刊妥即行札發該局所刻各票仰即照數換回以清界限繳單票存

為將生熟荒及城基三項票式票號開具清單移行蒙荒省局由

為移知事案照敝局辦理蒙荒現將發票撥地挨號出放擬訂章程呈請　督憲鑒核在案所有生熟各荒與城基共刊印三種票式并編列生熟三等荒地暨城基票號除呈報

督憲鑒核外相應備文開單移知

貴局請煩查照備案施行須至移者

右　移

蒙荒省局

為遵募護局馬步隊造具花名清冊呈報/移行 督憲查核/各局處 由

為呈報/移行事竊/業照卑/敝局遵募護局馬步隊各一哨業經卑/敝局點驗將成隊

日期呈報奉　准各在案茲將護局馬步隊正副巡長字識什勇

銜姓花名箕斗以及槍馬保戶造具清冊除移行/呈報外理合備文呈報為此呈請

憲台鑒核伏乞/督憲查核外相應移行為此合移

照呈施行/貴處/局請煩查照施行　須至移/呈者

計呈清冊一本

右　呈

軍督部堂　增

右　移

營務處

交涉局

糧餉處

蒙荒省局

批據呈已悉繳册存

為呈報隨收補庫平並經費銀兩請核由

為呈報事竊卑府等前經呈報赴荒查勘實情擬具辦法業將

擬隨收經費及補庫平銀兩等情請　核蒙　批在案現經開

辦業於收價時照向章每荒價壹兩隨收經費銀壹錢伍分

隨收補庫平銀肆分以免虧耗正款理合備文呈報

憲台鑒核為此具呈伏乞

照呈施行須至呈者

右　　呈

軍督部堂增

批據呈已悉候飭蒙荒總局知照繳

為移行事案查敝局前經赴荒查勘實情擬具辦法業將擬

收經費補平銀兩等情一併呈請　督憲核奪接奉批准在案

現經開辦業於收價時照章每荒價壹兩隨收經費銀壹錢

伍分隨收補庫平銀肆分以免虧耗正款除呈報

督憲鑒核外相應移行為此合移

貴局請煩查照備案施行須至移者

右　　移

蒙荒省局

呈爲督繩委員請咨原旗據情轉呈請　核咨行由

爲呈請事竊卑局　兹據督繩委員善成稟稱委員係荆州駐防廂紅旗滿洲薩喇蘇佐領下舉人於光緒二十八年五月省親到奉蒙　督憲留營差遣旋於八月十七日札委札薩克圖蒙荒行局督繩委員差使應懇　轉呈　督憲咨行荆州將軍衙門查核轉飭旗佐備案仍乞批示祇遵等情據此卑局　查核該員所稟均係實情理合備文具呈爲此呈請

憲台鑒核可否照准咨行仍乞　批示祇遵須至呈者

右　　呈

軍督部堂增

批據呈已悉仰候核咨繳

為諭領街基各戶章程告示由

為出示曉諭事照得本行局開辦蒙荒業經擬訂章程呈報照辦在案現經派定起員丈放街基合行條示曉諭為此示仰該領戶等一體周知遵照挨領各守各界勿許狡展侵越以及賄囑繩弓希圖取巧如有此等情弊一經查出定即從嚴究辦以儆效尤倘有員司書役私受賄託違章丈放准該領戶等赴本局指名喊控本局查係屬實即行分別撤革決不袒護其各懍遵勿違特示

計開

一定章每街基一丈見方定價三分三厘以六十丈長為度計寬一丈長六十丈合價一兩九錢八分領者不許任意短長至寬若干丈均聽領戶之便

一定章每收基價一兩隨收補庫平銀四分整隨收經費銀一錢五分整

一定章凡報領繳價之戶由行局將花名晌數按號先時札知該起其領戶應齊赴該起呈驗信票屆時由起員挨號照撥准其立界即時蓋房永為己業其信票由起員截留中段將票梢仍交領戶收執以備換領蒙古大照

一定章領過房基應即早修蓋房屋不准日久空閒

一定章業經由官先行丈留官街大路作為公地該戶等所領街基非同毛荒概不折扣　右仰知悉

告示　隨起曉諭

為札發辦荒章程及隨起告示并條開各起應辦事宜飭起遵照由

為札飭事照得本局現經擬訂開辦蒙荒章程呈請

督憲核奪在案除候批迴再行飭遵外茲將原擬章程並隨起

告示一并發給并將各該起應辦事宜另單粘示以便照辦合行

札飭札到該起員等即便遵照切切特札

右札丈放城基頭二、二等熟荒三四五六、頭二等生荒七八起監繩委員

委前鋒校舒秀

候選巡檢張篤福

委筆帖式豐慶

即補防禦成友直

知縣用分省補用鹽大使田震

即選筆帖式吉芳

委用筆帖式德壽

補用知縣候選府經歷周瑞麟

計開

一熟地應由該佃將姓名住址及所墾晌數投起報明由該起丈清實數填入信條截留存根將尾條交該戶收執務飭作速備價赴局照繳換票其存照應按半月彙總報局

一熟地應按段清丈一段之內熟地若干晌承領若干戶以及報領之夾荒均應每段繪一總圖按項填註清楚按半月報局備查

一如有一戶報領原墾熟地不在一段之中者該起止就所丈之一段內查該戶有地若干即照數填一信條其在他段之地另丈另填總之一戶可分數條不許一條合填數段之地以免淆混

一夾荒應由該起詢明連界之熟戶如願承領即由該起一面丈明

立標一面備文報局仍照熟地信條式繕發夾荒信條一紙交該戶持赴行局繳價換領信票呈起驗明撥領

一凡報領生荒者由局開單先行札知該起再由各領戶持票到起呈驗即由該起照章程內挨號挨村之法出放不許顛倒跳越仍應將放過地段形勢繪具詳圖併領戶姓名晌數號次填註清楚隨截留信票中段按半月一併彙報行局備查

一城基應照行局原發全圖先行文出凡報領之戶由局開單先行札知該起再由領戶到起驗票即照章挨撥仍照繪一圖將領戶姓名號次各領丈數註明圖內報局仍將截留信票中段按半月彙報行局備查

一各起到段開繩及停繩各日期均應隨時報局備案

為札飭事照得本行局現經擬定開辦蒙荒章程呈請
督憲核奪奉到批迴在案茲將原擬章程發給并各云云同前
札切切特札

計章程一分　粘單一紙

右札仰九十起監繩蕭佐委員東都齊賢　准此

為札飭事照得本行局新舊十起現經開放到荒亟應酌派分段
行繩茲派　起放清丈頭等生熟二等生熟荒城基除呈報暨分行外合行札飭札到該起
委員即便遵照切切特札

右札仰　起監繩委員　准此

計發熟荒信條　張至行字一號起至行字一號止　圖式　張

為通飭各起半月繪圖造册由

為札飭事照得本行局所有新舊十起業已酌派分丈去訖茲經酌定各該起所丈城基生熟夾荒等地段限於每月半月底繪圖造册計一月二次稟報行局以備彙報督轅合行札飭札到該起員即便遵照毋稍遲誤切切特札

右札仰

| 起 | 監繩 | 委員 |
| --- | --- | --- |
| 頭 | 舒 | 秀 |
| 二 | 張 | 篤福 |
| 三 | 盛 | 文 |
| 四 | 成 | 友直 |
| 五 | 田 | 震 |
| 六 | 吉 | 芳 |
| 七 | 德 | 壽 |
| 八 | 周 | 瑞麟 |
| 九 | 佐 | 東都 |
| 十 | 蕭 | 齊賢 |

准此

為札發十一二起章程并應辦事宜由

為札飭事照得本行局呈奉

督憲核准開辦蒙荒章程及各起應辦事宜歷經通飭各起繩弓一體照辦在案查現在又經加添監繩委員兩起自應將章程事宜一併粘單鈔示以便有所遵循為此札仰該起員即便

遵照可也特札

計章程一分

粘單一紙

右札仰署十一起監繩王委員經元
十二起　　金　　祥
准此

為隨起諭領生荒各户章程告示由

為出示曉諭事照得本行局開辦蒙荒業經擬具章程呈報照辦在案現經派定起員赴段開放　等生荒合行條示曉諭為此諭仰該户等一體遵照挨領各守各界勿許狡展挪移展佔官道侵越鄰荒以及賄託繩弓希圖取巧如有此等情弊一經查出定即從嚴究辦以儆效尤倘有員司工役私受賄囑違章丈放准各户等徑赴行局指名喊控如查明屬實即行分别撤草決不袒護其各懍遵勿違特示

計開

一定章凡報領生荒已經交價掣票之户先由行局札知該起其

領户等應齊赴該起呈驗信票屆時眼同起員踏明可為村屯之地一處先行丈出按各户地畝之多少為應撥村基之寬窄各丈撥村基一段再由村基四面相等寬若干里各挨號次如數丈撥立界承領即由起員截留信票中段將票梢加戳仍交該領户收執聽其即時墾種作為已業永不清丈俟六年升科即將此票換領蒙古大照

一定章桃兔河東北一帶定頭等荒地收價二兩二錢正交流河桃兔河兩河之間沙磧茅土以北定為二等荒地收價一兩八錢正沙磧茅土以南定為三等荒地收價一兩四錢整

一定章每收荒價一兩隨收補庫平銀四分整隨收經費銀一

錢五分整

一定章用二八八弓計畝每十畝為一晌計一里見方得地四十五

晌整荒地准此計算

一定章放領生荒照三七折扣即如票内註領實荒七十晌應照撥

毛荒一百晌票内註領實荒一百晌應照撥一百四十二晌有零一

概准此計算所以寬留有餘嘉惠領户此外再不另留房身基

地道路園場

一定章預踊村基原因衆户聚居便於守望起見毋得拗不承領

惟此項村基應在該户應領晌數内扣出並非額外餘荒亦不另

收基價

一定章遇有生荒夾在熟地之間應准連界之熟户先領不准生户爭執如熟户不領再行挨號放與生户

一定章報領生荒之户於起員丈放以前務須赴起呈票照領如過時不到起員不便久候即將該户應得之荒挨放續到之户

為行局護勇月餉懇免扣平呈請　核奪由

為呈請事竊卑局遵募馬步隊護勇業經造册呈報在案查本省餉章向例每銀一兩扣平四分卑局護勇月餉自應遵照發放惟卑局招募護勇一以保護局起彈壓荒界一以帮司繩丈兼供遞文運解之需實以巡捕而兼工程二隊之用奔走日多駐守時少且常川荒界七百餘里路遠人稀衣食昂貴較之他隊

更苦更勞可否出自　憲施准將卑局護勇月餉照數全發
免其扣平以示體恤查此項扣款集腋無多且卑局護勇係
屬額外勇丁其月餉係由卑局經費內支發與各處巡捕額勇
概在糧餉處支領者原屬有間如蒙　允准免其扣平於全
省餉章似尚無關碍可否之處理合備文呈報　憲台核奪為
此具呈伏乞　批示遵行須至呈者

右　　呈

軍督部堂增

批呈悉仍應按照省章扣平扣建以便事竣可以報銷所請
免扣之處應毋庸議繳

呈為行局報銷擬緩期俟總辦回局再行造報呈請核奪由

為呈請事竊卑府等奉札辦理蒙荒所有借撥墊款派員募勇開局收價各情業經先後呈請鑒核各在案查卑局自職依等於七月十六日奉到札委十月二十日開局收價至十月三十日止計三個半月內所有領過墊款開局收過荒價支過鋪墊心紅薪水車價工食勇餉併實存銀兩數目自應於本月月半以前核算清楚造冊彙報憲轅以符向章惟卑局荒務初開規模甫具加以地別荒熟價分數等頭緒尤為紛繁卑府心卑職福現經赴荒不能督同會計事關報銷未敢草率致有錯誤應懇憲台俯鑒卑局事係創辦准其從緩俟卑府等回局再行趕緊造報

請　核之處除飭收支各員司從速核算以備彙報外理合備文具
呈為此呈請　憲台核奪伏乞　批示遵行須至呈者
右　　　呈
軍　督　部　堂　增
批如呈辦理繳
　為擬具開辦札薩克圖蒙荒章程備文移行省局由
為移行事案照敝局業將赴蒙查勘與該旗商明擬辦蒙荒
各情呈請　督憲核奪在案茲經擬具開辦札薩克圖蒙荒章
程十六條並繪圖粘票除呈請　督憲核奪並另文申敘各情外
相應備文移行為此合移　貴局請煩查照施行須至移者

計抄粘章程一件　城基圖一件　票式三分

為諭効力貼書張毓華等暨貼書常潤久未到差以趙承安補頂由

右　移

蒙荒省局

為諭派事照得本行局開辦伊始事務殷繁額設貼書尚難敷用自應再行加派以供繕寫查有張毓華王維一方鐵春李紹庚毛長榮梁國棟董玉書均堪派為効力貼書合行給諭為此諭仰該書等即便遵照切切特諭

右諭仰効力貼書張毓華等　遵此

為諭派事照得本行局貼書常潤久未到差自應另行揀選

以供繕寫查查有候選府經歷趙承安堪以頂補合行給諭

為此諭仰該書即便遵照切切特諭

右諭仰貼書趙承安　遵此

為札發領戶花名晌數票號分飭各起遵照由

為札飭事照得該起開繩在即所有自開局之日起至十一月十六

日止報領過頭二等生荒城基各戶花名晌數及信票號頭自應抄單札

知該起以便照章放撥除牌示該戶等赴荒報起驗票照領

外合行札飭札到該起即便遵照切切特札

計抄單各一件城基中頭等自開局日起至十一月十五三六日止

右札仰文放頭中等生荒城基監繩委員　准此

為札飭事照得該起文放城基業將自開局之日起至十一月十五日止報領街基各戶票號花名畇數札知在案所有自十一月十六日起至十一月二十三日止報領過街基各戶花名畇數及信票號頭自應抄單札知該起以便照章放撥除牌示該戶等赴荒報起驗票照領外合行札飭札到該起即便遵照切切特札

計抄單一件

右札仰文放城基二頭起監繩委員 舒秀 張篤福 准此

為曉諭報領頭二等生荒及城基各戶執票赴起照章撥領告示由

照得本總局招領頭等生荒二等生荒及沙磧茅土城基定於本月半後分起一併文放撥領所有自十月二十日開局之日起至本

月十四日止報領過頭等二等生荒及城基繳價挈票之戶業由本局將該領戶花名晌數及信票號頭札交各該起照章放撥去訖合亟牌示爲此示仰爾領戶人等即便遵照執持信票前赴該起呈驗照章撥領毋得遲延致干撤銷切切特示

計開

一頭等生荒自樂字第一號起至第十號止二等生荒自御字第一號起至第四十三號止城基自興字第一號起至一百四十玖號止

一頭等生荒在桃兒河東北由本局五六起監繩委員文放二等生荒在桃兒河西南由本局七八起監繩委員文放城基在沙磧茅土由本局頭二起監繩委員文放

為牌示自十一月十六日起至二十三日報領城基各戶執票赴起呈驗照章撥領由

照得本總局招領城基業將自開局之日起至十一月十五日報領街基各戶票號花名晌數札知該起照章放撥在案所有自十一月十六日起至十一月二十三日報領過街基各戶花名晌數及信票號頭業由本局札知各該起照章放撥去訖合亟牌示為示仰爾領戶人等即便遵照執持信票前赴該起呈驗照章撥領毋得遲延致干撤銷切切特示

為札飭事照得今年各起開繩在即所有在局報領過頭二三等生荒城基各戶花名晌丈數及信票號頭自應抄單札知該起以便照章放撥除牌示該戶等赴荒投起驗票照領外合行札飭札到該起即便

遵照切切特札

計粘單一件

右札仰丈放二三頭等生荒城基

准此

札交二頭起城基領戶花名單由

為札飭事照得該起丈放城基業將自興字二百二十一號起至二百六十八號止報領過街基各戶票號花名畝數札知在案所有自興字二百六十七號起至二百九十八號止報領過街基各戶花名畝數及信票號頭自應抄單札知該起以便照章放撥除牌示該戶等赴荒投起驗票照領外合行札飭札到該起即便遵照切切

特札

計抄單一件

右札仰文放城基二頭起監繩張舒委員篤福秀准此

札交頭二起城基領戶花名單由

為札飭事照得該起文放城基業將自興字二百六十七號止至二百九十八號止報領過街基各戶票號花名晌數札知在案所有自興字二百九十七號起至三百一十七號止報領過街基各戶花名晌數及信票號頭自應抄單札知該起以便照章放撥除牌示該戶等赴荒投起驗票照領外合行札飭札到該起即便遵照切切特札

計抄單一件

右札仰文放城基二頭起監繩張舒委員篤福秀准此

為札交樂字領戶花名由

為札飭事照得該起丈放頭等生荒業將自樂字元號起至二百零二號止報領過各戶票號花名畝數札知在案所有由樂字二百零三號起至四百六十五號止既省局截留樂字信票由八十一號起至一百五十號止茲已發交本局如數填齊自應合併抄單札知以便照章挨號撥放除牌示領戶投起報領外合行札飭為此札仰該起即便遵照切切特札

右札仰七八起監繩德壽周瑞麟委員　准此

為札交數字領戶花名由

為札飭事照得該起丈放數字下等生荒業將自元號起至

第八號止報領過各戶票號花名畝數札知在案所有自數字第九號起至二百號止自應抄單札知該起以便照章放撥除牌示領戶投起報領外合行札飭爲此札仰該起即便遵照切切特札

計抄單一件

右札仰　起監繩　委員　准此

爲札交樂字領戶花名由

爲札飭事照得該起丈放頭等生荒業將自樂字二百零三號起至四百六十五號止報領過各戶票號花名畝數札知在案所有由樂字四百六十六號起至五百八十號止自應抄單札知以便照章挨號放撥除牌示領戶投起報領外合行札飭爲此

札仰該起即便遵照特札

計抄單一件

右札仰七八起監繩周德委員瑞麟壽准此

為牌示報領頭二三等生荒及城基各户執票赴起照章撥領由

照得本總局招領頭二三等生荒及雙流鎮即沙磧茅土城基所有報領過各户票號花名晌數現已由本局札知各起照章放撥去訖合亟牌示為此示仰爾領户人等即便遵照執持信票前赴該起呈驗照章撥領毋得遲延致干撤銷切切特示

呈為擬派員帶勇赴懷德縣收解荒價銀兩伏乞鑒核由

為呈報移請事竊卑案照敝局茲准領户徐壽春等十二名共報領二等生荒六萬晌荒地

應繳銀十二萬餘兩均在懷德縣商號寄存於十二月初一日彙齊備繳惟因距局甚遠中間哈拉巴山賊匪出没萬難解送來鄭懇局派員前往懷德如數彈收再行撥荒等語據此卑府等查該領户均係殷敝局查該實農商户等所備荒價至十餘萬兩之多懷鄭相距二百餘里之遠值此匪徒出没向非兵力保護實屬難以解運因即照准擬届時遣派解運委員錫壽隨帶局勇三十名前往懷德貴治商號照數彈收解行回敝局并移請懷德縣仍請貴縣撥派巡捕隊於卑敝局委員起解時護送出境以重款項去訖除移呈請報懷德縣查照督憲鑒核外理合相應備文呈報移請為此呈請合移憲台鑒核伏乞貴縣請煩查照照呈施行須至移呈者

右

移呈

軍督部堂增

懷德縣正堂

批呈悉嗣後所收荒價如滿十萬兩將蒙王旗應得之數暨該局應用經費扣除外即全數解送來省交駐省總局收儲轉交糧餉處以充公用並候飭該省局知照繳

為書識常連稟請轉呈咨行原旗由

為呈請事竊卑局於十一月初四日據文案書識常連稟稱書識係黑龍江鑲紅旗驍騎校前由本省請假赴吉林省覲途次染病假滿未痊稟經　吉林將軍長　批准咨行本省續假兩個月於四月二十四日奉到札飭在案嗣後病益糾纏資斧缺乏蒙

總辦携至奉省就醫診治二月有餘至八月半間方見痊愈適
蒙荒開辦經行局委派文案書識隨赴行局當差事關創辦
未便一時回旗應懇據情轉呈　督憲查核咨行備案等情
據此卑局查該驍騎校所禀皆係寔情應懇　憲台鑒核可
否據情轉咨　黑龍江將軍衙門飭司備案之處理合備文
具呈為此呈請
憲台核奪伏乞　批示飭遵須至呈者
右　　　呈
軍督部堂增
批據呈已悉候咨行　黑龍江將軍衙門查照繳

為諭舊墾熟地佃户一體照章報明赴局繳價換票告示由

為出示曉諭事照得本行局開辦蒙荒業經擬訂章程呈報
照辦在案現經派定起員丈放佃户等舊墾熟地合行條示
曉諭為此示仰爾舊墾佃户人等一體遵照後開章程從實
報明聽候清丈作速赴局繳價換票管業毋得隱匿拖延狡
展侵越以及賄囑繩弓希圖朦報如有此等情弊一經查出
定即從嚴究辦以儆效尤倘有員司書役私受賄託違章大
放准爾佃户等徑赴本局指名喊控本局查係屬實即分別
撤革決不袒護其各懔遵毋違切切特示

計開

一定章丈地用二八八弓計畝每十畝爲一晌計一里見方得地四十五晌熟地准此核算

一定章桃兔河東北一帶爲頭等地交流河桃兔河中間沙磧茅土以北爲二等地沙磧茅土以南爲三等地

一定章頭等地收價二兩二錢整二等地收價一兩八錢整三等地收價一兩四錢整每收荒價一兩隨收經費銀一錢五分並加收荒價經費補平銀四分無論生熟同一價值惟熟地應當年科升

一定章凡佃户舊墾熟地應由該佃户向起員報明晌數指明地方即由起員丈清將該佃姓名晌數實數填註二連信條截留存根將條尾交該佃户收執務即備價赴行局驗条繳價由局換

給信票交該佃戶收執以備換領蒙古大照永為己業

一定章熟荒如有逾額墾種以及轉買別人之戶准其據實報明照繳地價即從寬免其退地作為己業但不准希圖狡展指人為己致干重究

一定章熟地佃戶住房墳墓公路園場准報明起員酌為留出不在該墾地之內亦不另收價值至該墾熟地非同毛荒均須按數繳價概不折扣

一定章遇有生荒夾在熟地之間准連界之佃戶承領若在數戶熟地之間如皆願領應由起員各依各界勻剖分領如皆不願領再行由局另招

一定章熟地應儘本佃承領若本佃不願承領或無力全領僅留
若干者應即報局另行招佃
一定章佃戶如有曾在王旗繳過押租銀兩者准報明數目姓名
由行局於收價時核與旗冊相符准於應繳荒價內扣除作為
已繳之價
一定章佃戶熟地既經丈明給單該佃即應備價赴行局照繳
換票不准拖延如歷久不繳查係有意抗延者即予撤佃另招

為嚴禁原佃冒頂勾串報領熟地出示由

為出示嚴禁事照得本局辦荒章程凡熟地准原戶認領中間
夾荒亦准連界之戶承領其有不願領者即報由本局另招原為

體恤佃户起見至此外置荒之户放由官局價有定章顧置何
荒價領即得茲聞有一種奸民勾串該處奸佃頂名架空希圖
冒領在該民佃等或隱佔腴荒或坐享重利似乎兩有便宜
豈知朦朧成事彼此相愚霸佔侵呑即相因而起生端涉訟
遺害無窮爾等須知頂名冒替法所必懲本局訪察綦嚴若
經發覺即一同撤佃錢地即已兩空罪戾更所難免爾等試權
利害孰重孰輕除密飭查訪外合亟出示嚴禁為此示仰爾
民佃人等一體知悉自示之後自墾者務須自領自耕勿許頂
替置地者務須赴局價領勿許冒名倘敢勾結為奸經局查明
或别經發覺本局立將該民佃等產業無論原領展領一并撤

佃另招仍將該項冒民佃提局重辦决不姑寬本局言出法隨勿謂言之不預也其各懔遵勿違特示

為省局奉　督憲札發木質關防擇吉啟用移行由

奏派辦理札薩克圖蒙荒事務總局　為移行事光緒二十八年十一月初十日奉　軍督憲札開照得札薩克圖王旗墾荒事務業經　奏明在省設立總局並遴派總幫辦委員等妥為辦理自應刊發關防俾昭信守茲刊就木質關防一顆文曰奏派辦理札薩克圖蒙荒駐省總局關防合行札發為此札仰該局遵即查收仍將啟用日期報查等因奉此敝局遵將奉發關防擇吉啟用除呈報並分移外相應移行為此合移　貴局請煩查照施行須

至移者

省局

為移行事頃奉　軍憲札發蒙荒信

票等因奉此查此次信票均盖將軍印信以昭慎重但印花用

油日久糢糊恐有揑造情弊現經酌定於領户收執一聯在眉

端另行掛號鈐盖敝總局關防敝局以省字列號　貴局以行字

列號庶日後有所查核不致有假冒等弊除飭收支處照辦

外相應移行　貴局請煩查照施行須至移者

省局

為移行事案照敝局去年刷印信票

存根係用本年四月間奏明辦理現居二十九年年限不合擬

將早印信票盖用二十八年硃戳其新刷信票另换光緒二

十八年字樣除呈報外相應移行 貴局請煩查照施行須至移者

省局

為移行事案照敝局核收荒價均改發

督憲印文業經稟准於三月二十七日即照章填發惟收價

填札事體重大必須慎益求慎茲擬於填札鈐用 憲印之外

仍於札眉挂列騎縫號蓋用 敝局關防擬定上中下三等地札

編立清慎勤三等字號除照章填列外 為此合移

貴局請煩查照須至移者

呈為蒙旗現派協理等官在沙磧茅土等處會辦伏乞 鑒核由

為呈報移行事竊卑案照敝局於光緒二十八年十一月十四日准札薩克圖郡 王旗

移稱本年十一月初一日准貴局移開為移行事案照敝局開辦蒙

荒業將繩起各員分起前往行知在案現定監繩委員暫行併為四起放荒頭二起放城基三四起丈熟荒五六起丈頭等生荒七八起丈二等生荒務於十一月初五日定可到沙磧茅土聚齊所有領界桔段之人自應先行移請貴王旗預為派定赶緊飭赴沙磧茅土地方守候各起員到時務須指明荒界以便丈放相應備文移行貴王旗請煩查照迅速派差施行須至移者等因前來查本年十月二十日本札薩克處遵奉　諭旨出派協理等官並與貴監繩委員等與兼辦台吉官員諭令筆其各奇通事等即與協理等官一員在沙磧茅土等處守候會辦等因准此除移行省局呈報督憲　備案外理合呈報相應移行　為此　呈請合移

憲台鑒核伏乞照呈備案施行再來移係用該旗鈐記並非郡王印信合併聲

貴局請煩查照

明須至移呈者

右移呈

軍督部堂增

蒙荒總局

批如呈備案繳

為三四起監繩委員呈為開繩日期由

三四起監繩委員豐慶成友直為呈報事竊委員等於十月二十六日由局起

程赴段於十一月十八日馳抵好陶西伯照章下段行繩勘丈熟田

理合具文呈報大局請煩備案施行須至呈者

三四起監繩委員豐慶成友直為呈報事竊委員等於十一月十八日馳抵好陶西伯文放熟地適奉　局憲面諭熟地附近生荒如有領戶亦得一律文放是日遵即開繩已經呈報在案委因雪深沒脛碍難行繩於月三十日隨即停止所丈生熟各地除按戶發闗防執照外合將該領戶姓名地數按號填寫存照各繪散圖粘附照尾及已丈未放生荒丈清房園牧養繪具總圖餘剩執照五十三張蒙漢告示六張暨停繩日期理合備文一併呈報

大局查核施行須至呈者

呈報開繩丈放日期由

為呈報移行事竊等案照敝局赴段暨各起開撥日期業經呈報移行在案今於十

六日已督同起員分撥繩弓將城基生熟各荒開繩丈放除移行省呈報
局外理合備文呈報
憲台鑒核施行須至呈者
督憲查核外相應備文移行為此合移
貴局請煩查照施行須至移者

計開

頭二起監繩委員舒秀張篤福丈城基

三四起監繩委員豐慶成友直丈上等熟荒

五六起監繩委員田震吉芳丈中等熟荒

七八起監繩委員德壽周瑞麟丈上等生荒

右移呈

軍督部堂增

蒙荒省局

批據呈已悉繳

# 辦理蒙荒案卷

第三册

呈為各起員司由荒回局暨停繩日期由附稟壹件

呈為光緒二十九年三月初四日備文開繩丈放城基由

呈報十起繩弓現丈各等荒地請　核由

附稟為河夾心子各戶私挖封堆任意侵佔攔阻繩弓由

呈報新添兩起繩弓清丈貳等熟地呈請　鑒察由

呈為停繩暨分別停發車價請　核由

蒙旗台吉等公呈請照章分給荒價由

蒙旗台吉等公呈指領各屯荒地並控外旗勾引干預荒事等情由

扎為改派五六起丈放中等熟地由

五六起監繩委員呈報開繩日期由

七八 起監繩委員呈報開繩日期由

為額外委員貼書陸蓮請假遺差以效力貼書張毓華補充由

札為吳辦事官亮孚收拾站務並查點各站存項糧草帶同貼書回局由

協理台吉巴印軍轉請本旗壯丁德明阿等聯名求安本業由

札為撤駐站暨押運各員司回局聽候根究由

札為司事郭世傑充額外委員由

札為馬步隊正副哨長分別記過由

為准蒙旗巴印軍代呈德明阿懇安本業一呈錄批移覆傳飭由

呈為阜府因公晋省伏乞　鑒核由

呈為阜府由省回局日期由

呈為串局總辦赴荒日期請　核由

呈為改派八起合併七起同丈頭等生荒由

札為解運委員等赴懷德收款遝行解省由

呈為派員赴懷德收款解省請吳總巡帶兵護送由

為准吳總巡照撥巡補隊赴懷德護款移覆由

呈為派員解銀交還糧餉處款由

為借解還糧餉處陸千兩借款移知總局由

呈為自開繩至停繩各起丈過地段由

呈為報本年春夏兩季丈放各等生熟地數由

呈為派員運解荒款呈請飭收由

為移省局請收解款由

呈為派員解送荒款五萬八千兩已交省局如數彈收由

呈為派員解款呈請　憲鑒由

札為解運委員等赴懷德收款遲行解省由

為總局移覆解到徐壽春荒價銀四萬二千兩由

吴總巡移為收齊由粮餉處所撥銀兩由

呈為派員運解荒款銀一萬五千兩由

督憲札為蔡文忠通甯姨福晋札飭查辦由

呈為遵奉查辦臯局司事蔡文忠擬請撤差並以趙蓮舫補充由

為札發蓋印信票八百八十張由

為准蒙旗派員會同丈放並抄原函飭知由

為蒙荒總局稟呈黎生公司交銀一萬兩札飭行局挨辦撥地由

為蒙荒總局稟稱黎生公司先後交到市平銀四萬二千餘兩札飭行局遵照辦理能否撥地迅速稟覆由

為奉督憲批准飭蒙旗派定員數會同放荒移行蒙旗由

札為據蒙王咨呈現經遴派色楞汪保綳蘇克巴勒珠爾等為總辦、幫辦由

稟為蒙旗請委革員辦荒一案擬請奏明并請嚴札遵照由

呈為督繩善委員成請假會試免開原差借支薪水由

呈為應放地段界址宜早分清並飭蒙旗遵照由

為蒙旗奉批派員勘分應放荒界移行蒙旗知照由

呈為借遼源州巡捕馬隊遞送公文請給津貼由

呈爲前發信票字有錯誤擬請盖字權用由

呈爲護局馬隊正巡長徐海亭屢著微勞請賞給四品頂戴由

札爲督憲批准徐海亭暫换四品頂戴由

呈爲蒙旗設局派員隨同放荒請裁定人數並飭該旗遵照由

爲札飭該王旗轉飭已革蒙員與行局務宜和衷共濟由

呈爲現值停繩之時請封印月内局中員司僅停車價各起員司薪水車價並停由

呈爲擬舉方正大戶爲蒙地首領由

呈爲蒙王應得荒價所收庫平可否發給該旗支領由

為各起員由荒回局並停繩日期呈報暨移行由

為呈報/移行事。竊卑府/業照敝總幫辦等前於十一月將由局起荒日期，嗣於十六日復將開繩丈地各情形，並後呈報/移行各在案。茲卑府/敝總幫辦等督飭各起起員丈至十一月三十日，該處已降大雪，遂飭各起暨繩委員一律收繩停丈。卑府/敝總幫辦等業於十二月初一日旋回行局，各起員現已次第回鄭。除將各起丈過地段另冊呈報/移行外，所有卑府/敝總幫辦及起員等回局日期，理合備文呈報。為此呈請憲台鑒核，伏乞照呈施行。/除呈報督憲鑒核外，相應移行。為此合移貴總局，請煩查照施行。須至移呈者。

右　移呈

軍督部堂增

蒙荒總局

敬附稟者竊卑府此次督繩赴荒接見郡王當經眼同協理台吉等將原欠各佃冊籍當面移交並派人指段赴河北河南開繩分丈並無異言因天氣和暖加以領戶守候多人本擬放至本月中旬再議停放適准總局公函傳　諭當即託詞雪降飭起停繩回局查該蒙旗台壯等因熟地准原戶承領一節多欲以重價刁難逞其妬念外戶羣以為憂竊計價過重則恐激外戶之變酌價輕則難平本旗之心故前擬荒價於上等加價八錢中等加四錢且熟地不予折扣故本旗不敢議輕各佃亦不嫌重此次繩起到荒清丈熟地外戶鼓舞歡迎感叩　憲德惟恐此事之中止蓋一因荒價已定未遂本旗之貪求一因安業有時永免該

旗之科派也卑府因閱繩過城四家子地方查詢各起經過有無騷擾各情有村叟阿姓等備述外户住荒不勝本旗之苛索現蒙　帥恩准其安業定價既甚平允起員亦皆好官叩頭感謝至於涕零可見外户貼服毫無滯碍矣至本旗台壯亦甚平静惟前經呈請照奏案先儘本旗報領一条指領四十一屯之地大半外户住廬早開熟地者察其來意一則受人指嗾藉擾外旗一則誘于奸民頂名採估實非本願領荒經卑府傳集人衆明白開導抉其受使之因語以究竟之害並准照奏案允為稟懇　憲台加恩將其廬墓留出外並分别台吉壯丁寛留餘地若干里俾畜牧有餘開墾亦裕加以分受荒價生業

即已有餘該台壯聞之均各歡忻而去繼經卑府廉知主持此呈即已革協理台吉蓬蘇克巴勒珠爾之謀因内外各旗平服無間可乘因即託人來寓請見備述伊打賊耗費該王不理等情並請領茂好荒地查茂好一區地頗膏腴該王於前次會商以後又受陳姓攬頭銀貸指此地抵償繼又許給王良一地兩許二人已相睚眦該革員此請蓋亦利在爭趨之見且與該王作針鋒之對也卑府見其為人沈鷙實該旗刁悍之尤不示以威則雄心不死不感以德則貪念不消因就其指摘該王告以欽查之件鐵案不移奴主之間紀綱難紊該員慴服悔罪不違繼又告以局章挨號領放不准指段且茂好已由該王許抵欠款

本難照准今經面懇姑准呈懇　將軍垂憐老廢破格成全將茂好之荒儘王抵債外酌留若干俾伊價領以示格外體恤該員不勝感刻叩謝而去查此人如就範圍則閤旗可免無限轇轕是本旗一律安謐似亦無甚滯碍矣內旗外戶既皆順適領戶亦皆聞風而來卑府私衷竊幸或可勉慰　厪懷委因該王首則請留河北繼又指佔多處膏腴奸民則夤緣王旗希圖採佔遠戶則沃土無望瞻顧不前卑府若牽就允從恐指段之風一開挨號之章遂紊河北有停放之說河南滋觀望之疑次土零荒盡歸棄置辦理既難迅速荒價亦必減收巨萬於　公家于蒙旗于前奏均屬有碍其弊一冒地價為抵債款盡歸王既食

難吐將以何款提報　國家其弊二此次閤旗遞呈請照奏分款蓋知該王素性不善理財入手即罄旗衆仍然向隅也今若聽其借名抵債一經揮霍無以分潤旗丁勢必再興大訟咎將安歸其弊三且該旗上下蒙蔽該王所得仍屬有限其弊四故該王每興此議卑府不敢勉從蓋為大局起見即為該王起見而執迷不悟不惟不鑒卑府之苦衷且怪卑府之把持此卑府碍難之一也伏讀　憲台復王一函内開第處亦可設局揀派蒙員隨同卑府辦理文册收款但不可私出主意致亂定章仰見憲諭自有分寸處置該蒙不离不即之至意乃該旗未奉憲諭即已鋪張如隨繩之差卑府與該旗原訂隨繩各派貼書

一名繩夫二名今則自行添派各加一倍並擬派委員各一員或蒙或漢恐開繩時濫作主張不由分派約束之則疑於薄待坐聽之則一國三公起員等無可如何加以所派局員自總幫辦以下數十餘員蒙漢商吏不一其類薪水供給耗費不資相與指段招民上蒙下蔽耗該王之巨款成若輩之利藪不及三年恐該王應得之資所餘可想矣夫該王自揮土地該旗自設局員出自本懷卑府等何妨牽就但官中膺代辦之名而聽該蒙紊其緒　公家資報効之款而任該蒙終於窮体　憲台奏請之初心與　國家理藩之至意似屬不合卑府等仰承　委任悚切辜　恩應否姑且通融抑或力支大局此又卑府碍難之

一也卑府蒙　特達之知畀以重寄不敢避勞亦不敢避怨兩承
傳諭知我　憲廑系殊殷謹述畧上　聞不勝瑣瀆隕越之至
所有未盡下忱擬將局務稍爲安置即趨叩　憲轅面陳一
切先肅附禀恭敂　勛安伏乞　鈞鑒心　謹附禀

爲呈於光緒二十九年三月初四日併起開繩丈放城基由

爲呈報移行事竊查卑業查敝局各起赴荒日期業經呈報移行在案茲於三月初
一日前後到段於初四日開繩併起丈放城基所有開繩日期除
移行呈報外理合相應備文具呈移行爲此呈請合移　憲台鑒核伏乞照呈貴局請煩查照　施行須至呈移者

右　呈移

軍督部堂　增

蒙荒省局

批據呈已悉繳

呈為恭報十起繩弓現丈各等荒地仰乞　憲鑒由

為呈報移行事竊卑府等業照敝總幫辦前次到荒後因等候蒙員會丈當將各起開繩先行併丈城基緣由業經呈報移行在案至三月二十五日後蒙員始經陸續到齊而城基業已放竣當派頭起監繩委員舒秀暫留料理城基未盡事宜並放附城窑戶二起委員張篤福丈河南三等熟地三起委員盛文四起委員成友直各丈桃兒河東上等熟地五起委員田震六起委員吉芳各丈河夾心二等熟地七起委員德壽八起委員周瑞麟各丈桃兒河東上等生荒九

起委員佐東都十起委員蕭齊賢各丈河夾心二等生荒均於四月初一日一律下段行繩丈放嗣因河夾心熟户頗多若生熟併丈不但遲速懸殊且熟户未經丈出其附地之處容能留荒若干亦無從查考現擬畧為變通將原派丈放河夾心生荒九十兩起改飭分丈該處熟地由是四起分頭併進先將熟户原地若干附地能留荒若干一律勘丈清楚所有餘賸之荒自能一概丈出繼此招放亦易如此辦理雖領生荒者稍須守候而熟地既可早日收價並可早望升科俟將此段熟荒丈畢即當體察情形分布各起再行隨時呈報移行為此合呈請移

憲台鑒核
貴總局請煩查照施行須至呈移者

右　　　　　　　　　移呈

軍督部堂　　　　　增

蒙荒總　　　　　　局

敬附稟者竊卑府等前派九十兩起各丈河夾心子二等生荒分飭去後於初七日旋據該委員等稟稱河夾心子各屯俱已私挖封堆將好荒任意包佔圖入己界以為轉賣漁利之計每丈一處出而攔阻言係伊等擬留之界不容行繩卑府等查係該處攬頭王扎蘭特克尺把已等隱主其事當經傳案與蒙員會訊卑府等一面嚴加申斥一面明白開導該蒙人等當即畏服悔罪供係一時糊塗嗣後倘有戶下私立封堆隱荒漁利及阻撓繩弓

情事惟該攬頭等是問蒙員復代為懇求隨即取具切結存案由是連日各處攬頭均來請示靜候領界指段無敢抗違者矣再該王前云擬借洋款自留河北上地一節卑府等因其事體重大關繫荒務全局不得不相機設法力為撥正當與職福陞再四籌商又以刻間各起一齊下段丈量正值事務殷繁卑府實難分身遂授意於職福陞由職福陞前往該王府反覆開陳詳說利害斯時該處起意借款諸蒙人因該旗行知此節之文業被卑局駁回已向該王懇請免借此款該王及聞職福陞陳說之言頗知悔悟已允即將此項借款遂即去人辭之矣看此情形則此節或可挽回也現在河南河北均已一律開繩此後凡與

蒙旗交涉事件卑府等惟有開誠布公隨機因應和衷商確審慎辦理以期仰副　委任之至意知關　憲廑敬謹附陳恭請鈞安伏乞　垂鑒卑府　等謹附禀

批呈及另禀均悉嗣後遇有該旗交涉事件仍隨機因應審慎辦理繳

為恭報新添兩起清丈二等熟地呈請　鑒察由

為呈報移行事竊案卑敝局前將分飭十起繩弓各丈上中下三等生熟荒地業經呈報移行在案現在新添十一十二兩起均已到段當飭清丈河夾心子二等熟地以期熟地迅速丈清而生荒即可早得核放除移行呈報外理合相應備文呈報移行為此呈請合移

憲台鑒核
貴總局請煩查照施行須至呈移者

右呈移

軍督部堂增

蒙荒總局

批據呈已悉繳

呈為卑局現應停繩暨分别停發車價薪水伏乞鑒查由

為呈報移行事竊案查卑敝局監繩委員十二起各帶司書繩兵文放上中下三等生熟各荒業經隨時呈報移知在案查現在時屆伏暑天氣炎熱蒿草遍地蚊蝨蔽野田苗已長大雨時行荒段之內實係難以行繩應請由閏五月二十五日起至六月二十五日止停繩一

箇月稍資歇息俟初秋以後暑氣漸退彼時再當督飭各起趕緊丈放其十二起監繩委員司書繩丁遵照去臈停繩稟定章程均停止一箇月薪水車價至局中員司等正當料理册報收欵等事亦照定章此月内止停車價仍發薪水以資辦公除分行飭呈報暨道分行外所有卑敝局現應停繩暨分別停發車價薪水緣由理合備文相應備文呈報移行為此呈請合移憲台鑒核貴總局請煩查照施行須至移呈者

右　移呈

軍督部堂　增

蒙荒總局

批　呈悉候飭駐省總局知照繳

為蒙旗台吉等公呈請照章分給荒價由

具呈人係札薩克圖王旗人賞戴花翎頭等台吉色登頭等台吉卜彥克思克二等台吉阿敏烏爾圖卜彥托克塔虎色冷旺楚克得克濟虎元端依得爾必里克圖格吉特阿力畢濟虎圖們吉力戕勒奇莫特帶兵梅倫四等台吉達瓦敖扎爾阿敏布虎梅倫銜四等台吉棍楚克滿都巴雅爾特古斯濟力戕勒烏云畢里克烏勒濟巴雅爾巴圖爾布合察思西格力桑榮東米雅達官四等台吉毛欽三音烏勒濟綽克圖烏勒濟桑保那蘭綽克圖吉魯格勒圖那遜額爾格圖薩拉虎伯爾濟戕崔金札布達瓦阿莫戕巴札爾呢瑪窩特色木丕勒札木巴勒色伯勒都伯特哈拉古力克

阿爾畢濟虎阿敏布虎汪濟勒扎蘭章京四等台吉挑那遜四等
台吉劉喜那遜巴圖洪克札勒山桑濟羅木丕勒丹申呢瑪額爾
得木圖布虎巴雅爾呢瑪扎勒山三音綽克圖克斯科布彥烏
合得勒虎阿爾賓布彥虎圖克色楞旺楚克崔得氏南楚克
畢其那虎羅爾錦察勒沁保那遜達賚公克爾特爾瑪西抵丹
巴濟勒畢西布彥畢西那遜布合爾窩爾圖克阿約林扎那布
彥虎楚圖那遜孟合里毛色楞撓問台青達木爾敖巴克綽克
巴達力虎郎保林沁三音巴扎爾那遜伯爾濟戉額爾其木濟力
戉勒畢里克圖巴勒罕托特畢里克圖巴圖烏勒濟桑保三音虎米
其特那蘭綽克圖巴彥都楞羅木丕勒額爾得木圖巴圖爾伯雅

特古思達氐布彥綽克圖畢里克圖托克塔虎布彥科思克阿
爾賓科思克布虎畢里克圖烏察拉虎雅克圖台勒約巴齊依
得力布虎得克吉力虎巴圖窩查爾元端烏勒吉札木色楞巴
圖烏勒吉元端畢西拉虎烏勒濟托克塔虎達氐桑保拉西巴圖
巴札爾米圖卜布彥托克塔虎瑪克西力塔爾札扎蘭章京三吉
米圖卜佐領章京巴彥巴圖爾孟科綽克圖桑保安巴得科吉爾
虎阿約喜呼畢圖佐領昆都拉木虎阿爾畢吉虎伯木戍爾色楞
朋東克戍爾楚綽克丹巴林特克喜敖罕寧保羅達道抬哈布塔
改烏勒吉布彥薩克思哈布虎吉力戍勒圖們那東圖忙圖烏勒
濟阿木吉爾戍勒烏勒吉得勒格爾土莫力古特布虎吉力戍勒

米吉克土們戉羅抵朋束得克濟爾虎等闔札薩克圖一旗之台吉壯丁衆蒙古等連名呈請　欽命奉天將軍出派辦理荒務委員案下恩准懇乞稟明事竊因敝　台吉等原始祖翁古代胡拉奇紅巴戉圖爾老爺之次子承襲札薩克圖郡王布達奇又王老爺布達奇之長子巴雅薩戉勒承襲郡王次子白戉勒二品台吉三子海力頭等台吉四子　海薩虎頭等台吉五子鬧爾布札薩克和碩額駙六子林沁頭等台吉七子道爾吉札薩克和碩額駙二等台吉八子滿珠西力二等台吉九子果木二等台吉十子綽思奇二等台吉十一子額爾得呢二等台吉等一旗世襲的分位十一缺編造旗箭各立疆界在旗内之衆蒙古等均受　皇恩秉公應差敝衆

蒙等由此運敗十餘年來該郡王烏泰又信用惡霸色楞旺保達瓦桑保崔木丕勒丹森呢瑪翁霍爾等暴虐無比私墾王荒至今十八年賣王荒數百里荒價地租均行入己並勾窜賊匪作亂不但在本旗搶掠一空即本盟等旗已受害至極以此情形在本盟長衙署並　盛京將軍既理藩院等各署均有案據可查現今由省出派　委員大人傳令台吉壯丁等在本旗南荒莫力格奇等處齊集限於十月初三日到齊聽候面諭衆蒙等理應聞傳急到近年多受賊匪之害貧乏至極又因路途遥遠逾限未到之情呈明　委員大人回局之時又諭令十月二十五日在沙戗吉改茅土等處守候等因奉此將所有一切呈報外今於本年四月間奉　欽

差大臣明鑑恩恤敝衆蒙等數年之苦定明十条請 旨飭下謹遵
並叩謝萬分 天恩仰乞 委員等明鑑恩恤可照奉 旨十条内
各情安撫衆蒙永居樂業或照郡王之親枝十一家同受荒銀作為
永產敝旗衆蒙等全得原業以救民命為此上呈
具呈人係本王旗頭等台吉恩賞花翎舍等頭等台吉卜言何士閣
二品台吉那氏勿力他卜言陶他虎舍冷王起阿德格吉虎元旦義
德力必勒各土格吉德等敝旗台吉壯丁衆蒙聯名叩懇 欽命
放荒事務 軍督部堂所派辦理荒務委員案下懇恩稟
明事竊情因敝台吉等原上祖父翁古代胡喇起紅巴圖如的次子
札薩克多羅札薩克圖郡王卜答氣王卜答氣長子札薩克圖

郡王巴手薩嘎次子二品台吉白嘎喇三子頭品台吉害立四子頭品台吉海薩虎五子札薩克和碩額駙二品台吉鬧而卜六子頭品台吉我林寢七子札薩克和碩額駙二品台吉道而己八子二品台吉滿洲西禮九子二品台吉國目十子二品台吉超薩氣十一子二品台吉而德泥等世襲分位十一佐在旗界之内衆蒙等靠　皇恩按分應納差務衆蒙運衰自此十年以來郡王烏泰既色楞旺保達瓦桑保春蒲勒丹森呢瑪翁霍爾等暴虐無比信用惡覇私墾王荒至今十八年私賣王荒數百里荒價地租一概入産勾窜鬍匪作亂至極不但搶掠本旗本盟等旗受害不淺之情本盟衙署軍督部堂理藩院等各部有案可查現今委員大人在本旗莫

力各起地方定期傳衆台吉壯丁等聽令隨時急到比年以來受鬍匪之害貧乏至極由路途特遠限期未到之情委員大人歸局之時定於十月二十五日在沙吉改茅土有令等候為此遵令於本年四月間　欽差鑑明恩恤敝旗衆蒙等定章十條請　旨准此十條衆蒙等叩懇　皇恩尊重十條仰乞委員大人恩恤可按十條之列按撫衆蒙安度樂業在者上王親枝十一家同列分受荒銀作為永産敝旗衆蒙等可得原業以救民命求懇

呈稟

批該王旗因荒纏訟各情業經　軍督憲會同　欽差大臣查明奏結何庸再訴此情按照原奏十条分得荒銀一節應候

荒事放竣均匀分撥爾等靜候可也

為蒙旗台吉等公呈指領各屯荒地並控外旗勾引干預荒事等情由

具呈人係頭等台吉色登等台吉壯丁公議稟請　貴委員大人案下恩施為再懇呈明事情因被哈拉沁土默特等户將本旗之産業牧廠墳地均行侵佔經已革之協理台吉棚東克巴勒珠爾呈控十年有餘今本年　欽命大臣具奏仁恤札薩克圖王閤旗之衆蒙等情酌擬十條内敝　旗失産被奪之衆户地名棍奴力達莫哈戕滿都拉撓告吉額倫所格西力棍那林黑拉哈屯查干莫團乃拉伯力干圖查干桃海好來保烏拉干圖列圖忙達忙哈吐查干奇勒古吐伯古代哈戕稖蘭西伯格阿鬼乃拉東六家子西六家子西十

家子塔那吐布合都力烏達烏蘭巴達索格吐東十家子巴彥桃海阿力戕營子畢西戕大茂好小茂好巴汗花梅倫好交流河敖保民房伯洛特毛圖萼拉窩棚合也力烏達所音乃拉綽倫胡達戕等四十一處窩棚係衆户之宅院牧廠等地仰乞　委員大人何等仁恤可憐

上諭辦理如歸荒界内放懇乞將此四十一屯之宅院並牧廠之地寬長皆留十里俟繩弓丈後再按定荒價交納作為敝旗衆蒙之根業此處不准招外人報領一併具情呈請外又賓圖王旗的台吉孟棍民奇爾敖罕王旗巴圖孟科等人並與本旗無涉前與哈拉沁土默特惡匪强霸指引放荒之情日後不知起何禍端均係孟棍民奇爾巴圖孟科等起見具情呈明委員大人案下恩

准施行為此上呈

具呈人係頭等台吉舍等等台吉壯丁共議稟請 委員大人案下

稟明事情因為胡匪起亂被害至極失産業遊牧墳地一概被奪

之情為衆户已革協理台吉棚東克喇珠呈控十年有餘之情

現今 欽命所派大臣具 奏恩佑札薩克圖概旗衆蒙等

情定章十條之内 敝旗失産遊牧被奪之衆户地名棍奴喇答莫

哈嘎滿都喇撓告及而倫所哥東古喇那林黑拉哈屯岔干莫旱

乃拉泊力汗土岔干桃海號來保烏蘭徒列吐黙特芒哈吐岔

干出炉保代哈嘎塔林西泊那鬼乃拉東六家子西六家子西十

家子他那吐卜格特吾答烏蘭巴答所格土東十家子巴彦桃海

那力喇營子必西嘎大茂好小茂好巴汗花梅倫好寢照流河敖保砥房伯力倒茂土塔拉窩堡好牙喇吾答所格乃喇出倫胡答嘎等四十一處窩堡衆户宅院牧場等地望求　委員大人何等恩憐可按　上諭之列如能歸放荒界内仰乞此四十一處窩堡宅院牧場地面寬長皆留十里繩弓之後按定荒價交納作爲敝旗衆蒙根業禀明不准外人招買其情外又賓圖王旗台吉孟棍敖起力敖汗王旗巴土孟可等並無敝旗相干强霸指掌放荒之情日後不知起何禍端全在孟棍敖起力巴圖孟可等誘起爲此委員大人案下懇恩上禀

批查原奏本旗出荒應儘本旗先領早由本局禀請　軍督憲出

示定限飭令備價承領惟不准攘奪舊户以符原奏安插客民之意呈中所指各地查係舊户所居者頗多殊為有意刁狡應不准行至所控該旗現用之孟滚敖力起巴圖孟可等既係外旗之員不洽輿情已面商該王罷斥不用無庸再瀆

前據具呈人賞戴花翎頭等台吉色登等台吉壯丁各户等為再行呈請事今敝衆蒙等呈請　貴委員等呈内將此四十一處之房基丈量寬長十里照章交價作為敝衆蒙等之原業不准外户呈領具情呈報復奉　軍督部堂批示札發告示内第八條該旗出荒自應先儘本旗蒙古台吉壯丁人等首先報領後准外户呈領現經據辦理荒務行局呈請出示等因前來除批示外合亟出示

抬領為此曉諭該旗蒙古台吉壯丁人等一體知悉自此曉諭後由該局文清限三十日爾等首先赴局報領聽候一面照章交價給照管業等因格外施恩謹遵札發告示前來所呈請四十一屯之地方曉諭敝蒙等准其照章備價照領如不准敝蒙等呈領懇乞三十日限內飭覆等情叩懇　奏派委員等指示見覆為此上呈

批原奏本旗先領係指生荒而言何以顯背奏案仍有攘奪舊戶之意前呈業已批明勿庸屢瀆致干咎戾切切

協理台吉巴圖濟爾噶勒　為呈事本年十一月二十三日據本旗頭等台吉色登等暨台吉壯丁各戶等報稱本旗四十一屯之房基等處候出曉諭照章交價承領並具情呈請　委員等仁恤三次暨

因 貴局有案令不另抄外現此項情形如何指示希為 貴委員
等飭覆可也 為此特呈
批各呈業已批飭明析即備文移覆可也

為改派五六起放中等熟地由

為札飭事照得本行局前飭并起丈放上等生荒茲因與該蒙旗
會商擬改丈放中等熟地自應由該起員即俟領户指界丈放
除移蒙旗知照外合行札飭札到該起即便遵照切切特札

右札仰五六起監繩委員吉田委員芳震 准此

為五六起監繩委員呈報開繩日期由

五六起監繩委員吉田芳震 為呈報事於十一月二十一日帶領司書工役等開繩

丈放交流河北岸隨即挨次逐日認真督飭秉公丈放理合遵將開繩到段日期備文呈報　總局憲查核為此申呈須至呈者

為呈報事於本月二十五六起監繩委員知縣用分省補用鹽大使田震即選筆帖式吉芳九日收繩停丈今將現丈交流河迤北原墾戶敖達馬林色等熟地十七晌二畝七分四厘內照章扣除牧養二晌房基地五畝五分四厘實剩熟地十四晌七畝二分又丈得敖榮貴熟地二十五晌四畝四分七厘五毫毛荒六畝四分零六毫內扣除牧養二晌實剩熟地二十四晌零八分八厘一毫又丈得烏能白音熟地十二晌二畝二分八厘內扣除牧養二晌實剩熟地十晌零二畝二分八厘又丈得敖榮身熟地三十二晌一畝六分九厘六毫內除扣牧養二晌實剩熟地三十晌零一畝六分九厘六

毫又丈得劉喜熟地十七晌七畝二分零五毫毛荒六十七晌九畝五分五厘二毫內扣除房基地六畝五分牧養地二晌水泡五晌四畝實剩毛五十九晌九畝零五厘二毫合將原墾戶等姓名所放生熟各荒數目並繪具草圖一紙以及停繩日期一併備文呈報　總局憲查核施行為此申呈須至呈者

為七八起監繩委員呈報開繩日期由

為呈報事前蒙行局札開著派七起八起併

七八起監繩委員德壽周瑞麟

為一起丈放頭等生荒並將到段開繩日期呈報等因奉此遵即代領司書繩工人等於十月二十八日由遼源州行局起程前往於十一月初五日抵到沙磧茅土由該處於月之二十日起程二十二日抵至頭等生荒地

段于二十三日開繩丈放之處理合將到段開繩各日期具文呈報　局
憲鑒核施行須至呈者

七八起監繩委員德壽周瑞麟　為呈報事竊　委員等適奉　傳諭現屆大
雪朦地天氣嚴寒不能行繩著各起均即一律停繩等諭奉此遵
照於十一月二十九日停止繩工於三十日帶領兩起司書繩工人役由
上等生荒地段大仙塔拉地方起程回局理合將停繩起程各日
期具文呈報　局憲鑒核備案施行須至呈者

七八起監繩委員德壽周瑞麟　為呈報事今將丈撥坐落一百六十戶界
外大仙塔拉天增福報領樂字元號上等生荒繪具四至詳圖造
冊並中段信票鈐用兩起戳記隨文呈送　局憲鑒核備案施行須

至呈者

計呈送清册一本　中段信票一紙　散圖一紙

為額外委員貼書陸連請假遺差以効力貼書張毓華補充由

照得本行局額外委員貼書陸連現在請假所遺貼書一差查有効力貼書府經歷銜監生張毓華當差勤慎堪以補充合行諭飭

諭到該書即便遵照務須益加奮勉為此特諭

右諭仰効力貼書府經歷銜監生張毓華准此

為札吴辦事官收拾站務並查點各站存項粮草帶同各貼書回局由

為札飭事照得本局各起現經照章停繩年内勿容轉運所有該站辦事官等可即回局度歲以及各該站貼書等亦應飭令回局俟

開年再往操辦俾暫休息合亟札飭札到該辦事官即便遵照一面將該站糧草等項寄存妥實之户一面由局并於沿途查點各站存蓄糧草數目逐細開具清單以備查考仍仰分飭各站貼書將糧草覔妥寄存一同由局屆時再行分往所有駐站各什勇等候至封印之日再行傳飭由局該辦事官務須相機分飭妥辦切切特札

右札仰總站辦事官吳千總亮孚　准此

為協理台吉巴印君轉請本旗壯丁德明阿等聯名求安本業由

協理台吉巴圖濟爾噶勒具呈　貴委員大人面下稟請事竊情因今有本旗壯丁德明阿札那金山文能告勒周全三白雅勒卜言德力各勒金鎖那莫噶白益喇滿長白四冷那莫力洒納高明高長命

善吉雅金長命鍋扣都冷高振海楊進寶德利德財楊元寶爾等
寶等匍匐前來聯名求懇以安本業等情轉禀 貴委員大人
鑑明其情望乞此案以待來年木王歸旗之節如何按撫再行
定奪應否為此呈禀者
批查德明阿等既係本旗壯丁與外旗各户原屬有間此次開
荒所有該壯丁等應得利益自應比照外户稍優仰候本
總幫辦面禀
將軍裁奪再為傳飭遵照可也

為札撤駐站暨押運各員司回局聽候根究由

為札飭事照得本局茲據轉運總卡正辦事官吳亮孚等禀稱各

該站斗秤不符等情到局查盧辦事官等辦事隱約顯有別情而該總卡前發米麪何竟將錯就錯其中有無欺飾應將該正副辦事官暨司事等四人一併撤回聽候分別查詢澈底根究合亟札飭札到該正辦事官吳亮孚副辦事官盧崇恩司事恒興徐慶元等即便遵照將站務料理清楚作速回局聽候查詢毋得稽延規避致干未便切切特札

右札仰正副辦事官吳亮孚盧崇恩司事恒興徐慶元　准此

轉運總卡正辦事官藍翎守備銜儘先千總吳亮孚司事藍翎五品軍功委官領催恒興謹

稟

總幫憲大人座前鈞鑒敬稟者竊職等於冬月二十八日又干他拉溫什長至

卡買米將秤駝携至職處言駝又否將駝治試仍照蒙民秤小又冬月十六日遣兵孫守山送信未由各卡傳遞經行送至局代詢各卡秤情該兵至少拉歐根世書識緒留面壹百觔吊秤十二觔半各卡所留面數均不扶秤刻下副辦事官盧崇恩等代磚一塊將秤治試亦照蒙民秤小二兩斗秤該伊經手職一概不知留何秤賣何秤並不知大小復思頭二次來面原馬一百零三觔該伊秤邀一百一十二觔當時分別言廣德奎原馬不對現在面到均照原馬數相扶隨時根詢其故該伊言前在福興店自買格外多給前兩次並未言之等情職回憶斗情該伊均住腰房有木匠送斗職將斗治試用馬料治二斗不同又有二升有効力差官楊永二名視知該伊回來當面告知二斗不同後

不知換否不意至各卡均用小斗量隨時各卡分別言大斗不能用職稟辭起程車至河沿粳米口袋開線漏有二升多卡兵十數人煮吃至卧虎屯共五十來人用米八升至口袋住十數餘人用米三升至包四土二十人用米四升至帽德土十數人用米二升前九卡共留米九斗至職處留米一石餘剩米二升代田合亟廣德奎來米二石該伊共過二石一斗多職亦不知斗大小留一石米將大斗量治九斗二升職只可照每斗九升變賣第二次該伊言留准斗細情難解 職乘此大斗將存代賬責面統合亟多少言之秤小所餘無多在各卡所留粳米均報價置十八千刻下頭二起分別粳米由廣德奎原價多少該副辦事官聲稱價置十七千惟職 原單未見一切情由實係不知是以不揣冒

寐理合肅具稟

聞虔請

鈞安伏乞

垂鑒職等吳亮孚恒興謹稟

批盧辦事官等辦事隱約顯有別情而該總卡前發米面何竟將錯就錯其中有無欺飾應俟澈底根究著先將該正副辦事官司事等四人一併札撤聽候分別查詢附稟存

再附稟者竊沐恩現在卡處存米面等物若干蒙民此地無妥之人碍難動身暫且看守沐恩候　大人來諭田局否在此處過年可也刻下合亟司事恒興初三日前往田局與司事徐慶元合算賬目代

交清單沐恩時下有大秤統合亟面存浮多少頭次面留三百零七斤
二次面留一千六百五十六斤共兩次面合一千九百六十三斤兩次卡暫
存面六百五十斤賬責一千三百八十六斤浮面七十三斤三次面未動
專此稟
聞

為札司事郭世傑充額外委員由

為札委事案據主稿委員鍾　等呈稱五品頂戴候選訓導司事郭
世傑當差勤慎懇賞加額外委員名目以昭鼓勵等因前來查該員
等既稱該司事當差勤慎自應准如所請委為本行局額外委員
以昭鼓勵除批示外合亟札委札到該員立即遵照益加奮勉切切
特札

右札仰五品頂戴候選訓導郭世傑　准此

為馬步隊正副巡長分別記過由

為札飭事照得本行局護局步隊正巡長王紹東前在營務請假五日回家省親自應遵限歸局乃竟逗遛半月之久實屬任意自由殊違營制再馬隊副巡長寶麟奉派緝捕逃兵理應嚴拏務獲以正軍法而儆效尤乃該副巡長並未將逃兵捕獲僅止收回槍械殊為搪塞應即將王紹東記過一次寶麟記大過一次以示懲儆並即傳飭各該正副巡長等須知此係姑念初次格外從寬辦理嗣後該弁等務當恪遵軍律勤慎充差痛改積習以觀後效倘不知愧奮仍蹈前轍定即照例從重撤辦決不寬貸除分行外合亟札飭札到該處即便遵照並轉飭兩哨一體懍遵切切特札

右札仰營務處准此

為准蒙旗巴印軍代呈德明阿懇安本業一呈錄批移覆傳飭由

為移覆事案照敝局茲據壯丁德明阿到局呈遞　貴協理台吉巴代呈壯丁德明阿札那金山文能告勒周全三白雅勒卜言德力各勒金鎖那莫噶白益喇滿長白四冷那莫力洒納高明高長命善吉雅金長命鍋扣都冷高振海楊進寶德力德財楊元寶爾等寶等匍匐前來聯名求安本業一呈到局當經批飭查德明阿等既係本旗壯丁與外旗各戶原屬有間此次開荒所有該壯丁應得利益自應比照外戶稍優仰候本幫總辦面稟　將軍裁酌再為傳飭遵照可也等因批飭在案相應備文移覆為此合移

貴協理台吉請煩查照轉飭該壯丁等聽候施行須至移者

右　　　　移

札薩克圖郡王旗協理台吉巴

呈為卑府因公晋省伏乞　鑒核由

為呈報事竊卑府心　由荒回局日期業經呈報在案茲有要公面稟

憲台擬於十二月初十日携帶卑局關防啓程晋省所有啓程日期

理合備文呈報　憲台鑒核伏乞　照呈施行須至呈者

右　　　　呈

軍督部堂增

批據呈已悉繳

呈爲卑府由省回局日期由

爲呈報事竊卑府忩於光緒二十八年十二月初十日因公晋省業經呈報在案茲於光緒二十九年正月二十九日由省携帶關防回抵行局所有到局日期理合備文呈報爲此呈請　憲台鑒核伏乞照呈施行須至呈者

右　　　　呈

軍　督　部　堂　增

批據呈已悉繳

呈爲卑局總辦赴荒日期　請核由

爲呈報事竊卑府於三月初一日起程赴荒督率繩弓經理分界等

事隨帶蒙文委員文亨蒙語委員靖兆鳳行局司事郭世傑與書
差人等一同赴荒其行局關防交卑職壽　等暫行收掌除移行總
局外理合備文呈報為此呈請
憲台鑒核施行再卑府由省回
局擬於二月半間即行赴荒因等候該郡王面商一切以致稍遲
又值河道將開未開至現在始得起程前往合併聲明須至呈者
右　　　　　　　呈
軍督部堂增

呈為改派八起合併七起同文頭等生荒伏乞　鑒核由

為呈報移行事竊案查卑敝局各起赴荒并起分文以及二次改派地段各情業經前後呈報各在案二次改派第七起係丈放頭等生荒八起係丈放二等生荒嗣因頭等生荒領户守候單起不敷放撥當經變通辦理將八起免丈二等生荒合併七起同文頭等生荒以免稽延領户其餘各起悉仍原派辦理除移行總局查照呈報督轅備案外理合相應備文呈報移行為此呈請合移

憲台查核備案伏乞貴局請煩查照備案照呈施行須至呈移者

右　移呈

軍督部堂　增

蒙荒總局

批如呈辦理繳

為札解運委員等赴懷德收款並行解省由

為札飭事照得本局前據領戶徐壽春等報領荒地應繳價銀十餘萬兩並擬另外預交銀若干兩存局再行報領均於本月稟存懷德商號因道途不靖不便運交行局請由局委員派勇前往提收所有委員護勇由鄭至懷往返川資該戶等甘願預備等情照准去後茲並擬將此款一面收訖一面徑解省垣亟應派員前往收提查有本局解運委員錫壽譒譯委員靖兆鳳差遣委員張勵學堪以一同派往除分行暨呈報外合行札飭札到該員等即便遵照帶同本局護勇並會同遼源州吳總巡帶領巡捕馬隊先後赴懷德傳集該

戶至所指商號如數彈收所有銀平銀色務照本局通章辦理毋得疏畧致難報解收訖之後仰即由懷由該員等會同吳總巡馬隊逕行押運歸數解省守候批回於回日繳局沿途務須格外防範謹備不虞毋得疏忽稽延以及騷擾需索致干未便切切特札

計隨發領戶徐壽春等十二戶信票十二張瑞興永徐壽春街基票二張

隨發本局印花五十張

隨發本局封條五十套

應收報領製票中等生荒陸萬晌鄭平銀一十三萬零五百八十八兩八錢四分八厘

應收報領城基一千五百丈鄭平銀三千五百五十二兩一錢二分

應收另外預交鄭平銀若干兩　未具數儘收儘報

解運委員錫經歷　壽

右札仰諸譯委員晴巡檢兆鳳

差遣委員張縣丞勵學　准此

為札發事照得本局派委該解運委員等前赴懷德彈收領戶荒價業經札飭去訖查現在道途不靖已派本局護勇並移請吳總巡帶勇同往以資保護惟事關公款應格外慎重以備不虞茲由局預備移請沿途地方巡捕團練各隊公文三角倘有警急准由該員等將此文就近賫投各該營隊派勇保護出境出汛以免疏虞合行札發札到該員即便遵照携帶前往如非緊急

毋許濫用以及遺失仍仰於回局之日繳銷切切特札

右札仰解運委員錫壽　准此

為移請事案照敝局現派委員赴懷德經收款項即由懷德逕解
省城適值道途不靖事關公款未便疏虞敝局護勇暨借撥巡捕
隊難敷保衛應就近移請
貴　希即飛撥　名煩護敝局餉車出　以資借助而
重公款相應備移飛請為此合移
貴　請煩查照望切施行須至移者

右　　移

為派員赴懷德收款解省請吳總巡帶兵護送分別呈移由

為呈報移請事竊卑局案查敝局前據領戶徐壽春等報領荒地城基荒地應繳價銀十三萬餘兩有零於本月稟存懷德商號因道途不靖不便運交行卑局請由卑敝局委員派兵前往彈收等情照准各情業經呈報報省在案現在擬將此次荒價一面彈收一面逕由懷德解省事關公款不得不格外慎重刻值道途不靖誠恐卑敝局護勇人數不多難資保衛且局勇槍械原未請有應交涉局牌票到省恐資籍口因就近移請巡捕隊吳總巡帶領馬隊　名會同貴州軍總吳總巡巡帶領巡捕馬隊　名會同卑敝局解運委員一同護送到省以免疎虞除呈分移外理合備文呈報為此呈請報

憲台督憲鑒核伏乞外相應備文移請為此合移

照貴統州總巡請煩查照轉飭呈施行須至移呈者

右　移呈

軍督部堂　增

遠源州正堂　蔣

北路統巡馬步全軍恒

巡捕隊總巡　吳

批據呈已悉繳

吳總巡移為照撥巡隊赴懷護款移覆由

總巡遠源巡捕馬步隊吳　為移會事案准　貴局移開案查

敝局前據領戶徐壽春等報領荒地應繳價銀彙存懷德商號云云

并奉北路統巡恒 札同前因各等因奉准此彼值敝總巡隨赴圍場探剿林七各匪未便分往當派敝隊前哨副巡長勝貴帶馬隊二十名於本年十二月十六日由鄭赴懷德幫同 貴局委員護運并呈報外相應備文移會為此合移 貴局請煩查照施行須至移者

為派員解銀交還粮餉處款呈報請 核由

為呈報事竊查卑局前經開辦賑荒需款墊辦稟蒙 批准飭由糧餉處借撥銀六千兩發交卑局遵照具領收到糧餉處交瀋平銀六千兩整業經移覆呈報各在案茲派卑局解運委員 解到瀋平銀六千兩并備文移交粮餉處核收清還前款去後除俟彈收清楚接准移覆并容後分項列入卑局開支項下造册分别呈報外理

合備文呈報爲此呈請
憲台鑒核伏乞
照呈施行須至呈者
右
呈
軍督部堂
增
批
爲解還
督轅糧餉處陸仟兩借款移知總局由
爲移行事案查敝局前因開辦需款稟蒙
督憲批飭由糧餉處
借撥濡平銀六千兩交局墊辦由敝局備文具領呈報各在案兹由
敝局經收荒價經費項下提濡平銀六千兩整派解運委員錫齋移
解交
督轅糧餉處如數彈收清還前款去訖除呈報
督憲鑒核
外相應移行爲此合移
貴總局請煩查照備案施行須至移者

右　移

蒙荒總局

為派員解款交還糧餉處由

為移付事案查敝局前經開辦蒙荒需款墊辦稟奉督憲批飭由
貴處借撥瀋平銀六千兩業經敝局備移具領如數彈收呈報督
憲鑒核各在案茲派敝局解運委員錫壽解到瀋平銀六千兩逕交
貴處清還前款並飭守候迴覆希即彈收清楚以清公款除呈報
外相應備文移付為此合移貴處請煩照收見覆施行須至移者

右　移

督轅糧餉處

為自開繩至停繩各起丈過地段呈報請核由

為呈報移行事竊卑敝局各起開繩停繩日期業經前後呈報各在案所有各該起自十一月十六日開繩至十一月三十日停繩丈過城基及生熟荒地數目現據各起先後呈報到局除抄繕單移行總局備案外理合繕具清單備文呈報為此呈請呈報督憲鑒核外相應移行為此合移

憲台鑒核伏乞　照呈備案　施行須至呈者
貴總局請煩查照備案　施行須至移者

計呈清單一分　計移粘單一紙

右　呈移

軍督部堂增

蒙荒省局

批如呈備案繳單存

為呈報本年春夏兩季丈放各等生熟地數呈請　鑒核由

為呈報移行事竊卑案照敝局本年各起開繩停繩日期業經隨時呈報移行在案

所有各該起自三月初四日開繩起至閏五月二十五日停繩止文

放過上中下三等生熟各荒數目現據十二起監繩委員呈報到

局敬謹開列清單恭呈　憲鑒除移行總局查照繕單呈報督憲鑒核外理合相應備文

呈報移行為此呈請合移　憲台鑒核俯飭貴總局請煩查照備案施行須至呈移者

計呈清移粘單一分

右　　呈移

軍督部堂增

蒙荒總局

謹將卑局十二起由開繩之日起至停繩之日止所有丈過上中下三等生熟荒地暨餘荒無租不可墾各項晌數分晰繕具清摺恭呈

憲鑒

計開

頭起監繩委員舒秀文武等

窑基叁百伍拾肆晌貳畝肆分扣七成實地貳百肆拾柒晌玖畝陸分

捌厘熟地陸百捌拾捌晌柒畝玖分壹厘生荒貳萬伍千貳百壹拾捌晌

陸畝陸分共丈生荒熟地貳萬伍千玖百零柒晌肆畝伍分壹厘扣七

成實地壹萬捌千壹百叁拾伍晌貳畝壹分伍厘柒毫

統共生荒熟地窑基貳萬陸千貳百陸拾壹晌陸畝玖分壹厘扣七成實地

壹萬捌千叁百捌拾叁晌壹畝捌分叁厘柒毫無租叁拾晌零貳畝伍分

貳起監繩委員張篤福丈叁等

熟地貳千肆百伍拾貳晌玖畝伍分叁厘生荒陸千零捌拾捌晌壹畝叁分共丈生荒熟地捌千伍百肆拾壹晌零捌分叁厘扣七成實地伍仟玖百柒拾捌晌柒畝伍分捌厘壹毫已丈未領餘荒壹千零貳拾晌零捌畝叁分壹厘扣七成柒百壹拾肆晌伍畝捌分壹厘柒毫

統共生荒熟地餘荒玖千五百陸拾壹晌玖畝壹分肆厘扣七成實地陸千陸百玖拾叁晌叁畝叁分玖厘捌毫無租貳百柒拾玖晌零叁分不可墾叁百肆拾肆晌壹畝陸分

叁起監繩委員盛文丈頭等

熟地貳千叁百貳拾叁晌伍畝貳分陸厘生荒貳千肆百叁拾晌零柒畝陸分陸厘共丈生荒熟地肆仟柒百伍拾肆晌貳畝玖分貳厘扣七成實地叁千叁百貳拾捌晌零零肆厘肆分已丈未領餘地叁百壹拾貳晌壹畝肆分扣七成貳百壹拾捌晌肆畝玖分捌厘

統共生荒熟地餘荒伍千零陸拾陸晌肆畝叁分貳厘扣七成實地叁千伍百肆拾陸晌伍畝零貳厘肆毫無租陸百捌拾壹晌肆畝玖分貳厘

肆起監繩委員成友直丈頭等

熟地貳仟玖百伍拾貳晌捌畝玖分生荒貳仟壹百玖拾伍晌陸畝伍分共丈生荒熟地伍仟壹百肆拾捌晌伍畝肆分扣七成實地叁

仟陸百零三晌玖畝柒分捌厘不可墾肆晌叁畝貳分

伍起監繩委員田震文貳等

熟地壹仟肆百玖拾捌晌伍畝零叁厘生荒貳仟壹百柒拾柒晌叁畝玖分玖厘共丈生荒熟地叁仟陸百柒拾伍晌玖畝零貳厘扣七成實地貳仟伍百柒拾叁晌壹畝叁分壹厘肆毫已丈未領餘荒壹仟叁百捌拾肆晌柒畝捌分伍厘扣七成玖百陸拾玖晌叁畝肆分玖厘伍毫

統共生荒熟地餘荒伍仟零陸拾晌零陸畝捌分柒厘扣七成實地叁仟伍百肆拾貳晌肆畝捌分零玖毫無租貳百肆拾叁晌肆畝壹分不可墾肆拾肆晌玖畝肆分捌厘又丈叁等生荒伍仟玖百零伍晌

扣七成實荒肆仟壹百叁拾叁晌伍畝不可墾貳百陸拾叁晌壹畝

陸起監繩委員吉芳文二等

熟地伍千叁百玖拾伍晌叁畝捌分叁厘生荒伍仟壹百肆拾貳晌

柒畝貳分叁厘共丈生荒熟地壹萬零伍百叁拾捌晌壹畝零陸

厘扣七成實地柒仟叁百柒拾陸晌陸畝柒分肆厘貳毫已丈未領

餘荒肆拾伍晌扣七成叁拾壹晌伍畝

統共生荒熟地餘荒壹萬零伍百捌拾叁晌壹畝零陸厘扣七成實

地柒仟肆百零捌晌壹畝柒分肆厘貳毫無租壹百捌拾晌不可

墾拾晌

柒起監繩委員德壽丈頭等

熟地叁百肆拾伍晌捌畝玖分壹厘生荒貳萬捌仟零肆拾伍晌柒畝零壹厘肆毫共丈生荒熟地貳萬叁仟壹百玖拾壹晌伍畝玖分貳厘肆毫扣七成實地壹萬壹仟貳百叁拾肆晌壹畝壹分肆厘陸毫捌絲無租肆拾伍晌壹畝不可墾壹仟零陸拾柒晌貳畝

捌起監繩委員周瑞麟丈頭等

熟地叁百叁拾叁晌柒畝貳分生荒壹萬伍仟伍百叁拾貳晌陸畝陸分陸厘共丈生荒熟地壹萬伍仟捌百陸拾陸晌叁畝捌分陸厘扣七成實地壹萬壹仟壹百零陸晌肆畝柒分零貳毫不可墾貳百壹拾晌零肆畝柒分叁厘

玖起監繩委員佐東都文二等
熟地捌仟玖百貳拾晌零貳畝壹分捌厘生荒壹萬肆仟叁百
伍拾捌晌零柒分陸厘共丈生荒熟地貳萬叁仟貳百柒拾捌晌
貳畝玖分肆厘扣七成實地壹萬陸仟貳百玖拾肆晌捌畝零伍厘
捌毫已丈未領餘荒肆百叁拾貳晌捌畝壹分伍厘扣七成叁百
零貳晌玖畝柒分零伍毫
統共生荒熟地餘荒貳萬叁仟柒百壹拾壹晌零玖分扣七成實地
壹萬陸仟伍百玖拾柒晌柒畝柒分陸厘叁毫無租壹仟壹百陸
拾壹晌捌畝玖分貳厘不可墾拾晌零肆畝捌分玖厘
拾起監繩委員蕭齊賢丈貳等

熟地貳仟伍百玖拾玖晌伍畝柒分壹厘生荒壹萬零貳百玖拾
陸晌貳畝玖分陸厘共丈生荒熟地壹萬貳仟捌百玖拾伍晌捌
畝陸分柒厘和七成實地玖仟零貳拾柒晌壹畝零陸厘玖毫已
已丈未領餘荒壹仟陸百零肆晌陸畝肆分捌厘和七成壹仟壹
百貳拾叁晌貳畝伍分叁厘陸毫

統共生荒熟地餘荒壹萬肆仟伍百晌零零伍畝壹分伍厘和七成實
地壹萬零壹百伍拾晌零叁畝陸分零伍毫無租壹百柒拾伍晌零
肆分貳厘不可墾壹百陸拾肆晌陸畝伍分

拾壹起監繩委員王經元丈貳等
熟地壹仟叁百叁拾貳晌陸畝叁分生荒貳仟壹百零零貳畝共

文生荒熟地叁仟肆百叁拾貳晌捌畝叁分扣七成實地貳仟肆百零貳晌玖分捌厘壹毫已丈未領餘荒叁仟叁百伍拾壹晌叁畝壹分扣七成貳仟叁百肆拾伍晌玖畝壹分柒厘

統共生荒熟地陸仟柒百捌拾肆晌壹畝肆分扣七成實地肆仟柒百肆拾捌晌捌畝玖分捌厘又放出山荒柒百肆拾叁晌捌畝貳分七扣又七二扣實地叁百柒拾肆晌捌畝捌分伍厘貳毫捌絲無租玖拾晌

拾貳起監繩委員暹熙盛丈貳等

熟地壹仟貳百肆拾玖晌貳畝叁分生荒肆仟叁百陸拾壹晌玖畝伍分共丈生荒熟地伍仟陸百壹拾壹晌壹畝捌分扣七成實地叁仟玖百貳拾柒晌捌畝貳分陸厘已丈未領餘荒柒仟捌百肆拾貳

晌柒畝伍分扣七成伍仟肆百捌拾玖晌玖畝貳分伍厘

統共生荒熟地餘荒壹萬叁仟肆百伍拾叁晌玖畝叁分扣七成實地玖仟肆百壹拾柒晌柒畝伍分壹厘無租肆百陸拾貳晌肆畝柒分不可墾壹仟零柒拾肆晌肆畝肆分

以上共丈頭等熟地伍仟玖百伍拾陸晌零貳分柒厘扣七成實地肆仟壹百陸拾玖晌貳畝壹分捌厘玖毫生荒肆萬叁仟零零肆晌柒畝捌分叁厘肆毫扣七成實荒叁萬零壹百零叁晌叁畝肆分捌厘叁毫捌絲已丈未領餘荒叁百壹拾貳晌壹畝肆分扣七成實荒貳百壹拾捌晌肆畝玖分捌厘

共丈貳等窑基叁百伍拾肆晌貳畝肆分扣七成實地貳百肆拾柒

晌玖畝陸分捌厘貳等山荒柒百肆拾叁晌捌畝貳分七扣又七二
扣實荒叁百柒拾肆晌捌畝捌分伍厘貳毫捌絲
共丈貳等熟地貳萬壹仟陸百捌拾肆晌叁畝貳分陸厘扣七成實地
壹萬伍仟壹百柒拾玖晌零貳分捌厘貳毫生荒陸萬叁仟陸百伍
拾伍晌叁畝零肆厘扣七成實荒肆萬肆仟伍百伍拾晌捌畝柒分
壹厘貳毫捌絲已丈未領餘荒壹萬肆仟陸百陸拾壹晌叁畝零捌
厘扣七成實荒壹萬零貳百陸拾貳晌玖畝壹分伍厘陸毫
共丈叁等熟地貳仟肆百伍拾貳晌玖畝伍分叁厘扣七成實地壹
仟柒百壹拾柒晌零陸分柒厘壹毫生荒壹萬壹仟玖百玖拾叁
晌壹畝叁分扣七成實荒捌仟叁百玖拾伍晌壹畝玖分壹厘已

丈未領餘荒壹仟零貳拾晌零捌畝叁分壹厘扣七成實荒柒百壹拾肆晌伍畝捌分壹厘柒毫

共丈台吉壯丁房身壇廟塔界鄂博墳墓無租叁仟叁百肆拾捌晌陸畝捌分陸厘

共丈沙崗城圪水泡窪塘不可墾之地叁仟壹百玖拾叁晌柒畝捌分

以上統共上中下三項生荒熟地無租不可墾等毛地拾柒萬貳仟叁百捌拾壹晌叁畝貳分捌厘肆毫

佃戶承領叁萬肆仟陸百貳拾伍晌叁畝叁分肆厘肆毫

二共出放肆萬叁仟零零肆晌柒畝捌分叁厘肆毫

頭等生荒毛數

蒙戶承領捌仟叁百柒拾玖晌肆畝肆分玖厘

佃户承領肆萬零捌百肆拾晌零陸畝陸分肆厘

貳等生荒毛數

二共出放陸萬叁仟陸百伍拾伍晌叁畝零肆厘

蒙户承領貳萬貳仟捌百壹拾肆晌陸畝肆分

批據呈已悉繳單存

為派運解荒務經收銀款呈請飭收由

為呈報解款事竊卑局前經派員赴懷德彈收荒價暨移請巡捕隊

吳總巡帶隊護送到省等情前後呈報各在案茲據卑局解運委員

錫壽等在懷德收到荒價鄭市平銀兩即派解運委員

錫壽繙譯委員靖兆鳳由懷德解至憲轅告投守候批迴伏乞

飭收彈兑相符懇即批迴發交卑局解運委員錫壽繙譯委員靖

兆鳳執持回局俾貽憑信除彙總分項容後册報外理合備文呈報為此

呈請

憲台鑒核伏乞 照呈施行須至呈者

右 呈

軍 督 部 堂 增

爲移省局請收解欵由

爲移解事案照敝局 前據領户徐壽春等報領中地應繳價銀存在

懷德商號因道梗不能運送來局請局委員派隊前往收解等語照

准各情業經具報奉准在案兹派解運委員錫壽繙譯委員靖兆鳳

前往彈收經該户等交到鄭市平銀 兩出提出六千兩解交糧餉

處彈收清還前借墊辦一款並遵留應行存局各欵外兹將所餘鄭

平銀 萬兩派該解運委員錫壽繙譯委員暟兆鳳由懷德遞解 貴總局守候 回覆希即照數彈收見覆以憑執驗除呈報 督憲鑒核並俟准覆後彙總分項冊報外相應移行為此合移 貴總局請煩查照見覆施行須至移者

右 移

蒙 荒 總 局

呈為派員解送荒價銀伍萬捌仟兩已交省局如數彈收伏乞鑒核由

為呈報事竊 卑局 前經派員赴懷德彈收荒價暨移請吳總巡派隊護送到省等情業經呈報在案茲經 解運委員錫壽繙譯官暟兆鳳由懷德解到市平現銀肆萬兩道勝銀行滙票市平銀兩萬兩內

除提留貳仟兩存局備用外共計呈交市平銀伍萬捌仟兩均已如數交
駐省總局彈收清楚其餘應交款項據錫壽等禀稱該處地方狹小
時值年終現銀愈形短絀若立即搜括市面誠恐不支因盡數取具
妥實舖商銀條限定明年三月初一日交付卑府查係實在情形當經
驗明存局以備至期提取除移行省局暨總分項册報外理合備文
呈報爲此呈請
憲台鑒核施行須至呈者

右　　　　　　　　呈

軍督部堂增

爲移交事案照敝局前據領户徐壽春等報領中地應繳價銀存在
懷德商號因道梗不能運送來局當經即派員帶隊前往彈收解省

業經具報奉准在案兹據解運委員錫壽繙譯委員靖兆鳳解到市平銀肆萬兩道勝銀行滙票銀貳萬兩内除提留貳仟兩存局備用外共計應交市平銀伍萬捌仟兩均已如數派該委員等解交　貴總局希即照數彈收除呈報　督憲鑒核並俟准覆後彙總分項册報外相應移行為此合移　貴總局請煩查照見覆施行須至移者

右　　　移

蒙　荒　總　局

批據呈已悉此項銀兩已據省局呈報照數兑收矣候飭該總局知照繳

奏派辦理扎薩克圖事務總局　為移覆事案准

貴行局移解到領戶徐壽春等所繳荒價瀋市平銀伍萬捌仟

兩當飭收支處彈兑數目相符驗收訖除呈報　軍督憲鑒核

外相應備文移覆為此合移　貴行局請煩查照施行須至

移者

為派員解款呈報憲鑒移解省局由

為呈報解款移解事竊卑案照敝局前據領戶徐壽春等報領荒地城基應繳價

銀彙存懷德商號因道途不靖不便運交卑敝局請委員派兵前往彈

收等情於去歲十二月間准照提收銀五萬捌千兩解交省貴局收訖業

經呈報移行在案其該戶等應行續繳荒價限於三月初一日掃數交清茲

經卑敝局派員前往提收除酌留經費外謹將收到荒價瀋平銀四萬

貳千兩由懷德經行解省移點交　省局如數彈收去訖

貴局守候移覆希即　照數彈收除候呈報

總局收訖見覆再行分項按月彙報外理合相應備文呈報移解為此呈請合移

憲台鑒核伏乞照呈

貴總局請煩查照見覆施行須至移呈者

右移呈

軍督部堂增

蒙荒總局

為札解運委員等赴懷德收款并行解省由

為札飭事照得本行局前據領戶徐壽春等報領荒地應繳價銀

十餘萬兩彙存懷德商號於二十八年十二月間派員提收五萬玖仟

捌百伍拾陸兩叁錢叁分餘存銀柒萬肆仟貳百捌拾肆兩陸錢叁分捌厘限於本年三月初一日掃數交付本局提解委員取具瑞興成期票在案茲已屆期亟應派員提收查有本局解運委員候選府經歷錫壽司事高凌奎堪以派同前往除分行暨呈報外合行札飭札到該員等即便遵照帶同本局護勇并會同吴總巡帶領巡捕馬隊赴懷德傳集該戶如數彈收所有銀平銀色務照本局通章辦理勿得疎畧致難報解收訖之後仍會同吴總巡馬隊逕行押運到省以四萬貳千兩解交省局彈收再以陸千兩解交糧餉處彈收一併守候移覆以憑查核其餘款項仰存儲商號以便續交該員等務須格外慎重毋得疎忽稽延致干未便切切特札

計粘單一紙

發印花四十張　餘張繳回

封条一百張　餘張繳回

公文四角　共六件

瑞興成期票一紙

慶泰棧期票一紙

右札仰解運委員候選府經歷錫委員壽

司事高凌奎准此

計開

一徐壽春等十二名原欠中地陸萬晌共銀拾貳萬玖千壹百陸拾捌兩整

一徐壽春原欠城基叁百丈共銀柒百壹拾兩零肆錢貳分肆厘整

一瑞興永原欠城基叁百丈共銀柒百壹拾兩零肆錢貳分肆厘整
一張洛廷原欠城基壹仟伍百丈共銀叁仟伍百伍拾貳兩壹錢貳分
以上共欠銀壹拾叁萬肆仟壹百肆拾兩零玖錢陸分捌
厘除年前收銀伍萬玖仟捌百伍拾陸兩叁錢叁分下欠
銀柒萬肆仟貳百捌拾肆兩陸錢叁分捌厘
茲繳回原交瑞興成銀飛一紙二十九年三月初一日期内銀叁萬捌仟貳百伍拾兩
又瑞興成銀飛一紙二十九年三月初一日期内銀叁萬捌仟貳百伍拾兩
又慶泰棧銀飛一紙二十九年三月初一日期内銀伍仟叁百伍拾兩計原飛
三紙共銀捌萬壹仟捌百伍拾兩原數繳回
批呈悉既據徑解省局候飭該局照數彈收具報繳

為移覆解到徐壽春荒價銀四萬二千兩由

蒙荒總局　　為移覆事案准　貴行局派員解到領

户徐壽春等續繳荒價瀋平銀四萬二仟兩當飭收支處彈兑

數目相符驗收訖除呈報　軍督憲鑒核外相應備文移覆為此

合移　貴行局請煩查照施行須至移者

總巡吳移為收齊由糧餉處所撥銀兩由

總巡遠源巡捕馬步隊吳　　為移會事案照敝總巡由　督轅

糧餉處請領敝隊官弁兵夫本年三月分小建薪餉辦公等銀除

原扣銀四兩外淨銀壹仟陸百柒拾兩零柒錢捌分就近撥兑　貴

局除在省由錫委員手内支用銀伍百捌拾玖兩壹錢貳分外下餘

銀壹仟零捌拾壹兩陸錢陸分業經會辦事宜由 貴局收支處如數找領到營相應備文移會為此合移 貴總幫辦請煩查照施行須至移會者

呈為派員運解荒款銀壹萬伍千兩伏乞 鑒核飭收由

為呈報解款移解事竊業查卑敝局前者呈報本年正月至四月分經收過生荒城基價款數目文內蒙 憲台督憲 批示現在省城待款甚殷該局所收生荒正價暨經費銀兩仰即趕緊護解來轅聽候指撥毋得延緩等因奉此遵即由經收荒價項下先行酌提瀋市平銀壹萬伍千兩整飭派解運錫委員壽管解赴省呈送 憲轅投貴局交 納伏乞飭局照數 彈收並飭該員守候 回批移覆 以憑查核除 候省局收訖見覆呈報 督憲飭收

再行分項按月彙報外理合相應備文呈報移行為此呈請合移憲台鑒核貴總局請煩查照見覆

施行須至移呈者

右　　移呈

軍督部堂　增

蒙荒省局

為札飭事照得本行局於閏五月十七日奉到　督憲批催解交

荒款在案自應先行酌提趕緊解送以應急需茲擬由省城豫

順亨商號指撥瀋市平銀壹萬伍仟兩整亟應派解運錫委員

壽前往解送除分行暨呈報外合行札飭札到該員即便遵

照急速起運赴省呈送　督轅投納務將解款如彈兑清楚

並守候回　批移覆以憑查核事關公款該員務須小心管解格

外慎重勿得稍涉疎虞是為至要切切特札

計開

公文貳件

右札仰解運錫委員壽准此

批據呈已悉候飭該省局核收具報繳

為蔡文忠通函姨福晉札飭查辦由

軍督部堂增　為札飭事案據護理圖什業圖親王旗印務協理台吉得里克呢瑪等呈稱據本旗屬下梅倫豐申泰稟稱竊因已故本管盟長王身傍有一姨福晉寄居梅倫家下茲突有　盛京省城派辦扎薩克圖荒務委員跟隨兵役蔡文忠藉本旗出撥買賣民人楊姓之便遞給梅倫家下寄居姨福晉漢字信一封不知內有何情是以將函呈閱等情稟報前來查核來函一封內外均係漢字敝藩向不通曉漢文不知係何情事伏以該姨福晉原係本管王在世時逐出府外著在該梅倫家居住之人本年春間經　欽差大臣到奉會同查辦敝旗案件之時敝協

理等曾經稟明在案茲該兵役蔡文忠因差到扎薩克圖王
旗緣何與姨福晉通函其中不惟似屬可疑且恐日後滋何事
端關係誠非淺鮮祇有備文將該來函附封呈請軍督部堂俯
賜斟詢著將該非禮之兵役蔡文忠如何懲辦以儆效尤實為
公便等情據此查蔡文忠係行局頭起司事輒敢擅行通函難
保不從中滋事且聞該司事有在外藉事招搖情形亟應嚴行
查辦以儆效尤除飭覆該王旗知照外合行抄粘原函札仰該
局遵即確切查明據實稟覆以憑察辦毋稍袒延特札

計抄原函一件

字奉　賢姐大人福前坤安敬啟者弟自上年拜別回京至今無時

不想念矣弟 在京屢次託人色法來文因道路不便一則故 王之後旗下命案未完實不敢託人辦理探聞府下以過子嗣承襲事有定章弟現下開辦扎薩圖王荒務局當放地委員之差於九月二十五日由省來至鄭家屯總局候差不日前赴上荒開辦弟稍通一吉音如往上荒自有安置千萬毋用起急為妙九月二十八日小弟蔡文忠頓

呈為遵奉查辦敝卑局司事蔡文忠擬請撤差並以趙蓮舫頂補遺差由

為呈覆移行事竊案照卑敝局於去年十二月二十一日接奉 憲台督憲札開行局司事蔡文忠與已故圖什業圖王姨福晉擅通信函難保不從中滋事且聞該司事有在外籍事招搖情形飭令確切查明

據實稟覆毋稍袒延以憑察辦等因奉此遵查蔡文忠身為司事理宜奉公守法謹慎充差乃竟敢與已故藩王內眷擅通信函殊屬不安本分亟應遵奉確切查明稟請嚴辦惟該司事於停緬時歸省度歲竟又私自回京無從傳詢應請將頭起司事藍翎五品頂戴監生蔡文忠即行撤差驅逐回籍免致再在奉省滋生事端如蒙其核奪即乞飭覆蒙旗知照所遺頭起司事一查有藍翎五品軍功分省補用巡檢趙蓮舫堪以委補除分呈報督憲核奪飭覆暨分札札外理合相應備文呈覆移行為此呈請合移

憲鑒核示飭遵
貴總局請煩查照施行須至移呈者

右移呈

軍督部堂增

蒙荒總局

爲札發信票蓋印執照八百八十張

軍督部堂增　爲札發事照得前據該局呈擬報領生熟荒地以及街基各信票樣式等情前來當經批示信票由省刊刻填寫字號蓋用將軍印信以昭慎重在案兹刊刷頭等生荒信票一百張二三等生荒信票各二百張頭二三等熟荒信票各一百張又街基信票二百張分别編號鈐印除將頭等生荒信票存留二十張二三等生荒信票存留各五十張發交駐省總局備用外合行粘單並將信票札發該局遵即查收備用報查特札

計粘單一件
發信票一包

計開生荒

樂字頭等信票一百張內留省局二十張

御字二等信票二百張內留省局五十張

數字三等信票二百張內留省局五十張

熟荒

禮字頭等信票一百張

射字二等信票一百張

書字三等信票一百張

興字街基信票二百張

為准蒙旗派員會同丈放並抄原函飭知由

軍督部堂增　為札飭事案准扎薩克圖郡王烏泰函稱敝王於本年十月間起程為年班赴京是暇並無與監繩委員會同辦事之廉幹差員俟由京回旗彼時會同協辦使報効速成不致蒙民滋生事端又稱八月間經幫辦劉至敝旗傳諭囑令不必再設繩弓九月內委員到旗又云仍不用蒙文先生祇有該員帶來先生兵勇繩量伏思放荒一事兩造差員會辦註清畝數立賬存查日後丈量地畝得有把握理當本旗派員會辦以便存查各等語准此查所陳各節窒碍者均難照准惟派員一層該處原係蒙荒刻下派員一

同監放原無不可但所派蒙員只准會同繩工委員監視丈放地畝花名各記各册以便核對不得藉端阻擾至於地價之高下及一切清丈事宜均應聽候行局斟酌辦理以一事權而歸劃一至該旗派出之辦事人等均應分定名目酌給薪水以示公允除分札外合行抄函札飭為此札仰該局即便知照俟蒙員派到即按照札飭事宜聽其監視丈放此外毋許攙襍干預該局務須督飭員司人等與所派蒙員各司所事和衷經理毋得妄生枝節致干查究切切特札

計抄來函一紙

弟札薩克圖郡王烏泰敬啓

恩憲軍督仁兄大人閣下鈞前福安敬禀事切謹依前遞之函於十月

初五日敝身赴莫力格起地方會同委員面商定期傳本旗台吉

等會候十餘日全然未到之節遂與委員同議荒務一切各情

均照　仁兄大人前函所擬又備公文幾件仰乞　恩准依

咨嚴辦轉飭𠕋音遵照辦理敝　王應當隨同委員為　國捐助

速成報效安插荒户可也惟遇敝　王本年冬月初十之間起程為

年班赴京是暇並無與監繩委員會同辦事之廉幹差員奈

難情形蒙優愛之分敢陳專禀　仁兄鑒核如蒙允准敝　王

由京回旗之際彼時監繩委員同到敝　旗弟　亦會同協辦使報

効速成不致蒙民滋生事端均得安業是否能當仰望擬定

恭候教諭外冬至月二十之間敝王親自拜見 仁兄福面之時再稟胎中誠言暨六月間弟又北旋設立局務所有人員繩弓在在酌妥嗣於八月間經劉幫辦福 至敝 傳 將軍之諭囑令弟不必再設繩弓祇用監繩委員先生幾名薪水均照 將軍所擬正在等候九月内委員至敝 又言仍不復用蒙文先生祇有該員帶來先生兵勇繩量可也等語敝非不信省派來員伏思放荒一事兩造差員先生會辦註清畝數立賬存查日後丈量地畝得有把握免滋事端且本旗衆員合併聲明理當本旗派員會辦以便存查等因是以預稟派員會辦則與敝王頗有益處且頻蒙教諭欣拜叩謝耑此即候 勛安餘維 愛照不備

軍督部堂增　為札飭事案據扎薩克圖郡王烏泰函稱前在郭爾羅斯公旗已設黎生地局經辦出售之劉東武劉萬濱劉振廷等屢墊要款刻已撥給桃河南本旗東界長一百餘里寬三十餘里其與屯塋無碍之處言明撥出下等荒一段並會同蒙員王亮于廣源會同代放街基均立有文據外該東武萬濱振廷等素有忠心承辦視其願為速籌報効匡安衆戶之行實為似有好義急公之心懇祈軍督仁兄大人賞發該公司告示數張並請飭北路地方官知照除由敝郡王發給天恩地局戳記實收代收墾價抵款以照大信庶敝郡王不失信於公司經理該公司人等得取信於墾戶依稟即發等語

查該郡王前時在省曾向劉東武借貸瀋市平銀伍仟兩現在
該郡王欲將旗東旗荒地一段撥歸劉東武自行招墾以抵
欠項殊與　奏案不符所有劉姓借給該郡王之銀伍千兩准其
作為荒價照章撥給地畝除函覆並飭駐省總局填給信票外
合行抄函札仰該局遵照定章挨號地可也特札

計抄覆函一件

致札薩克圖郡王烏

貴王仁弟大人閣下逕覆者頃接　惠函聆悉一是查　貴旗荒
前因未諳墾務章程以致互相訐訟今年經　欽差大臣兵
部尚書裕　會同兄　奏明派員前往踏勘丈放奉　旨允准在

在案自應欽遵辦理由是觀之　貴旗應放各荒地理應由蒙荒行局斟酌清丈收價撥放始為正辦今　閣下來函因借貸劉東武等銀項擬將旗東界撥給劉東武等下等荒地一段並會同蒙員代放街基　閣下擬逕行發給天恩地局戳記實收代收墾價抵款以昭大信等情詳核各節顯與　奏案不符未免自起紛擾似難照辦至　閣下所云曾由劉東武手內墊有款項下查此款只有五千兩已由兄處札飭行局照數撥給地畝日後由地價内扣算況劉東武等請設黎生公司兄亦經批准繳價領地　閣下既不致失信于彼而于　奏案尚無違碍總之此次開墾係為　貴旗通籌生計務以公同利益為要切不可仍蹈從前

偏執之病刻下 貴屬羣情尚未帖服若再偏聽小人之言慫恿
生事恐 閣下之禍不旋踵矣此係兄開誠布公之言惟 閣下
圖之專覆順請 勛安

軍督部堂增　　　為札飭事案據辦理札薩克圖
蒙荒總局呈稱竊前據職商劉昶武等稟請設立黎生公司繳
款領地並先呈繳銀一萬兩曾由職局據情呈報在案茲復據該
職商等稟稱十二月初六日奉批據稟先繳瀋平銀一萬三個月
內陸續繳銀拾萬兩仿照天一公司章程設立黎生公司照章承
領地段等情查該職商既經出具切寔甘結並邀泰記土莊作保
又無洋款洋股自應准如所請辦理以為報墾之倡此次所繳地

價市平銀一萬兩仰該職商先將庫平經費補足市平銀一千九百六十兩即由本總局轉稟軍督憲發給信票其餘款項趕緊陸續措交以便給照撥地至所稱承領中地搭放毗連下地究竟報中地若干搭放下地若干一併聲明送局查核並俟稟明軍督憲核准後再行飭知地方官保護可也繳保條甘結存等因准此仰見督帥將軍俯念蒙墾緊要不憚煩難上為　國家擴充利源下為民蒙籌謀生計蒙准推廣商辦必能妥速報結茲遵示補交庫平經費市平銀一千九百六十兩仍由和盛元代繳尚祈提收請分發信票四紙至期內報繳之款將來請員撥地情願領中地六成搭放毗連下地四成以為職商等領地定則俟後

請領上地與下地不連仍由中地毗領下地四成庶免遺剩下地以
答憲恩刻届新年在邇所有集股親友携帶鉅款在北城鉄
開昌遠奉懷等屬久待交價因悞聽疑言必須目覩上文方
能措交仍懇祈迅速飭知地方官保護以便年内再交鉅款
等情據此除將補交庫平經費等項市平銀一千九百六十兩
飭職局收支處存儲並批令該職商静候理合呈請憲台俯准
填給信票四紙發職局轉給該職商具領並懇札飭行局挨號撥
地一面請飭昌圖遼源懷奉康暨鉄開等府州縣遵照保護是
否有當伏候批示祇遵等情據此除批示並分札外合行抄批
札仰該局即便遵照辦理特札

計抄批一件

批呈悉該職商既將地價經費等款報繳市平銀一萬一千九百六十兩隨批填發信票四紙仰即轉給該職商具領並飭札薩克圖蒙荒行局遵照辦理一面飭知昌圖遼源懷奉康暨鉄開等府州縣保護可也繳

軍督部堂增　為札飭事案據辦理蒙荒駐省總局呈稱竊據職商分省試用知縣劉昶武等稟稱竊職商前請仿照天一公司領段辦法設立黎生公司集股領地議行井田分種以期實邊安民守望相助藉資振興商務等情蒙恩允准設立公司集股商辦並准領中地六成搭放毗連下地四成成方以

免遺剩下地既遂輿情亦裨墾政本期不難竣事乃舉辦後在
衆人因事生疑而職商等遂多拮据委曲竭蹶先交銀二萬一千
九百六十兩幸又集銀二萬兩仍由和盛元代交並據昌屬職商田
梅臣函會銀四萬兩交大有玉又南城興聚恒張鴻魁集到銀三
千兩均過交合盛元存儲備提言明地有的確該票號保代交納
此乃仰賴憲台如天之仁格外寬容始終保全之所致也其餘之
款是否准其由蒙王撥交或再續行呈繳必趕緊措辦以答憲
恩於萬一伏乞轉詳軍督憲逾格鴻慈恩准速賜飭撥以便及
時分墾而重農時等情據此除批示據稟續繳市平銀二萬兩
並另繳尾銀二百三十四兩八錢八分候一并飭交收支處核收惟中地

現暫停放所有該職商先後交到市平銀四萬二千一百九十四兩八錢八分自應統照下等地核撥計應撥實荒二萬五千二百晌仰候轉呈軍督憲填發印札以便持赴行局聽候撥地其餘未繳銀四萬三千兩現據該職商請領中地究竟能否敷領候併轉呈軍督憲飭查行局覆到再行飭遵外理合呈請憲台鑒核俯賜分别批示飭遵等情據此除批示外合行抄批札仰該局遵照辦理迅速稟覆以憑飭遵毋延特札

計抄批一件

批呈悉劉昶武先後所交瀋市平銀四萬二千一百九十四兩零准與填發下地印札飭令行局照章撥地并候飭該局查明中地

究竟能否敷領迅速稟牽再行飭遵繳

全銜為呈請事竊查札薩克圖旗荒地南至達爾罕王旗界北至旗十七道嶺蓮花圖野馬圖山一帶縱約四百餘里東至鎮國公旗界西至圖謝圖旗界濶自一百五十里至七八十里不等均係應放荒段應請　憲台札飭該王旗於二月内派員會同卑局將該旗應放荒段指清並毗連他旗界址分明俾卑局得有據有確數則收價出放之時均有所查考方免當前躭延時日日後轇轕不清理合備文呈請伏乞　憲台鑒核俯准轉飭迅即照辦施行須至呈者

右

呈

軍督部堂
督憲批據呈已悉候飭該王旗迅即遴派妥員會
同該局將該旗應放地段指清並毘連他旗界址劃
分明晰以便丈放而免轇轕並候飭駐省總局知照繳
　爲奉批派員勘分應放荒界移行蒙旗知照由
局銜爲移行事案照敝局前爲蒙荒應放地段界
址宜早分清各情呈請　將軍核示在案兹奉　批
示據呈已悉候飭該王旗迅即遴派妥員會同該局
將該旗應放地段指清並毘連他旗界址劃分明晰
以便丈放而免轇轕並候飭駐省總局知照繳等因

奉此敝局現經派出行局清訟委員張仲麟勘分應
放荒段北界行局繪圖委員陳峒壽勘分應放荒
地東界行局稽查委員鄭爾純勘分應放荒地西
界行局辦事官邵建中勘分應放荒地南界去訖
應請　貴旗查照一面咨行連界各旗一面派員會
同劃分以便丈放而免轇轕一俟接准　咨覆敝局即
飭該員等來旗會勘除呈報　將軍鑒核外相應
備文移行為此合移　貴旗請煩查照見覆施行
須至移者

右　　移

蒙　　旗

為借遼源州巡捕馬隊馬撥遞送公文請給津貼呈

督憲批示移行省局知照由

局銜為呈請移行事竊查案照遼源州至省城四百餘里向來安設驛站所有卑職局報省公文均係由該處巡捕隊所設馬撥代為遞送數月之久毫無錯悞該撥兵往返馳驅已屬格外辛勞而長川走路費用尤係不貲擬懇　憲恩可否按月酌給該馬撥津貼銀二十兩以示體恤如蒙　核准即由卑職局所收經費項下開銷彙總送造報是否可行卑局未敢擅便除呈請　督憲核示外相應備文移行為此合移　貴總局請煩查照施行須至移者理合備文呈請伏乞　憲台鑒核批示施行須至呈者

右呈移

軍督部堂增

蒙荒省局

督憲批呈悉該馬撥遞送公文往返馳驅不無辛勞姑准由該局經費項下按月酌給津貼銀二十兩以示體恤候飭駐省總局知照繳

為前發信票字有錯悮擬請蓋字權用呈請督憲核示移行省局知照由

局銜為呈請移行事竊卑案照敝局於光緒二十八年十二月十七日接奉憲台督憲札發報領生荒熟地及街基各信票八百八十張當即照數祇領備用在案惟查樂字頭等生荒

信票八十張御字二等生荒信票一百五十張數字三等生荒信票一百五十張第三聯換照信票均誤刻換地字樣殊難照用惟係業經鈐印已發三百八十張只可從權辦理擬請由卑職局於每第三聯地字上蓋一硃印照字以歸簡便至此次生荒票板並請貴飭令省局即行即將此項生荒票板更正以備嗣後刷用是否之處理合備文呈請伏乞憲鑒核示遵除呈督憲外相應備文移行為此合移

貴總局請煩查照施行須至移者

右　移

軍督部堂增

蒙荒總局

督憲批如呈辦理候飭省局更正繳

為護局馬隊正巡長徐海亭屢著微勞請賞給

四品差例頂戴呈督憲核示移省局知查由

局銜為呈請移行事竊卑案照敝局護局馬隊正巡長徐海亭前於成隊時曾經自備子母報効自墊衆兵小口費並未請發分文公款嗣又連隨赴荒奮勉當差不辭辛苦洵屬頗著微勞擬懇憲恩督憲可否援照各營哨官差例暫換四品頂戴以示鼓勵是否之處理合備文呈請伏乞憲台除呈報督憲核示外相應備文移行

鈞鑒俯准施行須至呈者

為此合移貴總局請煩查照施行須至移者

右

呈移

軍督部堂增

蒙荒省局

督憲批呈悉該馬隊正巡長徐海亭准其仿照各營哨官暫換四品頂戴以示鼓勵仰即轉飭遵照並候飭駐省總局知照繳

札爲督憲批准徐海亭暫換四品頂戴由

局銜爲札飭事照得本行局護局馬隊正巡長海亭屢著微勞業由本行局懇請　督憲賞給差例四品頂戴呈報在案茲於二月初十日奉到　憲批呈悉該馬隊正巡長徐海亭准其仿照各營哨官暫

換四品頂戴以示鼓勵仰即轉飭遵照并候飭駐省總局知照繳等因奉此合亟札飭為此札仰該員即便遵照務須益加奮勉以副獎勵之至意切切特札

右札仰馬隊正巡長藍翎四品頂戴徐海亭准此

為蒙旗設局派員隨同放荒請裁定人數並飭該旗遵照呈督憲核示移行省局知照由

局銜為呈請移行事竊卑案照敝局辦理蒙荒丈放各地該蒙旗亦應兼派蒙員隨緬監視以昭大信而取互相鈐制但聞該蒙旗現擬設局已有蒙漢總幫辦及各項委員名目繁多用人太濫倘有任意阻撓亂行攙

預勢必動多掣肘貽悞全局擬請 飭令蒙旗亦照八起之數每起派隨繩蒙員一員蒙人貼書一名漢人譜譯兼書手一名繩丁四名分起隨同卑敝局起員丈量荒地至該旗應設總行局前蒙 憲飭令派巴圖濟爾嘎勒與三五蒙員已屬敷用此外不准再行添人亦不准干預一切公事以示限制是否有當理合備文呈請伏乞 憲台鑒核批示並札飭該蒙旗遵照除呈請 督憲核示外相應備文移行為此合移 貴總局請煩查照施行須至移呈者

右 移呈

軍 督 部 堂 增

蒙荒總局

督憲批據呈已悉候嚴飭該王旗即按照該總辦呈内所定員數遴派妥員隨繩監視該王旗應設之總行局亦飭令遵照前函准派協理巴圖濟爾噶勒並添派蒙員二三員辦理此外不得再添多人亦不得妄行干預一切公事以一事權而免掣肘並候飭駐省總局知照繳

為奉督憲批准飭蒙旗派定員數會同放荒移行蒙旗由

局銜為移行事案照敝局前經呈請將軍為蒙旗放

荒亦應蒙旗兼派蒙員隨繩監視以昭大信擬請飭令蒙旗亦照八起之數每起派隨繩蒙員一員蒙人貼書一名漢人譒譯兼書手一名繩丁四名分起隨同卑局員丈量荒地至該旗應設總行局前蒙 憲飭令派巴圖濟爾嘎勒與三五蒙員已屬敷用此外不准再行添人亦不准干預一切公事以示限制等因呈請將軍批飭去訖茲奉 批示據呈已悉候嚴飭該王旗即按照該總辦呈内所定員數遴派妥員隨繩監視該王旗應設之總行局亦飭令遵照前函准派協理巴圖濟爾噶勒並派蒙員二三員辦理此外不得

再添多人亦不得妄行干預一切公事以一事權而免掣肘並候飭駐省總局知照繳等因奉此相應備文移行為此合移 貴旗請煩查照施行須至移者

右 移

蒙 旗

札為案據蒙王咨呈現經遴派色楞汪保綳蘇克巴勒珠爾額力喜木巴雅爾為總幫辦天恩地局由

督憲為札飭事案據札薩克圖郡王旗呈稱茲敝札薩克王進京 年班差竣回旗途次接奉貴軍督部堂來札展閱所批內開據呈已悉候嚴飭該王旗即按

照該總辦呈内所定員數遴派妥員隨繩監視該
王旗應設之總行局亦飭令遵照前函准派協理巴
圖濟爾噶勒并添派蒙員二三員辦理此外不得再
派多人亦不得妄行干預一切公事以一事權而免掣
肘並候飭駐省總局知照繳等因奉此竊照敝旗荒
地前經
欽差查辦哲里木盟事件大臣兵部尚書裕　會同貴軍
督部堂奏准奉　旨出放已蒙設立總行局遴派
總幫辦委員等到旗會同商辦爲蒙民籌謀生計
前奉軍憲惠函令敝旗設立一局量爲派委數人責成

隨同商辦俾資蔵事仰見軍憲体恤徼藩無微不至時當敝札薩克王赴京　年班未暇及此容臘

京差之便已蒙

陛

見跪聆之下問及是荒諭令妥寔會同經理速成報効現當差竣回旗應即商辦伏以敝旗纏訟多年均由此荒而起若非遴派廉明幹練之人不足以專責成查有前被革之協理四品台吉色楞汪保綳蘇克巴勒珠爾二員均係因公獲咎並非貪劣不職該二員前經在旗當差多年素孚衆望若派該二員與新任協理額力喜木巴雅爾和衷經理是荒兼辦旗務洵屬相宜茲

擬派該協理台吉額力喜木巴雅爾爲本旗天恩地局
總辦前被革協理四品台吉色楞汪保綳蘇克巴勒珠
爾二員爲該局幫辦照章酌給薪水專司稽核荒價
經理地册至該行局呈請酌派之指界委員及各起隨繩
監放員書繙譯人等容俟回旗再行選派以期會同商辦
報効速成以上所擬三員如蒙恩准即請飭覆遵照並
請分行查照備案該協理等於奉委後如能將荒務一切
會同省派總幫辦等寔心經理事有成效即由本札薩
克王呈請轉　奏開復該協理等原官藉資經理旗務如
不寔心任事即由本札薩克王查明呈請嚴加參辦此係

敕王為慎重荒務整頓旗政得人起見至該協理巴圖濟爾噶勒仍著經理旗務原差以資互相臂助是否有當仰懇鑒核示遵等情據此查該旗設立天恩地局擬派協理台吉額力喜木巴雅爾為總辦已革協理四品台吉色楞汪保繃蘇克巴勒珠爾二員為幫辦照章酌給薪水專司稽核荒價經理地冊其協理巴圖濟爾噶勒仍著經理旗務原差以資互相臂助等情既據該王旗呈稱為慎重荒務整頓旗政得人起見姑准如呈辦理惟該總幫辦等務宜會同省派行局總幫辦等核寔經理一俟成效克著本軍督部堂定必從優　奏請獎敘倘辦理不善及有妄行干

預遇事掣肘情事亦必嚴加叅辦不貸除飭該王旗轉飭遵照外合行札飭為此札仰該局即便知照特札

右札蒙荒行局准此

稟為蒙旗請委革員辦荒一案擬請奏明并請嚴札遵照由

總幫辦全銜敬稟者竊卑局奉札内開札薩克圖郡王稟稱擬派已革協理台吉色楞汪保綳蘇克巴勒珠爾兩員為荒務蒙局幫辦蒙准飭局遵照等因奉此仰見憲台協服蒙旗棄瑕策效之至意欽服莫名伏查色某等素未會晤其為人尚難深知至朋某卑府去歲在

荒曾經一見其人雖沈鷙難馴然通曉情理旗衆服之不似該王之膭膭遇事會商兩情扞格得此人以與交涉固卑局之所樂從惟查色某為該王信用之首不協輿情朋某乃現任巴印軍之黨與該王訐控多端早成氷炭該王久欲起用色某以自輔所慮者巴印軍與朋某比和出而阻撓故此次起用色某又引朋某以作信蓋引色所以傾巴而畏巴又復引朋其非舊隙全消為和衷之濟也可以想見此次若能仰体　恩德兩從和協固可相安無事倘其宿怨不忘仍前傾軋則重興大獄所不可知果至于此似于前此不准干預旗務之奏不無關碍而荒務亦

屬有妨合無仰懇　憲台附片入奏陳明　憲台委曲和協該旗之微意并一面嚴札該已革台吉等使知此次委用係　憲台破格之成全務須格外和衷并听候省行兩局操辦謹慎從公倘或仍前多事各懷成見或妄干局事權准由行局禀明立予叅辦不貸等語以杜其故態之萌而荒務庶免掣肘是否之處伏乞核奪施行實為公便所有蒙旗請委革員辦荒一案擬請　奏明并嚴札遵照各因由合肅禀陳恭啟　鈞安伏乞　慈鑒　謹禀

督憲批據禀已悉仰候附片　奏明並分別嚴札飭遵該總幫等亦當和衷共濟毋得各存意見是為至要繳

為督繩善委員成請假會試免開原差借支薪水

呈 督憲批示移省局知照由

全銜為呈請移行事竊案據卑敝局督繩委員揀選知縣善成稟稱竊委員到局供差赴荒督視半載以來仰承指示幸免愆尤自應益奮駑駘以供奔走惟查明春係屬會試年分委員有心上進因身膺差使加以資斧不充實深躇躊可否仰懇 局憲轉呈 督憲成全格外除往返途程不計外於二月初一日起假予假三箇月赴試河南並懇 恩施支借二三四箇月薪水車價免開原差一俟試畢即當作速旋局供差以副委任成全之至意如蒙

督帥照准即由委員屆時繕具履歷禀懇　咨行禮兵部知照應試實為公德兩便等情據此卑府敝局覆查該員既係情殷科甲未便阻其上進之忱理合據情轉呈伏乞除呈情　督憲鑒核批示外相應

憲台鑒核批示施行須至呈者

倫文移行為此合移　貴總局請煩查照施行須至移者

右　呈移

軍督部堂

蒙荒省局

督憲批如呈姑准給假赴試仰即轉行知照繳

為應放地段界址宜早分清並飭蒙旗遵照呈

督憲鑒核由

為札飭該王旗轉飭已革蒙員與行局務宜和衷共濟由

督憲為札飭事照得前據該王旗呈請擬派協理台吉額力喜木巴雅爾為天恩地局總辦已革協理四品台吉色楞汪保朋蘇克巴勒珠爾等兩員為幫辦專司稽核荒價經理地冊以資臂助等情據此當經本軍督部堂札覆姑准如呈辦理惟該總幫辦等務宜會同省派行局總幫核實經理一俟成效克著定必從優　奏請獎敘倘辦不善及有妄行干預遇事掣肘情事亦必嚴加參辦等因札飭該王旗轉飭該革台吉等遵照在案查已革台吉等從前獲咎甚重是以　奏明革職此次派委該王旗荒務

幫辦係屬棄瑕錄用該巳革台吉等務當仰體本軍督部堂破格成之至意謹慎從公與省派行局各員和衷共濟庶於荒務有所裨益倘敢各挾私嫌妄干行局總幫辦稟揭定當立予叅辦從嚴懲究決不姑寬以為自暴自棄者戒除飭該王旗轉飭遵照外合行札飭為此札仰該局即便知照特札

右札蒙荒行局准此

為現值停繩之時請封印月内局中員司僅停車價各起員司薪水車價並停呈督憲核示／移省局知照由

局銜為呈報／移行事竊卑／案照敝局現值停繩之際局起各員司薪水車價理宜照章停止以節糜費惟查此荒地方荒遠

諸物昂貴各員司常川奔走不但逾常辛苦且所領
薪價尚係實不敷用況起員回省業飭正月底到局除去
往返程途為時不過一月而局中員司等依然在局照
常辦公擬懇懇乞憲恩督憲准由封印至開印一個月內局中員
司可否僅停車價繩起各員司等薪水車價並停出自以示
逾格鴻施是否之處理合
体恤除呈請督憲核示外相應備文移呈請伏乞憲台鑒核批示
移行為此合移貴總局請煩
查照施行須至移呈者

右　　移呈

軍督部堂增

蒙荒省局

督憲批如呈辦理候飭省局知照繳

為擬舉方正大户為蒙地首領呈督憲批示移省局知照由

局銜為呈請移行事竊查案照蒙荒舊户李信王留鎖二名均係外旗蒙人家道殷實夙行公正為蒙地衆户所推服該王每任使之以倡辦各事墾户名冊亦多經其手卑職局正值出放生熟各荒之際非得本地誠實可靠之人為之領袖則衆户漫散無紀呼應難期靈通擬請即舉李信等二人為該處方正大户為外旗各户之首所有一切指段領界等事皆假二人以為傳宣庶幾諸事得有線索丈量可期爽速於荒務不無小補除俟奉准再行分移並呈請督憲核示

傳知
外理合
相應備文呈請伏乞
移行為此合移　憲鑒核示遵行
　　　　　　　貴總局請煩查照施行須至移呈者

督憲批呈悉李信王留鎖二明既係家道殷寔為蒙地衆户所推服所有一切指段領界等事准用李信等以為傳宣唯遇事仍須格外詳慎不得稍滋弊端致貽口寔仰即轉飭遵照並候飭蒙荒總局知照繳

局銜為移行事案照敝局前擬舉荒境方正大户李信王留鎖等為外旗首領一切指段領界等事用為傳宣等情呈請將軍核示在案茲奉批示呈悉李信王留鎖二名既係家道殷寔為蒙地衆户所推服所有一切指段領界等事准用李信等以為傳宣惟

遇事仍須格外詳慎不得稍滋弊端致貽口實

仰即轉飭遵照等因奉此相應備文移行為此

合移　貴旗請煩查照施行須至移者

右　　　　　移

蒙　　　　　旗

為蒙王應得荒價所收庫平可否發給該旗支領呈請移行

指示省局知照由

局銜為呈請移行事竊照卑案照敝局所收荒價均係照章經收庫平

而蒙王應得荒價俱在蒙地及遠源州一帶支取向係照

市平使用與交部庫者迴不相同原擬將此一項另款

存儲據實稟報俟積有成數即行呈繳提省以備公
用近聞有人為之指引該旗意欲索要此款究竟應否發
給卑局未敢擅便除移行省局查照外理合備文呈請伏乞
敝局未敢擅便除呈請督憲核示外相應備文移行為此合移
憲鑒裁奪指示遵行須至呈者
貴總局請煩查照施行須至移者
右　呈
　　移
軍督部堂增
蒙荒省局
督憲批呈悉仰即照庫平分撥以示大公候飭蒙荒駐省總局
知照繳

# 辦理蒙荒案卷

第四册

# 奏派辦理札薩克圖蒙荒行局案卷目錄

計 開

督憲札為續 奏文放蒙荒隨時更定章程抄奏并單飭知由

督憲札為前 奏奉到 硃批恭錄飭遵由

呈為錫委員壽補捐經歷呈請備案由

札為錫委員壽稟請補捐經歷據情轉呈批准飭遵由

呈為候選巡檢蕭策蕃稟控候補都司劉東武拖欠集股買荒銀兩當經批飭呈請 督憲鑒核並移行總局由

呈移為蕭策蕃具領請撤還前呈入股收條錄批請核移行由

督憲札為據呈蕭策蕃稟控劉東武一案現經兩造將款清還情甘和息准其銷案飭行局知照由

呈為省局收價祇發印條領戶仍由行局掣票並乞將省留各票全行頒發伏候 鑒核飭遵由 并移省局

督憲札為據省局核議仍擬發票等因據覆飭遵由

呈為前因辦荒省局發條行局製票蒙飭省局核議省局仍擬發票等因據覆札飭到局再呈不便情形請 示由並抄呈稿備文移行總局

督憲札為據省局擬請領戶在省交價發給印文予限二十日執赴行局驗收換票並抄粘示稿暨印文式樣由

呈為前議省局收款發條由行局製票請將省留各票仍交行局各情再呈乞 准並飭速交由

呈為前請補發信票再呈懇 飭速發由

移為請補發信票粘單移行總局由

稟為出放蒙荒佃戶已衆擬請雙流鎮早設地方官以資治理伏乞憲鑒採擇辦理由

附稟為征租之法擬仿照札賚特成案並請暫由行局派員會同蒙局經征伏乞 示遵由

呈為差遣委員張勵學丁艱回籍以黄焯委補並派令駐省辦事請 示由

呈移為開局經費銀兩數目呈報督憲備案移行總局查照由

呈移為遵批造具修補局房等三項清冊伏乞請煩憲鑒查照由

呈移為置買各起帳棚呈請鑒核移行總局由

呈為行局月支心紅辦公等費聲明緣由並懇免抄細帳呈請　鑒核由

稟為陳明支用心紅辦公等費各因由伏乞　憲鑒由

督憲札為行局犒賞款酢効力司書飯食等費准其實用實銷由

移為豫順亨寓所世台棧夜有匪人入院稟請移行遼源州吳總巡派隊保護由

札為委補本局各司書由　計十五分

呈移為造報廿八年自開局收價起至年底止發過信票丈過地基號次數目清冊由

呈移為造報二十九年正月至四月分掣發過生荒暨街基信票號次數目清冊由

呈為造報二十八年七月奉委之日起至年底收支實存款目由

呈為二十九年正月至四月分經收過生荒城基款目由

呈為派員赴懷德收款解省請吴總巡帶兵護送由

呈報自正月至八月支發各款暨五月至八月收過各款由

移營務糧餉為自正月起至八月底止支發過馬步隊弁兵薪餉數目由

呈為聲明各項支款開支先後緣由請　核由

呈為酌擬運費呈　請　批飭由

札為續　奏丈放蒙荒隨時更定章程抄單飭知由

欽命鎮守盛京等處將軍全銜為　札飭事照得本軍督部堂於光緒二十九年十一月初六日具

奏為丈放札薩克圖蒙荒地畝隨時更定章程繕單恭呈

御覽懇請

飭部立案等因一摺除俟奉到

硃批再行恭錄飭知外合行抄奏并單札仰該局即便知照特札

計抄奏并單

右札札薩克圖蒙荒行局准此

光緒二十九年十一月十八日

奏為丈放札薩克圖蒙荒地畝隨時更定章程繕單陳明恭摺仰祈
聖鑒事竊　上年十月間奏報開辦哲里木盟札薩克圖王旂蒙荒
地畝摺內曾經聲明前次酌擬章程十條如有應行變通之處
再為隨時查核奏明辦理等因是月二十五日奉
硃批着即認真經理以裕國帑而恤蒙艱欽此欽遵恭録分行去後
旋據行局總辦試用知府張心田等帶同各員司人役馳抵該
蒙旂查得應放地段南北約長四五百里東西寬或百里或七
八十里不等辦其土性分為三等自巴彥昭以北至沙磧茅土
土色磽薄定為下等由沙磧茅土北至陶爾河交流河之間多
屬黑土定為中等陶爾河東北一帶外來喀喇沁蒙旂墾戶全

居於此而未墾之荒亦尚不少土脈膏腴定為上等該旗北段
原無墾户之處仍留為台吉壯丁游牧處所不令失其生計惟
地既有肥瘠之異其價應有多寡之分俾示區別以昭公允酌
擬每下等實荒一晌仍照前奏核收庫平銀壹兩四錢中等每
晌加收銀四錢上等每晌加收銀八錢其外户已墾熟地除准
各該户扣去從前交過押租銀二十兩外餘照現章計晌補繳
荒價一律發給執照以作永業免被驅逐使之各得其所又查
得沙磧茅土地居適中因就該處先行勘定城基一處所留街
基條按每丈見方核收價銀三分三厘並倣照大淩河東流圍
荒章程於各項地價之外均加收庫平一五經費以作辦公之

需以上各節或就前奏章程量予變通或爲前章所未議及疊由該行局總辦等體察情形禀經　隨時批令試辦迄今數月以來蒙民尚稱安静所收價銀已逾三十餘萬兩而報領者仍屬踴躍現飭各員赶緊丈放以速蕆厥事至此項所放荒地原議統照札賚特王旗成案每晌收價銀一兩四錢以一半歸

國家作爲報効以一半歸該王及台吉壯丁喇嘛等匀分第該王旗疊經訟累生計維艱兹擬將中等上等加收之四錢八錢地價全行撥給該王旗公共項下其城基價銀一款即歸該郡王辦公之用以仰副

朝廷軫念蒙艱之至意再該旗荒段距新設之遼源州六百餘里其

中蔓草荒煙夙鮮人跡數百人所需食用一切不得不於沿途設站轉運兼令遞送往來公文雖為各處荒務章程所無其費則斷難節省亦其勢然也至各員弁書役應支薪水車價均照大淩河東流圍荒章程辦理其始終勤奮之員俟丈放完竣再

行援案請

旨從優給奬以示鼓勵謹將更定章程十條繕單恭呈

御覽懇請

飭部立案並將各員弁書役應支薪水車價局費等項數目一併開

單咨部查照外理合恭摺具　奏伏乞

皇太后

皇上聖鑒訓示謹　奏

謹將辦理札薩克圖蒙荒章程繕具清單恭呈

御覽

計開

一查札薩克圖郡王旂之全境南北長一千餘里東西寬一百二三十里不等此次勘得該旂北段山岡平原河泡俱備水草極為豐茂原無墾户雜居盡行畫留該旂台吉壯丁牧畜嚴立界址不許民墾亦不准該旂貪利私佃以重本業其南面原野平曠河泡夾雜南自巴彦昭北行東西盡該旂之所有南北約長四五百里東西廣自七八十里至百里不等凡舊有佃户處所全數勘作應放荒界其間土脈肥磽不一劃為上中下三等下

等荒地援照札賚特成案每實荒一晌收庫平價銀一兩四錢中等每晌加收銀四錢上等每晌加收銀八錢以示區別而杜爭兢正價外均收庫平一五經費以資辦公

一應放荒界之內仍遵原奏予限先儘該旗台吉壯丁等自備荒價投局報領照章發票挨號撥地屆限納租如有該旗公共垣寢禁地佛寺鄂博廬墓以及驛站並該旗台壯現在居住自種房地亦准報明即撥地之大小隨繩量為留出作為該旂已產不准私典盜賣撥處丈清各造毘連詳註繩弓四至圖式繪入開方總圖清冊分給該旂一分以憑查驗

一荒界寬濶將來一律開墾均當先後安官設署自應預踹街基

撥留城鎮以爲治所而立市㕓茲於該荒界適中之沙磧茅土地方先定城基一處更名雙流鎮縱橫五里其間除劃留垣壕官道衙署廟宇學校一切公所並城外附近寬留義地設立馬廠外所餘街基按照各處成案酌中參定縱橫每丈見方征收價銀三分三厘此項擬全行撥給該郡王辦公之用其常年征收基租擬每一丈見方作京錢三十文以一半歸將來添設地方衙門辦公之需續酾基址照此一律辦理至升科年限亦須仿照生荒例六年起算以示體恤

一查該郡王纏訟多年益形匱乏茲擬將此次加收中地之四錢上地之八錢價銀全數撥歸該王旂公共項下藉以工副

朝廷體恤蒙藩之恩下紓該王艱窶之患

一此段應放荒地凡有領户到局報明願領某等荒地晌數先將荒價交清由局掣發三連信票將票根存局其中段與票梢領户執赴委員處驗明挨號撥予荒地復將信票中段截留委員繳局考查領户即執票梢以憑换領蒙古大照

一該旂原有墾户以前報領荒地不以地計祗以户計每户納銀二十兩即准將地段盡力開墾甚至有將原領之地轉賣他人而復行私墾者幾至無從稽考此次嚴定章程先令舊户墾户將執契投局報名按照蒙王移送户册查對相符核明曾在蒙旂交過押租銀若干即列入該户現在已交荒價項下一併分

提款項之時再於該旂應得款内如數扣除該户所種之地如係某等即按此次所定上中下荒價按晌補繳承領准其永爲已業如敢藉端狡賴及有抗延阻擾情事即將該户所種地畝撤回另放一面分别究治

一此項荒地係仿照札賚特舊案以二百八十八弓爲一畝十畝爲一晌每毛荒一晌扣作七畝收取荒價但須先將荒價交清不得有架空拖欠影射諸弊凡遇河泡水窪城塘石田實係不堪耕種者准由清丈委員照章量予折扣圖册滿入繩弓報明行局考查如係沃土領户有意狡展希圖扣數及委員受囑受賄代爲朦報者查出一併懲治其已墾成熟者

應遵原奏仍照定章當年升科至挨地之荒認領若干亦照
定章先收荒價俟五年後第六年起科至租賦如何徵收俟
荒地放竣再行酌議奏明辦理

一開繩之初尚未設有地方官而荒事辦竣約須二三年之久
所有荒段一切詞訟必須由行局秉公訊辦至民間遇事亦
不可略無管束即由行局先驗放鄉約甲長數人將地方鄉
社牌甲均編列整齊驗放鄉甲後由行局發給執照歸鄉充
當有事則報經鄉甲轉稟行局庶有線索俟設有衙署即飭
歸地方官另換執照

一查原領蒙佃近有無力全種情甘退佃者應由局另行招戶

承領設原户自有妥實買户願將此地充賣者姑念原户開墾有年且蓋有房間准令就其所有熟地房間稍收牛具花費以示體恤至應征地價責令買户承繳惟熟地之外不准分毫私賣官荒違者治罪

一該旗界内舊户有曾經為匪棄業潛逃者或係因亂他往逃避多年現聞開荒來歸認業者此項逃户本屬良莠不齊年久似難分辦且其多年未交粮租若照現有舊户一律准其認業勢恐遠年逃户紛紛假託前來辦理即無限制凡遇此等逃户即照新佃准其備價挨號認領俾有生業不得任聽假託侵賴以免架名巧佔漁利之弊

札為續奏丈放蒙荒一摺奉到　硃批恭錄飭知由

軍督部堂　為札飭事照得本軍督部堂於光緒二十九年十一月初六日具

奏為丈放札薩克圖蒙荒地畝隨時更定章程繕單恭呈

御覽懇請

飭部立案等因一摺當經抄奏並單飭知在案茲於十一月二十六日

奉到

硃批户部知道單併發欽此除欽遵並分行外合行恭錄札仰該局

即便欽遵特札

右札札薩克圖蒙荒行局准此

光緒二十九年十二月初五　日

為錫委員壽補捐經歷呈請備案由

總辦張　全銜為呈請事竊據卑局解運委員錫壽稟稱竊職前於光緒二十三年由附生遵新海防例報捐雙月選用府經歷十二月二十八日奉部發給執照二十四年投効來奉二十八年三月間蒙派斗秤捐局委員差使於二十八年四月間因託候選同知閻臣赴京之便代捐分省花樣中途更換大車竟將執照丟失當經稟由斗秤捐局轉稟

軍督憲存查在案是年八月間復蒙

軍督憲札委蒙荒行局解運委員惟失照迄未尋獲由部補請執照諸多碍難不得已祗有補捐遂於是年十一月間遵山東

捐案由附生報捐貢生並遵新海防例由附貢生報捐府經歷
准以雙月選用均於十一月十九日二十日先後領到部照除
由斗秤捐局轉呈外理合聲明伏乞憲鑒查照轉呈
軍督憲備案施行實爲德便等情據此卑府覆查屬實理合造
具履歷清册隨文呈請伏乞
憲台鑒察俯賜備案施行須至呈者
右　　呈
軍督部堂增
光緒二十九年正月初三日呈二月初十日奉
批如呈備案繳册存

局銜　為札飭事照得本行局觧運委員錫壽稟請補捐府
經歷等情據此當經轉呈
督憲備案於二月初十日奉到
憲批如呈備案繳冊存等因奉此合亟札飭札到該員即便遵
照切切特札

右札觧運錫委員壽准此

為候選巡檢蕭策瑶稟控候補都司劉東武拖欠集股買
荒銀兩當經批飭呈請督憲鑒核移行總局由

全銜　為呈報移行事竊卑案照澈局於本年正月二十三日據前交涉局
委員候選巡檢蕭策瑶稟稱竊職於二十八年八月初旬有素

識之候補都司劉東武面稱札薩克圖王旂出荒伊承辦黎生公司地局比將所印放地執照様紙及鈔錄蒙王文約給閱且云八月十四日須交駐省荒務總局壓價銀四萬兩只欠三千兩未齊墾職代集股份並云八月節後開辦公司領地十方祇照七方繳價蒙王文約每畝壹錢四分公司放出多收四分計公司領地十方祇須市平銀肆百陸拾叁兩上下所收股銀先照原領章程按方劈利開局收價先還股銀不得出九月等語職因該員家道殷實不至有指荒騙股情事即商同戚友共集銀叁千壹百餘兩於八月初十日交齊九月中旬職進省探聽始知　督憲尚未准行查問股銀該員一味支吾屢約屢展各股友聞此信向職索銀來往川資墊付貳百餘元催取數

月本利未付分文並不發給股照直至去臘中旬幸蒙
督憲批准該公司承辦幸該員之弟劉昶武具有天良知職受
累太重陸續籌付街帖洋元約計壹千四百餘兩其餘利並未
付給所餘之銀經劉昶武出爲調停立具入股銀收註明照章
劈利而獵月内所支之數自八月初十日起四月有餘既不照
股給照又無月息各股友向職索利職均出據承認殊該員劉
東武昧絶天良云股銀既經支出即不能劈利又經伊弟昶武
立入股銀收劉東武並不許支給查該公司係劉昶武劉萬賓
二人主持一切劉東武並未在公司辦事劉昶武等所收股銀
均已本利退還各股因職銀係伊兄東武經手故不允支付查

該公司承辦墾務去年臘月始奉　憲札照准該員劉東武於八月初旬遠行招集其為借荒騙股不問可知況集股三千壹百餘兩至臘月下旬始行零星支出千四百金未得照股分劈現存股銀壹千柒百五拾兩註明照章分劈按銀數應照該公司領地章程每十方繳價只四百六十餘兩合計壹千柒百五十兩應得三十九方地價其去臘零星支過之錢當時該員口稱作為股利將來仍照原股銀數支領日昨向該員核算堅不承認只算壹千柒百五十兩本銀尚不允即速清還只允以車馬服物抵償職向戚友集股銀叁千餘兩拖延半載本利尚無著落受戚友追迫已無生路不得已稟墾憲台俯准作主飭傳

該公司董事職商查明收条圖書筆跡此銀應否清償股利應否分劈均候憲台察奪施行除分稟省局憲外恭開具各股友銀數暨蒙王文約並該公司銀收及執照樣紙粘呈伏候飭追實為德便等情據此當經批示該職與劉昶武兄弟集股買荒各情頗有轇轕既經分呈省局自應聽候訊辦現查黎生公司已在省局繳價壹萬五千兩俟省局訊明如果該職之壹千柒百五十金即在此款數内再自呈請省局移知本行局照數撥歸該職名下聲明願領某等遵章報號領地可也所呈公司執照樣紙及抄蒙王文約均存銀收隨批擲還在案理合備文呈報伏乞

憲台鑒察施行須至呈者

右　　　　　　　　呈

軍督部堂增

光緒二十九年正月二十三日呈二月二十九日奉

批呈悉候飭省核辦繳文約執照抄發

候選巡檢蕭策瑤謹

稟

總辦大人閣下竊職前因補用都司劉東武欠股不還具控乞追在

案旋蒙

批示候訊明准歸職名下報號領地等因奉此仰見

憲台洞察下情逾格恩施之至意感激莫名隨即面告各股友均

稱所入股份銀兩半係借貸不願領地仍向職追索現銀不能

遲緩適劉東武之弟劉昶武邀人出為調處自願自行了結代

伊兄償還欠款惟當時立有合成堂股銀收條計股銀壹千柒

百五十兩壬寅八月初十日黎生公司具交職手收存職前因

求

憲台照數在該公司壓價內將銀扣出是以將銀收粘呈

稟尾今劉昶武自知伊兄理曲已如數籌出議定見條還銀如
不見該公司銀收不能發給職以各股友追索現銀甚急又乘
劉昶武深畏憲台究辦甘願見條付銀且職已定於三月初
旬回南省親所有經手事件自應早為料捨為此續稟
憲台大人台前賞准將前稟粘呈銀收撤還以便即速憑條取銀以
清經手而息訟端實為恩便除另稟懇務省局查奪外俯候
憲台批示遵行恭請
鈞安伏維
垂鑒職員萊播謹稟
附呈押領壹紙

本局批據呈劉東武原欠該職員入股銀壹千柒百五十兩既係該職員不願領荒劉東武兄弟等倩人調處自願見條償銀兩甘和息所有前經粘存該公司銀收壹紙既經該職員具領前來應即照准撤發收領可也抄發押領存

具押領甘結候選巡檢蕭策番今於

與押領事前因職員劉東武欠股不還具控在案已將黎生公司所立銀收粘呈稟尾今伊弟代兄還銀見條照數即付央請息訟前來理合出具押領甘結領到

局憲大人將職前稟粘呈壬寅八月初十日黎生公司收到合成堂

入股份銀壹千柒百五十兩整撤還須至押領者

為蕭策璠具領請撤還前呈入股收條録批請核移行由

局全銜　為呈報移行事竊案查卑敝局前據蕭策璠稟控劉東武拖欠集股買荒銀兩一案當經批飭並呈報移行憲台鑒核貴局在案茲於二月二十日據蕭策璠稟稱竊職前因補用都司劉東武欠股不還云云至批示遵行等情據此查劉東武原欠該職員入股銀壹千柒百五十兩既係該職員不願領荒劉東武凡弟等倩人調處自願見條償銀兩甘和息所有前經粘呈該公司銀收一紙既經該職員具領前來應即照准撤發收領除批發並呈報移行外理合相應備文具呈移行為此呈請合移

憲台鑒核伏乞照呈
貴總請煩　查照　備案施行須至移呈者

右　移呈

軍督部堂增

蒙荒省局

欽命鎮守盛京軍督部堂增　為　札飭事案據辦理札薩克圖蒙荒駐省總局呈稱案奉憲台札開據辦理札薩克圖蒙荒行局總辦張守心田呈據候選巡檢蕭策璠稟控劉東武指荒騙財一案飭令職局核辦等因奉此遵查此案職局前已准該行局移並據蕭策璠稟同前情當以控闗指荒騙財虛實均應澈究隨即差傳劉昶武至局訊據聲稱此係伊兄經手之事懇請稍緩情

願自相完結嗣據蕭策璠稟稱已經劉昶武將款償清出結懇
請銷案並據劉昶武亦出具完案押結乞准和息前來職等查
原被控因錢債葛藤既經兩造將款清還和息自應准其銷案
當經據情呈蒙憲台批准在案茲奉前因理合將原案業已完
結緣由呈報查核飭知等情據此除批示外合行札仰該局即
便知照特札

右札辦理札薩克圖蒙荒行局准此

為省局收價祇發印條領户仍由行局掣票並乞將省留
各票全行頒發伏候鑒核飭遵由

總辦張　全銜為呈請事竊卑局於光緒二十八年十二月十
七日奉到
憲台札發頭二三等生熟各荒及街基信票除存留省局生荒信票壹百二十張外共計領到卑局八百八十張均已如數祇領備用在案伏查省行兩局一併收價俾期迅速蕆事誠為甚善惟由省局發票一節既興卑局號頭間隔即於挨號章程相紊且所留之票究能報領若干地數已難憑空懸揣而於卑局隨時約計荒數收價發票有此隔閡尤屬無憑考核至省票到段起員更係無法放撥縱然另由他處丈放及至繪報圖冊繳呈中段信票卑局並無存根又將從何查覈反覆籌維殊多窒

碍卑府現思一直捷簡便兩不相妨之法此後如有由省繳價者擬請　飭令省局祇發給領户關防收條一紙卑局即據條填製信票照章挨號赴段撥地如此辦理兩局均可收款而章法仍歸一律如蒙　核准即請將省局存留之票仍行全發卑局以昭畫一是否有當理合備文呈請伏乞

憲台鑒核批示遵行須至呈者

右　　呈

軍督部堂增

光緒二十九年正月二十日呈　二月十九日奉

批　呈悉候飭札薩克圖蒙荒總局核議覆奪再行飭遵繳

局銜　爲移行事案照敝局於光緒二十八年十二月十七日
奉到　督憲札發頭二三等生熟各荒及街基信票除存留
貴局生荒信票一百二十張外共計領到敝局八百八十張均
已如數祇領備用並准
貴局移開凡由
貴局發出之票於第三聯眉端列省字號由敝局發出者列一
行字號各蓋各局關防等因在案查省行兩局一同收價俾期
迅速蕆事誠爲甚善惟由省發票一節既與敝局號頭間隔即
於挨號章程相紊且所留之票究能報領若干地數已難憑空
懸揣而於敝局隨時約計荒數收價發票有此隔閡尤屬無憑

考核至省票到段起員更係無法放撥縱然另由他處丈放及

至繪報圖冊呈繳中段信票敝局並無存根又將從何查覈反

覆籌維殊多不便現思一變通辦理收價發票兩不相妨之法

擬請　督憲飭知

貴局此後有由省交價者

貴局關防收條一紙領户持赴敝局敝局即據條填掣信票照章

挨號撥地如此辦理兩局均可收款而章法仍歸一律並請將

貴局存留之票仍行全發敝局以昭畫一除呈請

督憲核示外相應備文移行為此合移

貴總局請煩查照施行須至移者

右　　移

奏派辦理札薩克圖蒙荒事務總局

軍督部堂增為　札飭事案據辦理札薩克圖蒙荒駐省總局
呈稱竊奉憲台札據札薩克圖蒙荒行局呈稱竊奉札發頭二
三等生熟各荒及街基信票云云至是否有當理合呈請鑒核
示遵等情據此除批示外合行札仰該局遵即核議覆奪等因
奉此遵查職處前奉憲諭在省設立收支處就近收價發票原
為道途遼遠運解銀款往來非易故在省設局出示以廣招徠
兼以省城需款孔急藉便指撥是於官民兩有裨益今該行局
既稱由省發票諸多窒碍請飭給發領戶關防收條等情伏思

省行兩局雖係分設而經理則實係一事但求於事有濟何庸畛域自分自當按照所請酌議准行無如職局自開辦後屢有領户到局詢問皆以爲先給收條再赴行局换票徒多周折不願承領再四開導執不允從若不設法變通恐既厭領户爭領之心亦自背開局曉諭之示且細按該行局呈稱各節寔亦未盡足慮即如該局所稱由省發票與該局號頭間隔即於挨號章程相紊所留之票究能報領若干地數已難懸揣一節查行局前領信票由一號起至八十號止職局所留之票即由八十一號起至一百號止此就上等地言之他等倣此截然分明毫無紊亂將來行局放地俟八十號之票放完即可按省局所發

八十一號之票接放以後再領信票兩局仍照此分清發放是號數無處相紊也至若干地數懸揣誠難近查職局領户富庶居多非北邊就墾流氓可比職局現定不論工中下地均須足一百晌始給填票一張其零星者概飭赴行局報領則職局共留票二十張即為留地二千晌頭等如此其二三等以此類推照數留地挨號丈放是地數亦無庸懸揣矣又稱省票到段起員無法撥放縱然另由他處丈放及至繪報圖册繳呈中段信票該局並無存根又將從何查覈一節查省發信票存根自在職局領户遽持中尾兩聯到段委員固屬茫無頭緒即領户亦無從尋覓職局已慮及此現擬凡在省領户均飭令持中尾兩

聯信票先赴行局查驗註簿後即由行局指令赴某段委員按
號聽候撥地一面由職局將領户花名年址銀數號數等次開
明備具移文飛知該局存案以憑核對則委員領户俱不至無
所措手與行局存根無異亦無慮難於查核也惟領户遠道領
地該局必須依等挨號撥給地段方符原議若如所呈另由他
處丈放轉於原定挨號章程不合碍難准行再行局須預計何
等地約共若干晌其留省之票若干張計合何等地若干晌必
足敷其數不然職局如放上等地二千晌至行局上等地已無
此數則無以取信於領户矣并請憲台飭令該局應將自開辦
起共放何等地若干實收價銀若干其未放者何等地約計各

有若干詳細移行職局存案以為職局酌留地照並酌量發給該行局地照地步嗣後或按旬或按月收發之數均須照此移知職局既資查核又免溢放此皆宜預為之計者也總之兩局收價皆為公家籌款起見務宜和衷共濟聲息相通得以速集成數如此變通辦理庶於向章既無所紊而於大局亦不無裨益如蒙允准即請迅飭行局遵照實為公便所有遵議緣由是否有當理合備文呈覆鑒核示遵等情據此除批示如議辦理外合行札仰該局即便遵照特札

右札辦理札薩克圖蒙荒行局准此

光緒二十九年二月十三日

呈為前因辦荒省局發條行局掣票蒙　飭省局核議省局

仍擬發票等因據覆札飭到局再呈不便情形請　示由

全銜　為呈覆事竊　卑局　接奉

憲札除原文有案邀免全錄外所有　卑局　前因省局發票多有不便仍請祇發印條其信票專責卑局填發一呈蒙　飭總局核議據覆省局仍擬發票等情札飭卑局遵照等因奉此卑局竊思兩局同辦一事理宜和衷商酌不可畛域自分然於大局攸關之處商酌稍有未安則應不厭繁難期於斟酌盡善而後已查總局所議各節極為周詳實多卑局初擬不及之處自當遵照辦理惟其中尚有數端卑局不無過慮應即覆陳查總局覆議

行局前領頭等信票由一號起至八十號止總局所留自八十一號至一百號止將來行局放地俟八十號放完即可按省局八十一號接放號數無慮相紊又稱總局現定地足百晌始給寫票一張則留票二十張即為留地二千晌照數留地挨號丈撥地數無庸懸揣一節所議誠屬周妥但思兩局發票斷難兩平向使行局之八十張早經填盡而省留者尚多未填行局不待彙齊即接續填發一百零一以下之號撥放一百零一以下之荒是在行局報領者先省票以交銀後省票而挨號名為挨領買則顛倒後先誠恐領户澹先得之心荒務失招徠之具且即如按票留荒一節此項地段究係如何留法謂丈到時即先

文出則領户來時斷難一指即領必須重丈是多一丈也若不丈而約估豈能即恰合二千之數倘不足若干晌將以何地補給或多出若干晌又以何户領之此卑局不能不過慮者一也查此荒分為三等原就大致而言即如頭等之中亦間有中地中下亦然放撥時即按着票以留荒先撥後領倘所留者土色不齊一經見聞勢必無人承領則一號不墳下此皆為所阻荒票兩鬧終將誰屬若照所議辦理地數固無懸揣之虞而剷空實荒務之大忌此卑局不能不過慮者二也若待兩局填畢始准卑局填發已下之票則必不時停收或改給收條甚或停繩候票則繩起糜款以待領户久候荒場實屬不便且時停時發忽票忽

條外來愚民未免疑阻蓋卑局報領之戶大抵就墾流民零整不齊誠如總局所議然遠來大戶亦頗有之有填票數張而不滿百晌者有領荒萬晌而止填票一二張者是總局可按票以知荒卑局則不能計荒以領票卑局領票若多則總局所留者號次落後太遠濫放或難預防領票若少則票盡停收續領動須半月即如卑局此時已多碍難之處上等信票告盡已逾十日挂號待領者已二十餘戶更有見不發票遂謂卑局無發票之責竟以前此謠言信為真事觀望而去者頗不乏人稽留領戶暗損招徠此其明驗若照所議辦理雖地數無懸揣之慮而總局濫放卑局停收二者之弊難辭其一此卑局不能不過慮者三也又稱行局

須預計何等地約共若干晌共放何等地若干晌實收銀若干其未放者何等地約計各有若干按月按旬移行總局以資查考而免溢放一節查卑局已放若干收銀若干按月報省自應遵辦惟此荒係丈放並行與他處先丈後放原有成數可稽者不同加以各等荒中皆有熟地夾雜熟戶雖有冊籍而私墾逾墾不一而足其數無從考查熟地無定則生荒難知須俟熟地丈完生荒始有梗概所稱何等荒共約若干未放者若干卑局實不敢憑空妄報況卑局距省遠窵驛遞不通荒數既難確指總局溢放難知此卑局不能不過慮者四也再四思維不如仍由總局發給收條抑或遝用印文縱使溢放可以退款注銷無碍于號次

抑或改領別等皆可以通融然總局必議發票者以領戶不願領條之故而領戶不願領條者以赴行局換票徒多周折之故不知領條固須赴行局換票而領票亦須赴行局註簿此事總局早經慮及則既在總局報領無論是條是票此等周折皆所難免此係該領戶等不諳局章固執之見嗣後總局如仍發條填給時請將此理詳爲開導自當照領待有一二戶換票無訛俾知條票原無二致則報領自然無滯夫總局發票則可慮既多改而發條則填票無倒號之虞撥地免劃空之事總局不虞溢放行局不至停收在總局不過多費開導之功在荒務遂獲無窮之益應請

憲台飭令總局將現在已填之票連票根發交卑局所有卑局現經掛號之户即挨省局已發票號之後填發嗣後總局收價止發收條其信票仍責成卑局一處掣發庶免滯礙總之總局所議大抵為辦理爽速于公家領户兩有裨益起見卑局所陳亦係實在情形期于通行無碍斷不至各執成見自滋紛擾諒均在

憲鑒之中是否之處除移知總局外理合備文具呈為此呈請

憲台鑒核伏乞

批飭遵行須至呈者

右　呈

軍督部堂　增

批　呈悉已於另札飭遵在案矣仰即知照繳

局銜　為移行事案照敝局前因兩局發票多有不便業請

督憲飭將

貴局所留信票發交敝局呈請在案茲於二月二十二日奉

督憲札開除原文不及詳錄外所有敝局前因省局發票多有不便仍請祇發印條其信票專責敝局填發蒙飭

貴局核議據覆省局仍擬發票等情札飭敝局遵照等因奉此敝局覆查

貴局前議極為周詳惟其中尚有數端敝局不無過慮當經呈覆

督憲核奪請示去訖相應抄稿備文移行為此合移

貴總局請煩查照施行須至移者

右　　移

奏派辦理札薩克圖蒙荒事務總局

軍督部堂增為　出示曉諭事照得札薩克圖蒙旗荒地前經

奏准丈放當經飭由總行各局填給信票交領戶收執以憑撥地

換照並出示曉諭在案唯查信票一節若由總行兩局填發諸

多窒碍現已議定所有信票統由行局填發其有在省交價報

領荒地者由總局按照所報荒地等次晌數呈請填給本軍督

部堂印文發交該領戶持赴行局換領信票聽候照章挨號撥

地除分札飭遵外合行出示曉諭為此示仰諸色人等知悉爾

等須知印文本與信票無異如有願在省城交價報領荒地者

即可到駐省總局收支處兌交銀兩以便該局呈請填給印文

交該領戶親賫馳赴行局換領信票聽候撥地勿稍觀望以免

自悞其各懍遵勿違特示

右諭通知

軍督部堂增為札飭事現據領戶　　係　　報領

等荒　　晌繳到正價庫平銀　　兩隨交一

五經費庫平銀　　兩所有銀兩業已由辦理札薩克圖

蒙荒駐省總局如數兌收訖合行札飭為此札仰該行局查照

札內所開領戶姓名籍貫荒地等次晌數暨正價經費庫平銀

兩數目填給信票發交該領戶收執一面轉飭清丈地段委員

照章挨號撥給地畝毋得留難阻滯此札即交該領户親賫前往限二十日赴行局投到聽候填發信票撥給地畝可也特札

右札仰辦理札薩克圖蒙荒行局准此

光緒二十九年　月　日

札爲據省局擬請領户在省交價發給印文予限二十日執赴行局驗收换票由

軍督部堂爲　札飭事案據辦理札薩克圖蒙荒駐省總局稟稱竊查行局呈文封面奉憲台手諭嗣後省局收款但發印收信票仍由行局發給等諭遵此查在省收款發票一節曾經憲台出示曉諭在案嗣據行局呈報總局發放信票諸多窒碍等

因蒙飭核議稟奪卑局彼時因發給印收詢問領戶恐多周折不願承領是以仍請發給信票原以為從民便也茲據行局覆呈仍有不便之處卑局亦不敢固執前見自應變通辦理然經徵款項忽而發給憲台信票忽而發給卑局印收前後不符領戶必多疑慮擬請嗣後凡在省局交價者隨時由卑局請發憲台印文予限二十日執赴行局驗收刻即換給信票以便挨號撥地庶免隅閡紊亂之虞如蒙允准仍請出示曉諭並請札飭行局遵照辦理再行局謂省局收價縱有溢放可以退款註銷抑或改領別等一節查省行兩局現在收價無多尚不至於溢放擬俟行局福署總辦齡到段隨時體察如果某等報領將盡

赶即呈報卑局先行停放自無溢放之虞矣是否有當統候示
遵等情據此除飭覆並出示曉諭外合行抄粘示稿暨發給領
戶印文式樣札仰該局遵照辦理勿違特札

右札辦理札薩克圖蒙荒行局　准此

光緒二十九年四月初六日到

示稿暨印文式樣已抄上二頁

為前議省局收款發條由行局掣票請將省留信票仍交

行局各情再呈乞　准並飭速交由

全局

銜為呈報移行事竊卑案照敝局前奉

憲台督憲飭發各等信票經總局貴局截留若干張以備在省收價繼經

卑敝局擬議恐兩處填發間隔號頭於挨號章程有紊擬請以後

總貴局收款祇發印條仍由卑敝局掣票並請將省留之票仍交卑敝局

順次填發各情業經呈請

憲台督憲核奪各在案現值開繩之際領戶甚為踴躍其業經領過

局票之戶來局更換新票者亦紛至沓來自應立與更換不令

以稽並應照原領號頭填發以免領戶異議致阻招徠惟因前

情未奉

憲示督憲批示暨總局○貴局所留各票尚未發還未敢擅行塡發新舊領戶守

候多人應懇已經

憲台督憲早飭示遵并飭從速將省留各票發交卑敝局之處去訖除移行呈請

總局查照督憲批飭外理合相應再行備文具呈移行為此呈請合移

憲台核奪批飭望切貴總局查照施行須至呈移者

右呈移

軍督部堂增

蒙荒省局

光緒二十九年二月初六日呈二月二十二日奉

批

呈悉查前據總局詳擬章程議覆當經札飭遵照在案據呈請將留省之票發交等情查此項信票現據在省領戶來局報領業由總局照前擬每百晌給信票一張章程挨次填發所請應毋庸議茲據另呈請發頭等生荒信票三百張貳等二百張街基一百張除隨批發給總局頭等生荒信票五十張自一百一號起至一百五十號止二等一百張自二百一號起至三百號止其餘頭等生荒信票二百五十張由一百五十一號起至四百號止二等生荒一百張由三百一號起至四百號止街基一百張由二百一號起至三百號止仰即於奉到後挨次填給庶總行兩局彼此均無紊亂之虞候飭札薩克圖蒙荒總局知照繳

為前請補發信票再呈懇飭速發由

全局銜為呈請移行事竊卑案照敝局前奉

憲台督憲發給生熟各荒暨城基信票因不敷填用擬請補發業經開單呈請

憲台督憲核奪並移行總貴局查照各在案查現在卑敝局正值開繩領户踵至核計原領各票已覺不敷填用加以前經報領由局發過局銜信票之户刻亦遵示前來更換未便久令稽留應請

憲台督憲飭將前請補發各信票如數刷印從速發交卑敝局以敷應用而免稽留新舊各領户之處去訖除移行總局查照呈請督憲飭遵外理合相應備文具呈移行

為此呈請合移

憲台核奪飭遵
貴總局請煩查照施行須至移呈者
右　移呈
軍督部堂增
蒙荒總局
光緒二十九年二月初六日呈二月廿三日奉
批呈悉已於前呈批示矣仰即知照繳
為請補發信票粘單移行總局由
局銜為移行事案查前奉
督憲傾發信票由
貴局各留若干張經敝局議請仍交敝局製發並請
督憲各飭補發若干張前後移行各在案現在敝局報領踴躍

所有上等生荒信票八十張業經填盡並有多户因無信票在
局守候應請
貴局准照前因速將應行補發各信票如數發給並將前留各
票一併發交敝局專差飛速送局以免有紊號次而敷掣發相
應粘單備文移請爲此合移
貴總局請煩查照望切施行須至移者
右　　　　移
蒙荒省局
光緒二十九年二月十一日

稟為出放蒙荒佃户已衆擬請雙流鎮早設地方官以資

治理伏乞　憲鑒採擇辦理由

全銜謹

稟

督憲將軍麾下敬稟者竊卑局所放札薩克圖王旗荒段橫寬雖百里

内外不等縱長總近四百里從前私招外旗蒙佃及鎊青各户

見於原奏者已近三千户卑局現在賣出已墢未墢上中下各等

毛荒合計已有二十餘萬晌以百晌一户核算又有二千户縱

未能一時墾齊然亦可折半估計是前後總不下四千餘户而

城基之商鋪與未賣出各荒之户尚不在此數查該旗遠處北

邊形同甌脫素鮮教化放縱自如本旗仇視蒙佃蒙佃近又嫉視漢民有謂各佃應歸該旗管轄者有謂荒務局去後仍將漢民驅逐者謠言疊興若與荒務相終始雖無關於正事然該旗之蠢愚外佃之浮動已可概見自非及早設官治理不足化妬嫉而銷桀驁使土客漸致相安 惟設官一事貴先立基址不貴鋪張就地方形勢而論河北之白城子河南之巴彥柗均須續晒街基為添設分防擴充縣治之地其事尚待後來而雙流鎮一經設官則官至民歸不獨商賈雲集即四境亦必及早開墾裨益地方良非淺鮮應請

憲台迅賜擘畫及時出奏或先設蒙化廳而領以理事同知或即

設蒙靖府而令其自理地面如經
奏准請即揀派委員於今歲冬令或來年春間飭赴雙流鎮先行
試辦設治事宜卑局所禀創辦木植如蒙照准則今冬各項材木
可大集鎮所磚木皆備以之修署尚為易事如此則人心鎮定
曉然於後來之無復更易庶可徐徐就我範圍此關係大局之
事職等受
恩深重管見所及理合恭禀具陳伏乞
憲台鑒核採擇施行職○○等謹禀
光緒二十九年五月二十九日

全銜謹

稟

督憲將軍鈞座敬稟者竊卑府等前蒙

札派勘辦札薩克圖蒙旗荒段曾將歷次撥丈情形隨時稟報在案茲查該旂熟地生荒已逐漸丈放約明年春夏之間可以一律安揷完竣惟該處地方遼濶民蒙雜處舊有墾戶均係喀喇沁旂蒙民新招之戶滿漢兼有復加本旂台壯風俗不一良莠不齊若不及早設官分治則荒務告竣職局即應裁撤而此地並無官員鎮懾將見爭奪頻仍盜賊即因之而起倘再勾結外人强事干預不特萬餘戶生靈塗炭即該蒙旂亦從此不能安枕卑府等周歷荒所聞見較

確惟有仰懇

憲台俯念民蒙等身命之重暨外藩待治之殷迅　賜奏明將該旂招墾之地先設一府一縣一分防劃疆分治庶遇事可以樹循彈壓以該處形勢而論南北約長四五百里東西寬或二三十里或百五六十里不等西與南兩面土性磽薄户口尚少東北則地本膏腴烟户輻輳茲擬就雙流鎮地方建設府治距府治百餘里之白城子地方設一縣治其疆如何劃分衙署監獄如何修建統請俟委員試辦時再行勘定稟奪至分防府照磨所管地面俟人烟聚集再行改設一縣並懇揀派熟悉該處情形之員分投前往試辦如是則　職局裁撤時該府縣已早蒞任

所一切應辦事宜不致稍有隅閡古語云莫爲之前雖美弗彰莫爲之後雖盛弗傳者職是之故是否有當謹繪圖貼説恭呈

憲覽敬候批示祇遵肅稟虔叩崇安伏乞

鈞鑒職〇〇〇〇〇等謹稟

再附稟者札薩克圖王旂荒地原奏係照札賚特成案辦理竊查札賚特征租之法每實地一晌征收京錢六百六十文以

二百四十文歸之

國家爲籌餉安官各項經費以四百二十文歸作蒙古生計此次安官設治以暨征收自應悉照成案辦理除蒙古仍照應得之數

劃撥生計外其歸

國家之二百四十文即作安官各項經費之用所有經徵人員於未設治之先暫行由行局擇派妥員會同蒙局征收一俟安官之後另設局所會派員司經徵以專責成之處是否可行理合附稟具陳伏乞

憲台批示祇遵卑府心○等再稟

光緒二十九年十二月初六日

爲差遣張勵學丁艱回籍以黄焯委補并派令駐省辦事

呈請　批示由

全銜　爲呈請事竊卑局辦理荒務所有承遞文件領繳票張撥兑款項事務甚繁在在興省中相關而行局距省遠寫非有專員經理難免遲誤之虞卑局差遣委員張勵學現丁外艱回籍所遺一差查有五品頂戴儘先補用營千總黄焯公事熟習堪以委補即令駐省經理往來文件領繳票張兑撥款項等事可否之處應請

憲台核奪如蒙

照准即懇

札委遵照以資經理而節經費除移行總局查照外理合備文
具呈爲此呈請
憲台鑒核伏乞
批飭遵行須至呈者
右　　　　　　　　　　　呈
軍督部堂增
光緒二十九年二月初七日

為開局經費銀兩數目呈報督憲備案移行總局由

局全銜為呈報移行事竊卑案照敝局於光緒二十八年七月奉憲台督憲札飭開辦荒務在鄭家屯賃房設局因鄭街僻狹迄無合宜房屋不得已租賃舊房修葺敝漏添補門窗所有修費並開局置備鋪墊以及各起置買丈地器具一切支用過銀兩實在數目除移行總局查照呈報督憲鑒核備案外理合相應備文繕摺呈單移請鑒核備案貴總局查照查此項開局經費只准開局一次開銷惟今年卑敝局擬請添派繩弓兩起亦當照各起置備一切器具且各起今年進荒多係無人之境仍應置買帳棚鍋具等項此兩項銀兩擬俟臨時置買已訖再行實用實銷合併聲明為此具呈伏乞移請

照呈施行
貴總局查照施行　須至移呈者

計呈粘清摺單一扣分

右　呈移

督部堂　增

蒙荒省局

局衙謹今將卑局開局各項經費支用過銀兩實在數目繕摺單恭呈請煩

憲鑒備案查照施行須至清摺者

計開

一修補局房共支用過鄭平銀伍百叁拾柒兩

一行局置買鋪墊支用過鄭平銀柒百陸拾肆兩

一八起置買文地器具支用過鄭平銀肆百伍拾貳兩

以上共支用過鄭平銀壹仟柒百伍拾叁兩

光緒二十九年二月初九日呈 三月初六日奉

批摞呈已悉仰仍造具詳細清冊三分呈送來轅以憑分別咨

札備案繳單暫存

呈為遵 批造具修補局房等三項清冊伏乞 鑒查由

啓全銜為呈報移行事竊案查卑敝局去歲修補局房并開局置備鋪墊以

及各起置買文地器具共計支用過鄭市平銀一千柒百五十

三兩整前經 繕摺呈報移行在案嗣奉

督憲台 批示摞呈已悉仰仍造具詳細清冊三分呈送來轅以憑

分別咨札備案繳單暫存等因奉此遵將卑敝局修補局房置買

鋪墊暨各起製備文地器具逐一造具詳細清冊各一分除移行呈請

省局查照
督憲鑒核外理合相應備文具呈移行為此呈請合移
憲台鑒核俯賜備案
貴總局請煩查照施行須至呈移者

計呈移清冊三分

右呈移

單督部堂增
蒙荒駐省總局

光緒二十九年閏五月十五日呈六月十一日奉

批如呈備案候飭駐省總局知照繳冊存

為置買各起帳棚呈請憲鑒移行省局由

全局局為呈報移行事竊案查卑敝局今年繩起丈放生荒多係無人之境仍應置買帳棚等項業於呈報開局經費文內聲明在案現已置買布棚陸架支用銀兩數目分晰繕具清摺單恭呈

憲鑒除移行呈報外理合相應備文具呈移行為此呈請合移

憲台鑒核伏乞照呈
貴總局請煩查照備案施行須至呈移者

計呈移清摺單壹扣紙

右呈移

軍督部堂增

蒙荒省局

計開

一帳棚每一架用中尺布二拾四疋每疋陸吊伍百文共合錢壹百五拾陸吊

一每一架用青蔴繩拾二斤每斤九百文共合錢拾吊零捌百文

一每一架用大鐵鐝四根每根四吊共合錢拾陸吊

一每一架用小鐵鐝四根每根二吊共合錢捌吊

一每一架用白棉線拾二兩每兩五百文共合錢陸吊

一每一架用大木樑壹根合錢拾吊

一每一架用立木柱脚二根每根二吊共合錢四吊

一每一架用木橛二拾捌根每根壹百文共合錢二吊捌百文

一每一架用手工錢陸吊五百文

一每一架用木工錢陸百陸拾文

以上計一架共用錢貳百貳拾吊零柒百陸拾文按拾吊零五百柒拾文合銀每架支銀貳拾兩零捌錢捌分伍厘計陸架共支銀壹百貳拾伍兩叁錢壹分

光緒二十九年三月廿五日呈四月二十六日奉

批據呈已悉繳摺存

為酌定行局月支心紅辦公等費聲明緣由并懇免抄細

帳呈請　鑒核由

全銜　為呈請事竊　卑局　造冊呈報開支各款除局起各項薪水車價津貼工銀運車房租等項均昭章支用外所有心紅銀每月五十兩辦公銀每月二百五十兩係就去歲設局至今實用數目酌中勻計從減定擬查　卑局　僻在北荒諸甚昂貴幾一倍于省中而邊地嚴寒闔局員司書差弁勇一百餘人即柴火一宗為費尤鉅萬難省減加以護局兩哨原未請有辦公銀兩統由　卑局　支給以及一切因公使費在在需款應懇

憲台俯鑒前情准　卑局　嗣後照此支用以資辦公　卑局　自應力從

撙節勿任過支如有可以減省之處自當隨時稟裁以節靡費至每月造報自應開列細帳以徵核實惟此項使用帳目繁瑣卑局司書僅十數人卑府等常川駐荒又必隨帶數人在局司書益少一切經理收發票帳繕寫案牘人少事多實屬不敷應用擬懇憲台俯鑒前情姑准卑局仍按總數開報免其開列細帳以省繁牘是否之處理合備文具呈為此呈請

憲台核奪伏乞

批示遵行須至呈者

右　　呈

軍督部堂增

光緒二十九年三月初四日呈閏五月初一日奉

批呈悉該局辦公心紅每月開支至三百兩之多奉省墾荒各局

向無此辦法將來報銷到部必干駁詰業已另札飭遵并據另

呈批示矣仰即查照辦理勿得再事虛縻切切繳

稟爲陳明支用心紅辦公等費各因由伏乞　憲鑒由

全銜謹

稟

督帥將軍麾下敬稟者竊卑局總經造報開局以來收支各款所有月

支心紅辦公兩項銀兩業備另呈聲明支用緣由及懇免開列

細帳等語均屬實在情形惟其中下情尚有未能盡達之處敬爲我

憲陳之查卑局心紅辦公兩項每月勻計約共需銀叁百兩一因北荒諸物昂貴使用叁百祇抵省中二百餘金一因兩哨並未請有辦公係由卑局心紅挹注供用一因局中上下多人燒炕柴大支用甚鉅北地嚴寒斷難裁免一因不時借用巡隊赴荒觧省不得不酌給資賞一因蒙旗爵職往來關係交涉殷商大戶關係招徠均不得不酌為款酢一因局中司書實屬不敷應用只得酌收効力司書以資襄助不得不酌給飯錢諸如此類均屬可少而不可無然集少成多遂非此數不能敷用此後惟有認真辦公二字力圖收縮如可節省卑府等自當隨時呈請裁節斷不敢稍事虛糜此卑局支用心紅辦公兩項之實在情形也至

懇免開列細帳一節委因此項帳目既甚繁瑣卑局又屬人少
事多且如前稱各項在卑府等仰承
知遇但使問心不愧當可見諒於
憲台而吏議多端我
憲體恤屬寮難以遠白於各部卑府等開報時若虛造名目以避部
中挑剔是已先欺我
憲問心何安若一一具陳仍恐不能據以咨部再四思維祇有暫
就二項報明約數姑俟報竣再將卑局底帳呈核斟酌造報以省
繁牘而便咨行此卑局懇免開具細帳之實在情形也卑府心田卑職福陞家門
不遠祖免飢寒卑職壽祺曽讀詩書筮仕方始皆仰蒙

特達之知畀此創辦之局誓不欲汩昧天良縻公款以恣揮霍凡
有支用上下共知
憲察神明難逃洞照伏乞
核奪不勝悚慄屏待之至所有聲明支用辦公等費各因由合肅
稟陳恭敂 鈞安伏乞 崇鑒
光緒 二十九年五月廿一日奉
批據稟各情均悉心紅辦公月支三百兩未免過鉅茲定每月給
銀一百五十兩其餘犒賞款酢以及効力司書飯食等費准其實
用實銷按月造册送核此係格外從優該總幫辦等仍當核實
撙節毋稍虛縻是為至要繳

札爲行局犒賞款酢効力司書飯食等費准其實用實銷由

欽命鎮守　盛京等處將軍全銜爲　飭遵事案據該行局稟請公費案內擬以心紅辦公兩項每月匀計共需銀三百兩等語查奉省各局處公費心紅兩項至多不過壹百兩如東流水行局大淩河墾務局均每月開支公費六十兩心紅四十兩此係至優之數其餘銀有不及百兩者該行局遠在蒙荒柴薪一切費昂用鉅縱不能仿照東流水大淩河各局亦不能較該兩局加至兩倍之多雖據該守等稟稱巡隊之犒賞蒙員大商之款酢効力司書之飯食均由此款挹注但此等款項既萬不能節省不妨實用實銷按月造冊送核若概以辦公心紅四字包括一切

恐日後報銷定干部駁近日部中於奉省荒務均以養息牧底
業爲憑而養息牧局費心紅無如此之鉅也時事固有不同而
款項亦不宜過費兹定該行局月支辦公心紅銀一百五十兩
其犒賞款酢以及効力司書飯食等費准其實用實銷按月造
冊送核以免將來報銷多所窒碍此係格外從優該總幫辦等
仍當核實撙節毋稍虛糜是爲至要除稟批示並飭蒙荒總局
知照外合行札飭爲此札仰該局即便遵照特札

右札蒙荒行局准此

光緒二十九年五月十三日

為豫順亨商號寓世合棧夜有匪人入院稟請保護移行
遠源州吴總巡派隊巡更嚴緝由

局街　為移請事案照敝局茲據豫順亨執事人面稟商人居住
本街世合棧内於本月初一日夜間有匪人入院刼取院中貨
物被更夫覺察而去初三日夜間又來至初五日復有五六人
手執槍械半夜上房入院撤取貨包并與更夫等答話誰敢動
手我即開槍等語竊思商人寓處所存皆係行局公款應請保
護等語面稟前來查該商租寓世合棧内專為收存敝局荒價為
數甚鉅該匪等膽敢于
貴治防切近之所公然結夥持械屢次入店行刼若不嚴加巡緝

更必肆行無忌事關公款急應備預以免疏虞除飭局勇前往

該殞防護外應請

貴州飭派捕役巡更下夜嚴爲巡緝以資彈壓相應備文移行爲
防飭派巡隊

此合移

貴州總巡請煩查照望切施行須至移者

右　　　　　　　　　　　　移

遼源州正堂蔣

總巡遼源州馬步巡隊吴

光緒二十九年二月十一日

為貼書郭桂五提升司事所遺貼書一差以梁國棟補充由

局銜 為諭派事照得本局貼書郭桂五業經提升司事所遺貼書一差查有効力貼書梁國棟當差勤慎堪以補充其薪水即由二月初一日起支除分行外合亟諭派為此諭仰該書即便遵照務須益加奮勉毋負委用切切特諭

右諭効力貼書梁國棟遵此

光緒二十九年正月二十日

為諭派蘇松泉永吉頂補貼書由

局銜 為諭派事照得本行局貼書趙承安請假未到所遺貼書一差查有蘇松泉堪以頂補貼書沈廷璞告請長假所遺貼書

一差查有効力貼書永吉堪以頂補除分行外合亟諭飭為此

諭仰該貼書等即便遵照務須勤慎供差毋負委用切〻特諭

右諭仰貼書永吉蘇松泉遵此

光緒二十九年二月初五日

為諭王英敏補貼書由

為諭派事照得本行局額外差遣委員佐東都業經委補新添

九起監繩委員所遺貼書一差查有効力委員附生王英敏堪

以補充合亟諭派為此諭仰該貼書即便遵照切〻特諭

右諭仰貼書附生王英敏准此

光緒二十九年二月十三日

為札委王利賓高廼升汪正綱派充効力貼書差官由

局銜　為札委事照得本行局事務殷繁所有額設書差尚難敷用自應再行添派以供繕寫差遣查有拔補把總汪正綱王利賓高廼升均堪派為効力差官貼書合亟札委為此札仰該差官貼書等即便遵照切切特札

右札仰効力差官貼書汪正綱王利賓高廼升　遵此

光緒二十九年正月十九日

為札委候選府經歷蘇松泉為額外委員由

為札委事照得本局辦理蒙荒現在正值出放之際事務在在殷繁自應加派人員以資繕辦公事查有候選府經歷蘇松泉堪以派為本局額外委員除彙案呈報外合行札委札到該員

即便遵照務須勤慎從公力副委用爲此特札

右札仰候選府經歷蘇松泉遵此

光緒二十九年正月二十日

爲札殿喜充額外司事由

爲札委事照得本行局收支一差事務殷繁所有額設員司尚難敷用自應再行添派以資辦公查有五品頂戴殷喜熟悉計算堪以派爲額外司事在收支處當差合行札委爲此札札到該司事即便遵照切切特札

右札仰殷喜遵此

光緒二十九年二月十三日

為札張瑾補行局司事由

為札委事照得本行局司事王化普任意延宕久不到差業經撤退遺差查有額外委員府經歷銜張瑾堪以補充除仍候督憲批飭暨移總局外合行札委為此札札到該司事即便遵照切切特札

右札仰司事府經歷銜張瑾遵此

為諭孫升頂補局差由

為諭派事照得本行局局差張福現經撤革所遺局差一名查有孫升堪以頂補合亟諭飭為此諭仰該局差即便遵照特諭

右諭該局差孫升遵此

光緒二十九年正月十九日

為李紹庚派額外司事由

為札委事照得本行局收支一差事務殷繁所有額設員司尚難敷用自應再行加派以資辦公查有五品頂戴李紹庚在收支處効力日久尚屬勤慎堪以派為額外司事仍在收支處當差合行札飭札到該司事即便遵照為此特札

右札仰額外司事李紹庚遵此

光緒二十九年二月十六日

為諭李紹庚補貼書由

為諭派事照得本行局貼書蘇松泉業已提升二起監繩司事遺差未便久懸查有効力貼書李紹庚堪以補充合亟諭派為

此諭仰該貼書即便遵照，特札。

右諭該貼書李紹庚遵此

為諭李樹森等充効力貼書由

為諭派事，照得本行局事務殷繁，所有額設貼書尚難敷用，自應再行添派，以供繕寫。查有附生李樹森、驍騎校穆慶祥、監生高學柴均堪派為効力貼書，合亟諭派，為此諭仰該貼書即便遵照，切切，特諭。

右諭仰効力貼書穆慶祥、李樹森、高學柴遵此

光緒二十九年三月初八日

為札委効力差官劉洋由

為札飭委事照得本行局護局馬步隊新置槍械亟應演放熟習以資防護查有藍翎五品頂戴儘先拔補外委劉洋火器素嫻堪以派為効力差官隨局差遣并幫同步隊哨官長等訓練隊兵演放槍械等事除分行外合亟札飭委為此札到該弁即便遵照務須勤慎從公毋負委用　切〻特札

右札仰步隊副正巡長楊王先紹照東
効力差官劉洋　准此

光緒二十九年三月十一日

為諭派袁嵩琳李樹棶補貼書由

為諭派事照得本局貼書才碧峯因事回籍所遺貼書一缺查有六品頂戴貼書袁嵩琳堪以調補其袁嵩琳所遺之缺查有効力貼書附生李樹棶堪以補充以資鼓勵合行諭派為此諭仰該貼書等即便遵照特諭

右諭仰貼書袁嵩琳李樹棶遵此

光緒二十九年十二月十五日

為諭派李樹棶王利賓補貼書由

為諭派事照得本局貼書王英敏提升司事遺差查有貼書李樹棶堪以轉補遞遺貼書一缺查有効力貼書王利賓堪以補

充仍食半分薪水捌兩五錢外加津貼銀叁兩五錢除分行外

合亟諭派為此諭到該貼書等即便遵照特諭

右諭仰貼書 李樹霖 王利賓 遵此

光緒三十年正月十一日

為貼書王英敏提補司事呈報/移行由

全局銜為呈報/移行事竊/案查行局司事侯選巡檢鄭樹德於去歲年終

告請長假所遺司事一差自應揀補以資辦公查有行局貼書

附生王英敏供差勤慎堪以提充行局司事薪水車假由正月

起支除札飭暨移行（呈報背憲）外理合/相應備文呈報/移行為此呈請/合移

憲台鑒核伏乞照呈施行

貴總局請煩查照須至呈/移者

右移呈

軍督部堂

省局

光緒三十年正月二十二日

呈移為造報廿八年自開局收價之日起至年底止發過信票丈過地基號次數目清冊由

全局銜為呈報移行事竊案查卑敝局自光緒二十八年開局收價起至十二

月底止劄發過各等生荒暨街基信票號頭並丈撥過生荒晌

畝城基丈尺清丈過熟地暨夾荒晌畝數目除移行呈報外理合相應造

冊備文呈報移行

憲台鑒核伏乞照呈

貴總局請煩查照

施行須至呈移者

右　呈移

軍督部堂

省　局

呈移為造報二十九年正月至四月分製發生荒暨街基信票號次數目清冊由

全銜局為呈報移行事竊案查卑敝局自去歲開局收價起至十二月底止製

發過各等信票號頭業經造報在案茲將二十九年正月初一

日起至四月底止所有製發過各等生荒暨街基信票號數除

移行理合

呈報外相應造冊備文呈報移行

憲台鑒核伏乞照呈

貴局請煩查照施行須至移呈者

右　呈移

將軍

省局

呈為造報二十八年七月奉委之日起至年底收支寔存款目由

全銜 為呈報事竊職依。等於光緒二十八年七月奉

札總辦蒙荒前後委派員司領發關防赴荒開局募勇設站分

起開繩業經前後遵奉報請

憲台鑒核在案所有自職依。等於二十八年七月十六日奉

札之日起至十二月底止經收過城基生荒價正欵隨收經費

並補庫平與經費所補庫平銀兩由經費項下支用過修理局

房置備行局鋪墊各起器用等費支發過辦公心紅房租薪水

車價工食津貼各起大車轉運大車觧運等費由正款項下支

發過馬步隊薪餉並批觧過正款銀兩以及寔存各銀兩數目

分晰造具清册四分除分移外理合備文呈報為此呈請
憲台鑒核伏乞
照呈施行再卑局開辦伊始頭緒紛繁不及按月分報故謹將開
辦以來至去歲年底共六個月彙總造報以省繁牘嗣後自當
按月分報以便隨時查考合併聲明須至呈者

右　　　呈

軍　督　部　堂　增

計呈清册四分

一為造報卑局光緒二十八年奉札之日起至年底止支用過各項經費數目清册由

一為造報卑局二十八年由九月起至十二月底止支發過馬步隊薪餉清册由

一為造報卑局二十八年開局收價之日起至年底止經收過生荒城基正價經費補平銀兩各數目清册由

一為造報卑局二十八年自奉札之日起至年底止管收除存四柱總册由

光緒二十九年三月十五日

批呈悉嗣後該局支用各款應將管收除存造具四柱清冊按月報送一次以憑稽核此次冊報辦公心紅兩項月支三百兩未免過鉅將來報銷定干部駁業已另札飭遵矣仰即遵照辦理勿得再事虛糜切切繳冊存

呈為光緒二十九年正月至四月分經收過生荒城基價款數目由

全銜局為呈請移行事竊案查敝卑局自去歲七月起至十二月底止收支各款業經造報在案茲將光緒二十九年正月初一日起至四月底止所有經收過城基生荒價款數目分晰造具清冊恭呈憲鑒除移行呈報外理合相應備文具呈移行為此呈請合移

憲台鑒核伏乞照呈施行須至移呈者
貴總局請煩查照

計移呈清册四本

右　　　移呈

軍督部堂

蒙荒省局

光緒二十九年五月廿二日

批據呈已悉現在省城待款甚殷該局所收生荒正價暨經費銀

兩仰即赶緊派隊護解來轅聽候指撥毋得延緩候飭駐省總

局知照繳册存

呈為派員赴懷德收款解省請吳總巡帶兵護送由

全局衔 為呈報移行事竊卑案查敝局前據領戶徐壽春等報領街基荒地所有應繳價銀彙存懷德商號因道途不靖不便運交行局請由卑敝局派員前往彈收等情照准各情業經呈報在案去訖現在擬將此款一面派員彈收一面遝由懷德解省事關公款不得不格外慎重刻下道途雖靖卑敝局護勇人數不多難資保衛現應就近經移請移請懷德遼源州巡捕隊吳總巡貴遼源州吳總巡貴軍吳總巡帶領巡捕馬隊會同卑敝局解運委員前赴懷德貴治一同護送到省以免疎虞人資借重除分移呈報外理合相應備文呈報移請行為此呈報合移

憲台查核伏乞照呈貴州縣總巡請煩查照施行須至呈移者

右　呈移

軍督部堂增

懷德縣正堂范
遼源州正堂蔣
北路統巡恆
遼源總巡吳

光緒二十九年二月三十日

批據呈已悉繳

呈報自正月至八月支發各款暨五月至八月收過各款由

全衙局為呈報移行事竊案查卑敝局自光緒二十八年七月起至年底止收支各款並二十九年正月初一日起至四月底止經收城基生荒各款數目前後造報奉批批遵辦各在案茲將二十九年正月初一日起至八月底止所有局起轉運員司書差薪水車價工食辦公心紅房租解費馬撥津貼款酢犒賞効力飯食各起

暨轉運大車補造帳棚馬步隊薪餉各項支款銀兩及由五月初一日起至八月底止收過城基生荒並由總局經收生荒正價經費及補庫平銀兩數目分晰造冊並合造管收除在四柱清冊恭呈憲鑒除移行總局外理合備文呈報
憲台鑒核伏乞照呈
貴局請煩查照施行須至呈移者

計呈移清冊　本

右呈移

軍督部堂

省局

光緒二十九年十月十六日

移爲自正月起至八月底止支發過馬步隊薪餉銀兩數目由

局銜爲移行事案查敝局馬步各隊自光緒二十八年九月募

齊之日起至十二月底止支發過馬步隊兩哨官弁兵夫薪水

餉乾銀兩各數目移行在案茲將光緒二十九年正月初一日

起至八月底止支發過馬步隊薪餉各數目分晰造具清册除

呈報暨分移外相應備文移行爲此合移

貴處請煩查照備案施行須至移者

計移清册九本

右　　移

督轅營務糧餉處

呈為聲明各項支款開支先後緣由請核由

全銜　為呈明事竊卑局現經造報各項開支款目其中起支先後不同應即聲明緣由以備查核查職依。等於光緒二十八年七月奉

札開辦蒙荒先時公件不多其七月分心紅均由卑府等自備故所報心紅自八月起支其局房係卑職福陞在鄭募勇時於九月初一日租定卑府等暨局起人等即於是日到局故所報房租辦公兩項自九月起支至設局後遞送公文或託營稅公便或借隊兵至十一月初七日始與遼源州商妥由該州馬撥代遞故請給津貼自十一月初七日起支除各項支款已由隨時報請

有案勿容聲明外所有卑局支用款項先後起支各緣由理合備
文呈明爲此呈請
憲台鑒核伏乞　照呈施行須至呈者
右　　　　呈
軍　督　部　堂　增
光　緒　二　十　九　年　三　月　初　四　日
批據呈已悉繳
　呈爲酌擬運費呈請　批飭由
全街　爲呈請事竊卑局經收荒價均在鄭家屯街交兑至荒段
熟户不日　文清其應繳荒價自應赴局交兑惟距街過遠之户

於卑府等駐荒時如願就近交付自應照收以示體恤而免延誤所有在荒在鄭經收各款將來解省在在需費自應酌定數目以免過支查大淩河荒務局定章每解銀百兩支運費銀一兩二錢卑局較大淩河距省甚遠而由蒙抵局又加數百里之遥且邊外道路荒險異常又非内地可比卑局去歲解省一次所用解費約計每解銀百兩需費二兩已照此具報在案所有卑局解省運費擬懇

憲台核奪可否即照每解銀百兩准支運費銀二兩以資辦公卑府等仍當力求如有贏餘即從實具報另款存繳以節糜費是否之處理合備文具呈為此呈請

憲台鑒核伏乞　批示遵行須至呈者

右　　　呈

軍督部堂增

光緒二十九年三月初四日

批如呈辦理候飭駐省總局知照繳

# 辦理札薩克圖蒙荒案卷 下

札薩克圖蒙荒行局 編

# 辦理蒙荒案卷 第五冊

蒙王為梵通寺廣壽寺主持請由行局撥銀修廟可否准支由

蒙王為普濟寺通達寺主持請由行局撥款修廟候覆由

呈移為准蒙咨梵通普濟兩寺喇嘛請借荒款修廟由

附稟兩寺借款滋弊暨應否發給伏候示遵由

督憲札為普濟梵通兩寺請支荒款由行局移知該王轉飭各喇嘛妥結准予承領由

呈移為張峯雲宋奕甲派充十二兩起隨繩司事由

督憲札為掾署總辦福　稟請添派丈地員司由

呈為荒地待丈請添繩弓兩起擬員補充伏候　示遵由

呈為具報總辦福　赴王府並俄人過境各情由

移知奉天交涉局為俄人過境各情由

呈移為行局署總辦福　到局日期由

稟為總辦福　到差帶同各員赴荒由

呈移為調五起監繩委員田震文三等生荒由

呈移為委楊光照署副巡長由

札為楊光照署步隊副巡長由

呈為司事趙蓮舫等補缺請　核由

札為趙蓮舫等補充隨繩司事由

諭為王維一等補充隨繩貼書由

呈移為三起委員病故擬員請補並由行局暫委試署由

札為盛文試署三起監繩委員由

呈移為派補轉運各員司由

札為張承福試署轉運總辦事官由

札為吴亮孚試署轉運副辦事官由

札為派委轉運各站司書等由

札為總站張辦事官承福另造詳細清冊按月彙齊呈報行局由

呈移為荒務報領踴躍請添繩弓兩起擬員補充並暫委試署由

移知蒙旗添派十九兩起繩弓由

札委佐東都、蕭齊賢試署十九兩起監繩委員由

札委馬振銘、何印川試署十九兩起隨繩司事由

督憲札為佐東都、蕭齊賢充十九兩起監繩委員由

移催蒙旂繩起速赴荒段以便會丈由

呈移為行局起員到荒多日蒙員延不到荒由

函催蒙旂起員速來荒段由

蒙旂移為派定總幫辦並局起員司人等暨每員月支薪水若干由

蒙旂各起員書人等花名册

蒙旂移覆收到款項數目由

移催蒙旂繩弓赴荒會丈由

移知蒙旂添派兩起速飭赴段會丈由

督憲札准戶部咨飭蒙荒總行局造報員司馬步隊等銜姓花名清册以憑轉咨報部立案由

呈為遵飭造具卑局總幫辦局起員司馬步隊銜姓員名清册由計清册壹分

移為馬步隊清册造送督轅營務糧餉由

札飭各起次第赴荒開拔日期由

呈為派員勘分應放荒地各界由

札為派員勘分應放荒地各界由

呈
移為加派榮委員斌會同勘分荒段北界由

吳營移請以王全勝兼充稽查兩哨委員由

移覆吳營為前由

移知恆統巡為前由

札委王全勝兼充稽查兩哨委員由

札為監繩池委員熙盛現未到差以督繩金委員祥暫行署理由

呈為蒙批准飭蒙旂派員分界呈請並飭速界三蒙旂知照由

省局移為領户在省報領各等生荒晌數暨收到價銀各數目由七件

督憲札為李馨圃等三名報御字生荒二百晌由

呈移為札薩克圖郡王請給文銀五千兩如數照撥收訖由

呈移為准蒙旂咨撥蒙員等薪水銀兩業由行局照付由

札吴辦事官亮孚會同蒙員解款赴蒙由

督憲札為據蒙王呈稱遵札派委荒務總幫辦暨各員書人等月支薪水若干由

蒙王為梵通寺廣壽寺主持請由行局撥銀修廟可否准支由

札薩克圖郡王烏　為咨移至　貴局以仰施行事兹有本旗梵通寺主持達喇嘛拉巴柱爾廣壽寺主持達喇嘛耶西汪七各得木齊勞木坯勒老他爾等齊來呈稟聲稱先由貴局應收荒銀内暫行支使欲備重修廣壽寺之工費務期速成起見致使誠誦

聖主萬壽鞏固之經以免致躭及為　瑙彦胡圖克圖格根一切善事既遵前章赴西藏來回靡費以及掣名籤等項用款仍欲除還是廣壽寺係　敕賜匾額業已年久僧衆誠誦

聖壽永固之經並未間斷且本寺　瑙彦胡圖克圖格根係多輩輪

生佛體在　朝時常陞見為法護國家誦經之格根且現放荒

勅恤條列廟分亦屬應得荒銀充贍等語仰祈

貴局查照主持喇嘛得木齊等稟稱先行支付作為重修廣壽

寺及　瑙彥胡圖克圖格根一切善事所用等款支務使會誦

聖主萬壽永固之經以免致悮而報効

皇上請著芳名此項用款

貴局果能准支某月日即來移覆後遂將轉飭該主持喇嘛得

木齊等迅速前往到局受領日後由廟倉應得荒款抵算扣付

原稟粘附於尾一併咨移

右　移　蒙　荒　行　局

蒙王為普濟寺通達寺主持請由行局撥銀修廟候覆由

札薩克圖郡王烏為　咨移至　貴行局以仰施行事茲有本

旗普濟寺主持喇嘛名那木海札拉參通達寺主持喇嘛巴拉

巴爾德木齊敖德色爾楞汗代等齊來呈稟聲稱先由

貴局應收荒銀暫行支使欲備重修通達寺之工費務期速成

起見致使誠誦

聖主萬壽鞏固之經以免有躭而該通達寺係奉

旨勅賜匾額以來衆僧誠祝誦經逐日無悞蓋有多年矣且因

勅恤條内仍載廟分庶得荒價充贍等語仰乞

貴局查照主持喇嘛及德木齊等稟稱先行支付作為重修通

達寺之支務使會誦

聖主萬壽永固之經以免有悞而報

皇上請着芳名此項用款

貴局果能准支某月日即來移覆後遂將轉飭該主持喇嘛德

木齊等到局受領日後由廟倉應得荒款抵算扣付將原稟粘

附於尾一併咨移

右　　移

蒙荒行局

光緒二十九年四月初七日到

為准蒙咨梵通普濟兩寺喇嘛請借荒款修廟移呈請覆由

全銜局　為移呈請覆事竊卑府等在荒於光緒二十九年四月初一日准札薩克圖王旗案查敝局茲貴旗

咨開茲有本旗梵通寺云云至應得荒款抵算扣付等因同日又

准咨開茲有本旗普濟寺云云至應得荒款抵算扣付等因譯漢

准此卑局覆敝局查經收荒款除該王旗○貴旗遇有緊要公需可以酌核支撥仍一

面呈核外所有台壯喇嘛等照章分等應得數目須俟荒務辦竣

將款劈分清楚再行分領今准來大咨既係修廟善舉支借荒

銀卑局未敢擅便希候敝局飛請將軍核酌可否通融支借一俟奉批再行移知除移總局並覆蒙旗候示呈請憲台並覆蒙旗候示覆外理合相應

備文具呈移覆為此呈請合移

憲台核奪伏候批飭遵行

貴旗局請煩查照轉飭施行須至呈移者

右

移呈

軍督部堂

札薩克圖王旗

蒙荒首局

光緒二十九年四月十一日

附禀為聲明兩寺借款不便情形暨應否發給伏候示遵由

敬附禀者卑府心○等本日晤該旗綳印軍詢問兩廟借款之事據云梵通寺係闔旗公廟，普濟寺係該王私廟，若概允所請，其弊有三：公廟應得荒價，私廟則無明文，若一體准借，則公廟必有繁言，一也；公廟承領此款者未必即衆喇嘛推服為首之人，倘入手之後不能涓滴歸公，則衆喇嘛勢必喧嚣而起，轇轕遂滋矣，二

也闔旗台吉人多而貧富不一喇嘛准借則台吉必紛紛援例

以請將何以應之三也卑府等查該印軍所言不為無見且察該

印軍之意於原奏分別等差一語頗有深心蓋願台吉多分而

廟工少分也去歲卑府晉省已將此意繕具說帖稟明

憲台請於該王回時面與商酌當蒙

批准不料該王逕行回旗卑府不得一晤其荒款異日應如何分

等至今尚無成議今既有此請應否發給以及發給若干卑府等

未敢擅便恭候

批示遵辦附稟載請

勛安心○等謹稟

光緒二十九年五月廿一日奉

批呈及另稟各情均悉該蒙旗喇嘛支借荒款一事業已另札飭

遵矣仰即知照繳

札爲普濟梵通兩廟請支荒款由行局移知該王轉飭各喇嘛妥結准予承領由

軍督部堂　爲札飭事案據該局呈稱光緒二十九年四月初

一日准札薩克圖郡王咨稱本旗普濟寺主持喇嘛暨梵通寺

主持達喇嘛稟懇先由行局應收荒銀内暫行支使以備重修

各寺工費日後由廟倉應得荒款抵算扣付等情呈請核示前

來本軍督部堂查所收該蒙旂地荒價該郡王暨台吉壯丁喇

嘛等各有應得之款曾經

奏明在案本應俟荒務辦竣後將款核算清楚分別等次再行飭
領該總幫辦等附禀所陳三弊誠為不易之論惟該蒙旗素稱
貧乏各台吉壯丁喇嘛等大抵貧者多而富者少自應變通辦
理以示體恤况該郡王工年年班晋京業已在荒價内酌量借
給而各台吉壯丁喇嘛等亦有應得之項若使一概拒絶未免
向隅此次晋濟梵通等寺支借荒款即由該總幫辦等悉心酌
核分別應得多寡量予借給日後台吉壯丁如有借支亦應比
照辦理以示大公無我究應支借若干務將數目核明一面具
報一面移知該王旗轉飭各喇嘛取具妥結承領除飭駐省總
局知照外合行札仰該局即便遵照切切特札

右札辦理札薩克圖蒙荒行局准此

光緒二十九年五月二十一日到

（呈／移）為張峯雲采夬甲等派充十二兩起隨繩司事由

局全銜 為（呈報／移行）事竊（案）查（卑／敝）局現經稟添督繩委員一員十二繩弓兩

起業奉

批准分札在案其兩起隨繩司事貼書一差自應由本局揀派

以資辦公查有府經歷銜張峯雲堪以派為十一起隨繩司事

五品頂戴長春堪以派為十一起隨繩貼書五品軍功采夬甲

堪以派為十二起隨繩司事五品頂戴殷喜堪以派為十二起

隨繩貼書除（移行分札／呈報分行）外（理合／相應）備文（呈請／移行）

憲台鑒核伏乞照呈
貴局請煩查照施行須至移呈者
移呈

右

軍督部堂

蒙荒省局

光緒二十九年四月十二日

批如呈委充繳

謹將擬請添派督繩監繩各員司銜名開具清單恭呈

憲鑒

計開

前藍翎補用佐領驍騎校全祥堪以派爲督繩委員

候選巡檢王經元堪以派爲監繩委員

五品頂戴附貢生遲熙盛堪以派爲監繩委員

府經歷銜張峯雲

五品頂戴宋奕甲均堪派爲文地司事

批如稟委充仰候分飭各該員等遵照其司事二名即由該局

札委可也候飭行省局知照繳單存抄

札爲署總辦福稟請添派員司批准如稟委充由

軍督部堂增爲札飭事案據署理札薩克圖蒙荒行局總辦

福總管齡稟稱竊查札薩克圖蒙荒始因私墾食租起衅該王

與台壯喇嘛人等互相爭控纏訟多年蓋因蒙人鮮知政體輕

聽任性不顧事理輕重之所致也既荷
欽差大臣會同憲台查明奏結業經奏准招墾在案計今開辦半年省行兩局交價報領者已甚踴躍允宜及時赶辦出放以收一氣呵成之效庶免曠日持久或至轉生枝節惟此荒地段太大頭緒紛繁現在縱然督飭各起竭力丈量奈限於地數而未經指撥之荒尚多現在體察情形悉心酌核與其減省人員逐漸勘撥而多需時日曷若量加繩起迅速出放俾早蕆事是以擬請再行添派督繩委員一員丈地員司兩起以期同力合作早日竣工不但可以節省經費似於荒務實有裨益謹將擬請加派人員銜名開具清單附稟恭呈憲鑒示遵等情據此除批示

並分札外合行抄單並批札仰該局即便遵照特札

右札札薩克圖蒙荒行局准此

呈為荒地待丈請添繩弓兩起擬員補充伏乞 示遵由

為呈請移行事竊案查卑敝局原設繩弓八起嗣經加添四起所有

全局銜

上中兩等荒地及舊戶熟地未經丈放者尚多委因舊戶皆係到處採佔隨便開懇參差錯落交互夾雜勘丈清釐倍形費手不但與大段生荒大相懸殊即較之清文他處熟地亦難逾倍薙丈撥未能迅速者實在於此而三等生荒現在設法招徠刻計報領挈票者業有四萬晌如果似此踴躍則熟地生荒均待繩丈僅止繩弓十二起仍係不敷分撥是以擬懇

憲台督憲核奪可否再請加添繩弓兩起俾得通力合作分投併丈
倘能早一日告竣即可早節一日之經費實於荒務不無裨益
查有敝卑局司事候選巡檢吳培基留心墾務堪以提升十三起
監繩委員領催福濬講求丈量堪以派為十四起監繩委員候
選府經歷宋向陽明習書數堪以派為十三起隨繩司事貼書
府經歷銜李紹庚熟悉算堪以升為十四起隨繩司事如蒙
憲台督憲核准除兩起監繩委員合請
憲台督憲札委該員等遵照外所有司書夫匠人等應由敝卑局遵照
分別委派募充照前各起支給薪工車價心紅銀兩並一體置
備繩弓等項惟現因開差之際領戶守候請撥祇得暫由敝卑局

先行各委各該員試署去訖是否之處卑局未敢擅便除移行總局呈請飭遵外

合將擬添兩起請派員司銜職列名開單備文具呈

相應備文移行爲此呈請合移

憲台核奪祇候批飭遵行須至呈移者

貴總局請煩查照施行

右呈移

單督部堂增

蒙荒省局

光緒二十九年九月初一日

批據呈已悉准如所請以吴培基福濟派充十三十四兩起監繩委員候札飭該員遵照其司事宋向陽等即由該局飭遵並候

飭札薩克圖蒙荒省局知照繳單存

為具報總辦福同赴王府並俄人過境各情呈請　憲鑒由

全銜　為呈報事竊卑局前准蒙旗咨開舊户懇借洋款購留熟地當經移駁呈報各在案四月十六日職福。行抵荒次與職心。等商酌一切聞洋人已來該王府議訂借款一事職等擬即前往察其動静以為設施惟恐蒙民訛傳官中迎迓洋人殊於招徠有碍乃酌由職福。福。藉閲繩弓察視地段由河北迤邐北行於二十二日行抵王府詎職等甫到洋人先已出府職等面詢該王摞述借款係户下之意並非該王本心現在尚無定著等語職等悉其託詞又見其事似無成未便深求遂告以從前行局一切舉辦與往返公牘皆係求與奏案相符於荒務旗務兩有裨益並非

與貴旗為難嗣後酌辦一切無容稍設成見等語該王頗覺愧
悟職等遂於二十六日回抵荒次得悉洋人出王府後由旗飭戶
沿途供應於二十四日抵雙流鎮拜謁職心當經款見其首領係
郭羅茂夫隨帶二十餘人蒙漢通事各一名詢其來意據稱赴
圖什業公界購買牛馬並無他事談次屢贊城基得地並詢桃
河所通之地方與各城距此之遠近而於荒段應用木植來路
銷場尤致詳詰職心細察其意似欲藉攬辦木植以為浸漸通商
地步當遂答以此間木植皆係附近楊柳遠來松木民不能購
且距江省新城均遠桃河水逆灣多不能通運等語該洋人遂
在城基住宿因無住房由局飭借帳棚兩架派人代為買辦草

料食粮次日該首領郭羅茂夫差人送到名片一紙致謝並索賜。

名片遂奔赴圖什業公旗界去訖職等詳察該王所言参觀洋人

舉動借款之事似成畫餅但洋蒙各情均未可深信除俟續查

有無別情隨時呈明併木植另籌辦法以免覬覦外理合備文

呈報為此呈請

憲核伏乞

照呈施行須至呈者

右　　呈

軍督部堂增

癸卯五月初九日

批據呈已悉仍將蒙俄情形隨時探報繳

為俄人過境各情備文移知交涉局由

局銜　為移行事案查敝局前准札薩克圖郡王旂咨開荒段墾戶請借洋款購留熟地業經由旂派員往借等因經敝局駁覆並呈報督憲在案茲有前俄官郭羅茂夫携帶蒙漢通事並俄人共二十餘名由該郡王府行抵荒境北段循桃兒河東南於四月二十四日抵雙流鎮當詢該俄員來意據稱擬赴圖什業旗界購買牛馬道經此地等語談敘之間屢詢桃河所通地方與各城距此之遠近而於荒段應用木植來路銷場尤致詳詰細察其意似欲藉攬辦木植以為通商地步當答以此間所用皆係附

近楊柳遠來松木民不能購且距江省新城均遠桃兒河水淺

灣多不能通運等語次日該俄官等携帶人夫同赴圖什業公

旂界去訖除呈報暨分移外相應備文移行為此合移

貴局請煩查照施行須至移者

右　　　移

交涉總局

光緒二十九年五月初九日

為行局署總辦福　到局日期（呈報分移）由

全銜　為（呈報移行）事竊（職福案照敝總辦）於光緒二十九年三月初三日蒙

憲台

督憲札開署蒙荒行局總辦朱道現派署鐵路交涉總辦所遺

蒙荒行局總辦查藍翎補用總管五品官福齡堪以派委署理等因奉此當於是日任差迨經稟帶加派員司由省起程於四月初一日到局除分移／呈報暨分行外所有職福。任差到局日期理合／相應備文呈報／移行為此呈請／合移

憲台鑒核伏乞照呈／貴某處請煩查照施行須至呈／移者

右呈／移

軍督部堂增

省局　蒙旗　文案處　糧餉處　營務處

昌圖府　奉化縣　鐵嶺縣　懷德縣　康平縣

遼源州　恆毓巡　吳總巡

總辦福銜名謹

稟

督帥將軍麾下敬稟者竊沐恩稟辭後於初六日由省起程現於初十日行抵鄭家屯行局卑局總辦張守心田幫辦劉令福陞早經赴荒沐恩與王令壽祺商酌現值開辦伊始規模須先定妥日後方免紊亂當即帶同幫稿委員劉作壁繪圖委員孫其昌稽查委員崇華並新添十一二兩起赶將應用丈地繩椿等件備妥即於十二日前往荒段會同張守等籌辦一俟到荒查看情形再行會稟除另備公牘呈報外沐恩經過沿途地方一律安謐田皆播種惟稍覺風旱耳肅修寸稟恭請

鈞安伏乞

慈鑒沐恩福。謹稟

光緒二十九年四月十一日

呈移為調五起委員田震文三等生荒由

全銜為呈報移行事竊案查卑敝局三等生荒急需文放現經轉飭清丈中

等熟地五起監繩委員田震照章丈放河南三等生荒以期領

戶隨到隨撥免致守候除移行呈報外理合相應備文呈報移行為此呈請合移

憲台鑒核伏乞照呈

貴總請煩查照施行須至呈移者

右呈移

軍督部堂

蒙荒首局

癸卯閏五月初二日

批據呈已悉繳

呈移為委楊光照署理步隊副巡長由

全局銜為呈報移行事竊案查卑敝局護局步隊副巡長李成林管兵不嚴難資約束經卑敝局撤差所遺步隊副巡長查有藍翎五品頂戴儘先拔補把總楊光照久歷營伍堪以署理任差後如果得力再行呈明委補除移行總局查照呈報督憲外理合相應備文呈報移行為此呈請合移

憲台鑒核伏乞。照呈貴局請煩查照施行須至呈移者

右呈移

軍督部堂增

蒙荒省局

光緒二十九年二月十八日

批據呈已悉候飭營務處知照繳

爲派楊光照試署步隊副巡長由

局銜　爲札飭事照得本行局步隊副巡長李成林管兵不嚴

滋事有據着即撤差所遺副巡長一差查有効力差官楊光照、

堪以暫派試署如果勝任再行札委除分飭外合行札飭札到

該署步隊副巡長正巡長即便遵照、切切特札

右札仰署步隊正副巡長楊光照、王紹東、准此

光緒二十九年二月十六日

呈為司事趙蓮舫等補缺請　核由

局全銜　為呈報移行事竊查案照頭起隨繩司事蔡文忠驅逐回籍以趙蓮舫委補查行局司事王化普久不到差任意延宕由局撤差四起司事劉樹芝經該起委員以不熟算法且有目疾稟經撤差五起司事申文慶七起司事程玉森八起司事承厚現均請給長假六起司事盛文提補三起監繩委員所遺行局司事一缺查有五品頂戴府經歷銜張瑾堪以委補其二起司事查有候選巡檢蘇松泉堪以委補其四起司事查有四起貼書郎成韶堪以提補其五起司事查有轉運貼書候補驍騎校世緒堪以提補其六起司事查有候選府經歷趙承安堪以委補遞遺七

起司事查有六品頂戴高海田堪以委補其八起司事查有七

起貼書候選巡檢張鴻恩堪以提補除（移行呈報）外（理合相應）備文（具呈移行）

為此（呈請合移）

憲台核奪伏乞（批飭遵行）

貴局請煩（查照施行）須至（呈移）者

右（呈移）

軍督部堂增

蒙荒省局

光緒二十九年三月十八日

為委趙蓮舫等補充司事由

局銜　為札委試署事照得本行局頭起司事蔡文忠驅逐回籍遺缺查有候選府經歷趙蓮舫堪以委補六起司事盛文提補三起監繩委員遞遺司事一缺查有候選府經歷趙承安堪以補充七起司事程玉森告請長假遺缺查有高海田堪以補充二起司事蕭齊賢提補新添十起監繩委員遞遺司事一缺查有貼書候選府經歷蘇松泉堪以補充五起司事申文慶告請長假遺缺查有轉運貼書候補驍騎校世緒堪以補充八起司事承厚告請長假遺缺查有七起貼書張鴻恩堪以補充四起司事劉樹芝撤差遺缺查有四起貼書郎成韶堪以提補除

仍候　督憲批飭並移總局暨分札外合行札委試署為此札仰
該司事等即便遵照切〻特札

右札仰頭六二五八四七起隨繩司事趙蓮舫　趙承安　蘇松泉　世緒　張鴻恩　郎成韶　高海田　准此

為諭王維一補充隨繩貼書由

局銜　為諭派事照得本行局四起貼書郎成韶提補四起隨
繩司事遞遺貼書一缺查有効力貼書王維一堪以補充七起
貼書張鴻恩提補八起隨繩司事所遺貼書一缺查有効力貼
書方鐵春堪以補充新添九起貼書一差查有成友禮堪以補

充新添十起貼書一差查有効力貼書高廼升堪以補充除分
諭外合亟諭飭為此諭仰該貼書等即便遵照切切特諭

右諭仰四七九十起隨繩司事王維一 方鐵春 成友禮 高廼升遵此

光緒二十九年三月十八日

呈移為三起委員病故擬員請補并由局暫委試署由

全局銜為呈請移行事竊卑案照敝局茲據跟役王升稟稱主人前三起監繩委
員豐慶停繩在省陡患對口瘡症於正月初四日病故等情據
此現在卑敝局開繩在即碍難懸待亟應擬員請補查有卑敝局六
起隨繩司事候補驍騎校盛文隨繩得力頗著勤勞堪以提補

三起監繩委員現因新舊領户過多守請撥地立待開差業由

卑職局暫委該司事試署去訖是否之處卑局未敢擅便應一并呈請

憲台督憲核奪可否即派該六起司事候補驍騎校盛文補充三起

監繩委員如蒙照准即乞

憲台札委該員遵照以資得力而獎勤勞除移行總局查照外理合呈請督憲核示相應

備文具呈移行爲此呈請合移

憲台鑒核伏乞批飭遵貴局請煩查照施行須至呈移者

右

呈移

軍督部堂增

蒙荒省局

癸卯二月十一日

批如呈准予充補候飭該員遵照繳

為札盛文試署三起監繩委員由

局銜　為札委試署事照得本行局三起監繩委員豐慶病故

遺差業經呈報

督憲并擬派員請補在案現值領户踴躍丈放勢難稍緩應即

以擬派之員暫委試署所有三起監繩委員一差查有六起隨

繩司事候補驍騎校盛文隨繩得力頗著勤勞堪以補充以資

丈放除仍候

督憲批飭暨移總局外合行札委暫行試署為此札仰該員即

便遵照切切特札

右札仰三起監繩委員盛文准此

光緒二十九年二月十三日

為派補轉運各員司由

局全銜 為呈請移行事竊卑業查敝局前請安設十站分派員書護勇辦理轉

運業呈經

憲台督憲核准遵辦在案其轉運貼書世緒辦事得力頗著勤勞擬

懇提補五起司事業經另文呈請呈請

示督憲批示亦在案惟查總站正辦事官吳亮孚因不服水土懇請改

派其副辦事官盧崇恩押運司事徐慶元因病請假均經照准

司事恒興辦事含混現經撤差所遺總站正辦事官查有前盧

龍縣知縣張承福存心遷改老練可靠堪以委補其押運副辦

事官即以總站正辦事官儘先把總吳亮孚調補其總站司事

查有五品頂戴谷永清長於核算堪以委補其押運司事查有轉運貼書五品頂戴王立德辦事勤慎堪以提補現因開繩在即該辦事官等亟應於各起開差以前先期赴站辦理轉運業由卑敝局札委暫行試署去訖擬俟奉

憲批准再由局給札是否之處卑局未敢擅便除呈請移行外理合備文呈請移行

憲台鑒核伏乞　批飭遵行
貴局請煩查照施行　須至呈移者

右

軍督部堂增
蒙荒省局

光緒二十九年二月十三日

批如呈辦理繳

為札張承福試署轉運總辦事官由

局銜　為札委試署事照得本行局轉運總站正辦事官儘先把總吳亮孚業經調委所遺總站正辦事官一差查有前盧龍縣知縣張承福老練可靠堪以委補除仍候

督憲批飭暨移總局外合行札委試署為此札仰該辦事官即便遵照務須認真辦理毋負委任切切特札

右札總站正辦事官前盧龍縣知縣張承福准此

為札吳亮孚試署押運副辦事官由

為札委試署事照得本行局押運副辦事官盧崇恩撤差所遺押運副辦事官一差查有總站正辦事官儘先把總吳亮孚堪

以調補除仍候
督憲批飭暨移總局外合行札委試署為此札仰該副辦事官
即便遵照務須認真辦事毋負委任切〻特札

右札仰副辦事官儘先把總吳亮孚准此

為派委轉運各站司書等由

為札委試署諭派事照得本行局轉運總站司事恆興撤差所遺總站
司事一差查有効力貼書五品頂戴谷永清堪以補充押運司
事徐慶元撤差所遺押運司事一差查有巴彥招五站貼書五
品頂戴王立德堪以提補遞遺巴彥招五站貼書一差查有五
品軍功長春堪以補充包四土九站貼書姜德陞撤差所遺包

四十九站貼書一差查有効力差官汪正綱堪以補充少拉歐根七站貼書世緒業補五起隨繩司事所遺少拉歐根七站貼書一差查有効力貼書孫炳輝堪以補充除分行札飭外合行札委試署諭派為此札諭仰該司事貼書等即便遵照切切特札諭

右札諭仰
總站押運司事 谷永清 王立德
少拉歐根七站貼書 孫炳輝
巴彥格五站貼書 長春
包四十九站貼書 汪正綱
准此

光緒二十九年三月十三日

為札飭總站張辦事官承福另造詳細清冊按月彙齊呈報行局由

局銜 為札飭事照得轉運一事原係借用公款勢難自應遵照定章隨發隨收月清月款由總站辦事官隨時督察按月彙

齊冊報以期清結而重公項歷經札飭遵辦在案查該總站此
次所呈之冊既未將九站彙齊造報又未將內欠外欠詳晰分
清致收支無從查核應即發還更正另報並將定章再行申明
所有本局駐荒各員司書役隊弁什勇暨各起委員司書繩夫
以及十站駐站員司貼書什長隊兵等所用油鹽米面等物某
人應繳貨價若干各站務須按名註清按月報由總站彙報本
局以便由各該員名應領薪水工食項下扣還至於過往領户
購用食粮應由各該站隨時收價自行清理不准任意賒欠並
不得牽混開報按月各站務將共收米面等項數目已經賣出
數目逐一分晰清楚詳細冊報總站即由總站彙齊覈實呈報

本局以憑查核合亟札仰該辦事官務即查照文内事理轉飭
各站一體遵照迅速彙齊詳細造報勿得遲延含混是為至要
切〻特札

右札仰總站張辦事官承福准此

光緒二十九年五月十七日

呈移為荒務報領踴躍請添繩弓兩起擬員補充並暫委試署由

全局銜　為呈請移行事竊案查荒界地方寬濶卑敝局所擬開放章程原係丈放並行原擬八起繩弓本屬不敷遣派因恐初辦報領未能踴躍故從減委派擬至五月得有把握再行酌量添派茲查卑敝局本年開平以來領户踴躍日見增多候撥之户已有多人源源而來後此尤難預料茲就現有領户一月報領之荒與八起一月丈出之地相當計算實屬放撥不及若報領再加踴躍則積壓過多稽延日久既累領户亦碍招徠加以熟荒一千餘户關係本年升科尤屬不可稍緩擬請業經呈請

憲台督憲核奪可否即行添派繩弓兩起如報領者多則派撥生荒庶免積壓報領即減則清丈熟地亦無曠時若能辦理爽速早日報竣節省經費實屬不少查有藍翎五品頂戴候補筆帖式佐東都辦事勤敏丈量素嫻堪以派為九起監繩委員二起隨繩司事候選縣承蕭齊賢歷辦墾務能耐勞苦堪以派為十起監繩委員行局司事候選巡檢王化普長於書算堪以調補九起隨繩司事廪生何印川熟習步算堪以派為十起隨繩司事應已請

憲台督憲核奪如蒙　照准除兩起監繩委員合請

憲台督憲札委該員等遵照外所有司事貼書夫匠人等應由卑敝局遵照分別委派募充照前派各起支給薪工車價心紅銀兩并

一體置備繩弓等項現因開差之際領户擁擠紛紛守請撥放

只得暫由卑敝局札委各該員試署去是否之處卑局未敢擅便除呈請移行

外合將擬添兩起請派員司銜職列名開單相應備文具呈移行為此呈請合移

憲台核奪祇候批飭遵行

貴局請煩查照施行須至呈移者

右　呈移

軍督部堂增

蒙荒省局

光緒二十九年二月十一日

批

呈悉該總辦等所稱添派繩弓兩起如報領者多則派撥生荒庶免積壓報領即減則清丈熟地亦無曠時若能辦理爽速可節經費不少等情尚係實在情形姑予照准委員筆帖式佐東

都縣丞蕭齊賢准予分別充補候分飭遵照司事馬振銘何印
川仰即轉行飭遵惟員司既多賢否不一允宜隨時認真嚴查
嗣後各起員司如有舞弊情事即行撤懲倘辦理不善定為該
總辦等是問凜之繳單存

為添派兩起移知蒙旗由

局銜　為移行事案照敝局前請

將軍裁定

貴旗荒局蒙員等人數呈蒙　　批准業經移行在案茲因領户

踴躍原派繩弓八起撥放不及復經呈請

將軍添派九十兩起所有委員司事貼書繩夫木匠人等均照

原章委派業經由局飭派試辦合同各起於二月十八日前後
開掵赴荒應請
貴局查照前移開載數目一體添派蒙員人等兩起隨繩監視以
照信實相應備文移行為此合移
貴旗請煩查照施行須至移者
右　移
札薩克圖郡王旗

為札委試署十九起監繩委員由

局銜　為札委試署事照得本行局領户踴躍日見增多所有
前派繩弓八起實在丈放不及業經本局呈請

督憲添派繩弓九十兩起並擬員請補在案現時候撥之户紛
至遝來應即以擬派各員暫委試署所有九起監繩委員
一差查有候補筆帖式佐東都堪以委充十起監繩委員一差
查有候選縣丞蕭齊賢堪以委充以資文放除仍候
督憲批飭並移總局暨分札外合行札委暫行試署為此札仰
該員等即便遵照切切特札

右札仰十九起監繩委員佐東都蕭齊賢准此

為札委十九起隨繩司事由

為札委試署事照得本行局領户踴躍日見增多所有前派繩
弓八起實在丈放不及業請

督憲添派繩弓九十兩起並擬派員請補在案所有該兩起司
事應即先由本局揀派以便赴段辦公查有候選巡檢馬振銘
堪以派委九起隨繩司事稟生何印川熟習步算堪以派委十
起隨繩司事除仍候
督憲批飭並移總局暨分札外合行札委暫行試署為此札仰
該司事即便遵照切切特札

右札仰十九起司事馬振銘何印川 准此

光緒二十九年二月十六日

為札委十九起監繩委員佐東都由蕭齊賢

軍督部堂增　為札飭事照得札薩克圖蒙荒行局現在領戶

踴躍前派八起繩弓不數丈放亟應再行添派兩起以免積壓
兩期迅速查有候補筆帖式佐東都堪以派為九起監繩委員
候選縣丞蕭齊賢堪以派為十起監繩委員摞該行局呈請札
委前來除分札飭遵外合行札飭為此札仰該行局即便遵照
切切特札

右札辦理札薩克圖蒙荒行局准此

光緒二十九年二月三十日

移爲催蒙旗繩起速赴荒段以便會丈由

局銜　爲移催事案照敝總幫辦業於光緒二十九年三月初七日至沙磧茅土荒段督催各起開繩丈放所有指界領段等事立待

貴旂派員隨繩指引並敝局擬添九十繩弓兩起亦經移行在案貴旂應即添派九十兩起隨繩委員各一員貼書各一名繩夫各四名與前派各員等齊赴沙磧茅土會同開繩丈放相應備文移催爲此合移

貴旂請煩查照迅速施行須至移者

右　移

札薩克圖郡王旂

呈移為行催起員到荒多日蒙員延不赴段由

為呈報移行事。竊卑府業照敝總幫辦等前將赴荒啓程日期呈報。督憲在案

全局銜

當經移行蒙旗速派各員齊集雙流鎮會同丈放。茲於三月初七日抵雙流鎮，荒段各起繩弓早於初一日前次第到齊，惟蒙旗尚未派到一員，復經分別函移屢催該旗去訖。卑府敝總幫辦等遂先督率各起丈放街基，現已完竣，蒙員仍未前來。惟於二十日該旗已革協理台吉朋束克巴勒珠爾始行抵段，據稱該旗隨繩委員等業經派齊，二十五日以前約可到荒等語。卑府敝總幫辦等初次移催，本謂天氣舒長，正宜乘時丈放，而該旗遇事遲延，實有出人意外者，不得不預為聲明。除移總局查照外，理合呈報督憲鑒核外相應備文呈報移行

為此合移呈請
憲台鑒核
貴局查照施行須至移呈者

右

軍督部堂增移呈

蒙荒省局

致蒙旂函為催起員速來荒段

逕啓者三月十二日接准

貴旂移文内開所有繩隨委員以及貼書繩夫等業經派定員數不日前來會同敝局起員照章丈放等因現在敝總幫辦抵荒日久

立待督率起員開繩轉瞬三月將盡

貴旂尚未派到一員如此曠延則敝局員司等坐耗薪餉難免有
悞辦公况現奉　將軍札催即行開繩限於三月十五日前務
將所丈數目若干隨時呈報以憑查核等語
貴旂所派各員既未到荒不能立時開繩其將何以呈報　將軍務祈
貴旂將派定各委員等速飭來荒以便趂即開繩呈報
將軍萬勿再延盼切禱切專此敬請
大安希惟
霽鑒

蒙荒行局謹啓

蒙旂移爲派定總幫辦並局趕員司人等暨每員月支薪水若干由

札薩克圖郡王旂　　爲移行事於本年三月初九日准

貴局移開貴旂應即添派九十兩趕隨繩委員各一員貼書各

二名繩夫各四名與前派各員等齊赴沙磧茅土會同開繩丈

放相應備文移催爲此合移貴旂請煩查照迅速施行等因前

來查前奉

將軍札開今札派總辦協理台吉額力西木巴雅爾再台吉色

楞汪保幫辦已革協理台吉朋蘇克巴勒珠爾等現派管册官

一員繙譯官二員核算官三員蒙古貼書四名漢文貼書三名

差遣四名繩弓十員蒙古貼書十名通曉漢文貼書十名通事

十名繩弓四十名是以札派各差於本月十五日齊集札薩克
處俟日到時再會同咨行
貴委員等外總辦一員月支薪水銀八十兩幫辦二員月支銀
五十兩繩弓十員均月支銀二十兩管冊官繙譯核算貼書等
均月支銀十五兩繩弓貼書通事等月支銀均十兩差遣等十
兩繩兵均七兩是以通共合銀一千一百九十五兩又一月筆
墨紙張銀十兩均由開款內動用亦不用兵等茲因札薩克處
未有收款由此外出派台吉等官會同圖什業公果爾羅斯公
圖謝圖王等旂將本旂疆界分清一併具情咨行外相應移知
貴局查照可也須至移者　右　移　奉天蒙荒行局

蒙旗各起員書人等花名冊

會辦委協理官等　為造送隨繩委員貼書通事繩夫等花名數目清冊

計　開

頭起隨繩官　排三達烏勒吉巴圖　畢其格奇桑金敖力布

通　事　常　德　繩　夫　畢里克圖　太　龍　達　乩

巴圖力桑

二起隨繩官　梅　倫　桑　永　畢其格奇党遜隆札卜

通　事　阿木戉　繩　夫　阿敏布虎　多　瑞　雙　地

巴勒旦

三起隨繩官　梅倫　色楞巴勒桑　畢其格奇　色勒春

通事　留成　繩夫　翁古力　阿勒丹果雅勒

拉木呼　阿爾賓

四起隨繩官　台吉圖普新吉力戍勒　畢其格奇　那遜巴雅爾

通事　額爾格圖　繩夫　得克吉拉虎　巴圖爾

西勒布札勒三　特立克

五起隨繩官　台吉　桑佳　貼書　烏爾那東圖

通事　朋東克　繩夫　那遜布虎　敖棍台

色楞　宗乃

六起隨繩官　台吉　羅木丕勒　貼書　特克喜

通事　高升　繩夫　阿約喜　烏克得勒虎

馬吉特　塔賓太

七起隨繩官　台吉　那遜巴圖　貼書　色班札卜

通事　巴月勒　繩夫　巴札拉特那　色魯卜

哈拉特新　布彥圖

八起隨繩官　台吉　布彥托克塔虎　貼書　棍布札卜

通事　布彥俄羅什虎　繩夫　布林　奇訥爾

那遜巴圖　布合塔木爾

九起隨繩官　台吉　雲瑞　貼書　色普鎮額

通事　哈卜塔改　繩夫　巴圖　布合

依魯格勒圖　布虎卜彥圖

十起隨繩官　台吉　那遜吉爾戉勒　貼書　恩合巴圖

通　事　布彥得克吉爾呼　繩　夫　布爾奇克

哈畋　巴勒吉　桃那爾

札薩克圖郡王旂會辦荒務官員　為移知覆接收事情因

去年會辦協理官員繩起員差等辦理四十餘日需款壹千陸百三十玖兩貳钱捌分本年協理官員繩起各差等一個月需款壹千叁百兩又解銀護衛額爾登綽克圖支使路費銀三十兩通共計銀二千九百六十九兩二钱八分内少平銀二兩二钱六分會辦荒務處今收到二千九百六十七兩二钱一併具

情知照可也須至知者

右　移

蒙　荒　行　局

光　緒　二　十　九　年　四　月　十　五　日

移催蒙旗繩弓赴荒會丈由

局銜　為移行事案照敝　局繩起委員等現已由鄭家屯陸續開拔來荒擬一面抵鎮一面到段行繩並繩稟添十三十四兩起繩弓一併到荒以期丈撥迅速應請

貴局迅即添派兩起繩弓並調齊各起隨繩員書人等作速到局以便指段會勘相應移行為此合移

貴局請煩查照調派盼切施行須至移者

右移蒙局　八月二十七日

移知蒙旗局添派兩起速飭赴段會丈由

為移知事案照現在荒户報領踴躍，敝局擬再添繩起，以期丈撥迅速，早日竣工。兹就在局人員派領繩弓兩起，分段丈荒，刻日前往，應希

貴旗局從速添派繩弓兩起，隨即赴段，以便會同丈放，相應移行

貴旗局知照，盼切施行，須至移者

右移蒙旗局

光緒二十九年九月十七日

札准户部咨飭蒙荒總行局造報員司馬步隊等銜姓員名清冊以憑轉咨報部立案由

軍督部堂增　為札飭事案准

户部咨開山東司案呈内閣抄出

盛京將軍增　奏現已派員勘辦扎薩克圖王旗蒙荒情形一摺

光緒二十八年十月十九日奉

硃批著即認真經理以裕國帑而恤蒙艱欽此欽遵到部相應恭録

硃批咨行

盛京將軍遵照即將蒙荒總分各局委員人等銜姓員名設局日期並添募馬隊若干步隊若干管帶銜姓花名迅飭查明報部可也等因准此除分札外合行札仰該局遵即查照辦理作速

呈覆以憑轉咨毋延特札

右札辦理札薩克圖蒙荒行局准此

光緒二十九年正月廿九日

呈爲遵飭造具卑局總幫辦局起員司馬步隊銜姓員名清册由

全銜　爲呈覆事竊卑局於光緒二十九年二月初十日奉

憲台札開案准　户部咨開云云至毋延特札等因奉此遵即將

卑局開辦日期暨總幫辦局起員司馬步隊官弁銜姓員名數目

分晰造具清册除移省局查照外理合備文呈覆爲此呈請

憲台鑒核伏乞　照呈施行須至呈者

計呈清册一本

右　呈

軍督部堂增

光緒二十九年三月初四日

辦理札薩克圖蒙荒行局謹將卑局開局日期暨局起各員司貼

書銜姓員名局差繩夫木匠花名並護局馬步隊正副巡長字

識銜姓什勇數目遵照

部咨造具清冊呈請

憲鑒伏乞

核奪施行須至清至清冊者

計

開

計行局一所

於光緒二十八年七月十六日奉札試辦

一總辦二員

花翎副都統銜開復海龍城總管依桑阿

花　翎　分　省　試　用　知　府　張心田

一幫辦二員

花翎同知銜候選知縣王壽祺

藍翎五品頂戴候選知縣劉福陞

一主稿委員一員

藍翎五品頂戴候選通判鍾　祺

一收支委員一員
分省試用州同紀應瀾
一清訟委員一員
縣丞銜供事張仲麟
一幫稿委員一員
五品軍功儘先即選府經歷劉作壁
一解運委員一員
候選府經歷錫壽
一抽查委員一員
提舉銜候選州判王蔭第

一稽查委員二員

升用直隸州知州分省補用知縣鄭爾純

工部主事崇華

一繪圖委員二員

藍翎五品頂戴儘先選用巡檢孫其昌

縣丞銜陳峒壽

一蒙文委員一員

藍翎五品頂戴文亨

一蒙語委員一員

藍翎五品頂戴靖兆鳳

一差遣委員一員
候選縣丞張勵學
一辦事官二員
同知銜分省即補知縣謝漢章
揀選知縣邰建中
一隨局司事六員
候選巡檢吴培基
五品頂戴廪生郭世傑
府經歷銜附生郭桂五
縣丞銜高凌奎

五品頂戴府經歷銜張　瑾

藍翎五品頂戴縣丞職銜　丁夢武

一隨局貼書十名

駁　騎　校　常　連

候選縣丞　才碧峯

五品頂戴　葉綿熙

府經歷銜　張毓華

府經歷銜　梁國棟

五品頂戴附生　王英敏

儘先選用縣丞　耿相元

藍翎五品頂戴候補驍騎校永　吉

府　經　歷　銜　李紹庚

六　品　頂　戴　李作崐

一隨局局差十名　　以上在局各員司書差銜姓員名

計丈地繩弓十起

一督繩委員二員

棟　選　知　縣　善　成

儘先補用驍騎校榮　斌

一十起監繩委員十員

頭起監繩委員藍翎五品頂戴委前鋒校舒　秀

二起監繩委員候選巡檢張篤福

三起監繩委員候補驍騎校盛文

四起監繩委員候補防禦成友直

五起監繩委員知縣用分省補用鹽大使田震

六起監繩委員即選筆帖式吉芳

七起監繩委員委用筆帖式德壽

八起監繩委員補用知縣候選府經歷周瑞麟

九起監繩委員候補筆帖式佐東都

十起監繩委員五品頂戴縣丞銜蕭齊賢

一十起隨繩司事十員

頭起隨繩司事候選巡檢趙蓮舫
二起隨繩司事候選府經歷蘇松泉
三起隨繩司事六品頂戴張文堂
四起隨繩司事候選巡檢郎成韶
五起隨繩司事候補驍騎校世　緒
六起隨繩司事候選府經歷趙承安
七起隨繩司事六品頂戴高海田
八起隨繩司事巡檢銜張鴻恩
九起隨繩司事增　生馬振銘
十起隨繩司事廩　生何印川

一隨繩貼書十名

頭起隨繩貼書張承縉

二起　葉之春

三起　牛廷芳

四起　王維一

五起　田維上

六起　錢桂芬

七起　方鐵春

八起　趙文楝

九起　成友禮

十起隨繩貼書高洒升

一十起繩夫每起四名十起共四十名

一十起木匠每起一名十起共十名

以上各起員司貼書夫匠銜姓員名

計轉運十站 頭站雙流鎮 二站大杆達拉 三站摩力格池 四站哈拉烏蘇 五站巴彦招 六站茂得土 七站少拉歐根 八站各洛根保頭 九站包四吐 十站卧虎屯

一駐站正辦事官一員

藍翎五品頂戴前盧龍縣知縣張承福

一押運副辦事官一員

直隸提標三屯營松棚路經制外委 吴亮孚

一駐站司事一員 五品頂戴谷永清

一押運司事一員　五品頂戴王立德

一駐站貼書四名　楊春榮

長春

孫炳樺

湖北督標候補把總　汪振綱

以上運站各員司貼書銜姓員名

計護局馬步隊各一哨

一馬隊正巡長一員　四品頂戴儘先外委徐海亭

一步隊正巡長一員　藍翎五品頂戴　王紹東

一馬隊副巡長一員　藍翎五品頂戴披甲寶麟

一步隊副巡長一員　儘先拔補千總楊光照
一字識一名　五品頂戴馮鶴亭
一馬隊什長四名正勇三十六名共四十名
一步隊什長八名正勇七十二名共八十名
一馬隊長夫四名
一步隊長夫四名

以工護局馬步隊正副巡長字識什勇長夫銜姓員名所有該兩哨正副巡長字識什勇長夫花名年籍箕斗槍馬

另繕清册合併聲明

督憲批據呈已悉仰候核咨繳册存

爲移送馬步隊清册由

局銜　爲移行事案照敝局兹奉　督憲札開准　户部咨稱蒙荒行局添募馬隊若干步隊若干管帶銜姓花名迅速查明報部等因飭局遵照呈覆以憑轉咨等因奉此敝局遵照查明前招護局馬隊一哨四十名步隊一哨八十名官弁字識什勇長夫銜姓花名年籍箕斗槍馬數目造具清册以備咨行除呈覆督憲查核并分移外相應備文移行爲此移請貴處請煩查照施行須至移者

右　移

督轅營務糧餉處

為札各起赴荒次第開放日期由

局銜　為札飭事照得本行局轉運員司等業經飭辦米面先期赴站去訖所有各起員司書役等亟應赴荒早開繩丈其頭二兩起限於本月十九日開放三四兩起限於二十日開放五六兩起限於二十一日開放七八兩起限於二十二日開放九十兩起限於二十三日開放除呈報

督憲鑒核外合亟札飭為此札仰該起員等即便遵照勿稍遲延切切特札

右通札十二起監繩委員等　准此

光緒二十九年二月十八日

呈為派員勘分應放荒地各界由

全銜　為呈報事竊卑局前　為蒙荒應放地段界址宜早分清各情呈請

憲台核示在案於光緒二十九年二月初十日接奉

批示據呈已悉候飭該王旂迅即遴派妥員會同該局將該旂應放地段指清並毘連他旂界址劃分明晰以便丈放而免轇轕並候飭駐省總局知照繳等因奉此卑局現經派出行局清訟委員張仲麟勘分應放荒地北界繪圖委員陳峒壽勘分應放荒地東界稽查委員鄭爾純勘分應放荒地西界辦事官邵建中勘分荒地應放南界去訖除移請蒙旂查照並請咨行連界

各旂派員會同劃分以便丈放而免轇轕一俟接准蒙旂咨覆
卑局即飭該員等赴旂會勘外理合備文呈報為此呈請
憲台鑒核飭遵施行須至呈者

右　　　　　　　　　呈

軍督部堂增

光緒二十九年二月十八日

批呈悉候分飭各該王旗遵照並候飭總局知照繳

札為派員勘分應放荒地各界由

局銜　為札飭事照得本局開放蒙荒首重經界業經呈請
督憲轉飭札薩克圖郡王旂暨連界各蒙旂派員與行局委員

會同勘分等因蒙准遵照分移去訖查有行局（稽查委員鄭爾純／清訟委員張仲麟／繪圖委員陳峒壽／辦事官邵建中）

堪以派往（勘分／查勘）荒地（西北東南）界一俟接准蒙旂咨覆即飭分途赴蒙

會同蒙員眼同（勘分／查勘）以清界址除呈報暨移行外合行札派為

此札仰該員即便遵照屆時前往務須逐細（分清／查明）仍將（勘分／查勘）界

址具報備查毋稍含混切切特札

右札仰鄭委員爾純 張委員仲麟 陳委員峒壽 邵令建中 准此

為加派榮委員斌會同勘分荒段北界由

全局銜 為（呈報／移會行／札飭）事（竊查蒙／案照得／貴）旗出放荒界應派委員會同勘分業經呈蒙

批准遵照分行各在案查荒段北面與（該／本／貴）旗牧地毗連東西相

值甚遠此次新擬劃界築立封堆較之其餘各處原有界址若事體尤為繁要除已派行局清訟張委員仲麟前往外仍亟應加派人員一同赴旗勘分以期辦理妥速查有行局督繩委員榮斌穩練和平堪以派往除分行呈報暨分行外理合相應備文呈報移行會為此呈請合移合行札飭札到該員即便遵照特札

憲台鑒核伏乞照呈
貴旗局請煩查照施行須至呈移者

軍督部堂增
蒙荒省局
札薩克圖王旗
光緒二十九年四月初七日

批據呈已悉繳

吴營移請以王全勝補充稽查兩哨委員由

總巡遼源巡捕馬步隊吴　爲移請事案照敝總巡前經

貴幫總辦稟請兼帶　貴局新募護隊馬步兩哨當由敝總巡揀

弁一員李向辰送請委充兩哨稽查委員在案兹查該弁業經

請假回籍所遺之差查有敝隊藍翎守備王全勝諳練營務辦

事可靠擬派兼充　貴局護隊兩哨稽查之差以資周密除飭

該弁知照外相應備文移會爲此合移

貴幫總辦請煩查照發給委札以便任差並希傳諭兩哨遵照施

行須至移者

右　移　蒙　荒　行　局　　二　月　十　七　日

為准吳營移請以王全勝兼充稽查兩哨委員當即移覆委補由

局銜 為移覆事案照二月十七日接准

貴總巡移開前經會委稽查馬步隊兩哨委員李向辰業經請假回籍遺差以總查藍翎守備王全勝兼充即希發給該弁委札以便任差並傳諭兩哨遵照等因准此敝局覆查藍翎守備王全勝熟習營伍堪以委補本局稽查兩哨委員茲已准移札委去訖除分行外相應備文移覆為此合移

貴總巡請煩查照施行須至移者

右 移

總巡遠源巡捕馬步隊 吳

為前由並移知恆統巡

局銜　為移行事案照二月十七日准

貴軍吳總巡移開云云至等因准此，茲已准照札委去訖，除分行外，

相應備文移行，為此合移

貴統巡，請煩查照施行，須至移者。

右　　　　移

統巡奉天北路巡捕馬步全軍恒

札為王全勝兼充稽查兩哨委員由

為札委事照得本行局二月十七日接到總巡吳移稱：稽查兩

哨委員李向辰請假回籍遺差，以藍翎王全勝兼充等因，准此。

本局覆查該守備熟習營伍堪以委補本局稽查兩哨委員除
移行并札飭兩哨知照外合行札委為此札仰該員即便遵照
切〻特札

右札仰稽查兩哨委員王全勝准此

為前由並札知兩哨

為札飭事照得本行局二月十七日接到云云除移行暨札委外
合亟札飭為此札仰該步馬隊正副巡長即便遵照傳諭兩哨可
也切〻特札

右札仰步馬隊正副巡長徐海亭、寶麟、王紹東、楊光照准此

光緒二十九年二月二十一日

札爲監繩池委員熙盛現未到差以督繩全委員祥暫行署理由

爲札飭事照得本行局十二起監繩池委員熙盛現未到差荒

地急需丈放其監繩委員一差查有督繩全委員祥堪以派委

暫行署理俟該員到局即飭各任各差以專責成而重荒務合

行札飭爲此札仰該員即便遵照切切特札

右札仰署理十二起監繩委員全督繩祥准此

光緒二十九年四月十二日

為蒙批准飭蒙旗派員分界呈請並飭連界三蒙知照由

全銜　為呈請事竊卑局前因荒界宜早分清請

飭蒙旗派員會勘各情業奉

批准轉飭在案查札薩克圖應放荒界除北界係屬本旗地方

外其東界與札薩克公旗地毗連南界與達爾罕王旗地毗連

西界與圖什業圖王旗地毗連分界時必須各該旗派員會勘

方徵核實若候札薩克圖旗咨請該三蒙派員會勘誠恐呼應

不靈稽延時日殊于放荒有碍應請

憲台准照前呈分行札飭札薩克公達爾罕王圖什業圖王等

旗知照派員與札薩克圖郡王旗所派之員暨卑局委員等會

勘分界以免稽延而清轇轕理合備文具呈爲此呈請

憲台鑒核伏乞　照呈施行須至呈者

右　　　　呈

軍督部堂增

光緒二十九年二月十六日

批據呈已悉候分飭各該王旗迅即遴派妥員與札薩克圖郡王旗所派之員會同該局委員等將該王旗應放荒地毘連各旗界址劃分明晰以便丈放而免轇轕并候飭省局知照繳

省局爲牟滋森等十一名報領樂字生荒移知行局由

蒙荒省局　爲移行事案據領户牟滋森等十一名各交正款庫平銀二百二十兩經費庫平銀三十三兩共交庫平銀二千七百八十三兩報領樂字八十一號起至九十一號止頭等生荒一千一百晌除填註信票十一紙給領户並呈報外相應開單移行

貴局請煩查照辦理施行須至移者

右　移

蒙荒行局

光緒二十九年二月十四日

省局爲宮得福報領樂字生荒壹百晌移知行局由

蒙荒省局　爲移行事案據領户宮得福一名交正款庫平銀

二百二十兩經費庫平銀三十三兩共交庫平銀二百五十三

兩報領樂字九十二號頭等生荒一百晌除填註信票一紙給

領並呈報外相應開單移行

貴局請煩查照辦理施行須至移者

右　　移

蒙荒行局

光緒二十九年二月廿七日

肖局爲王心一等十二名報領御字生荒移知行局由

蒙荒肖局　爲移行事案據領户王心一等十二名各交正款庫平銀一百八十兩經費庫平銀二十七兩共交庫平銀二千四百八十四兩報領御字一百五十一號起至一百六十二號止二等生荒一千二百晌除填註信票十二紙給領並呈報外

相應開單移行

貴局請煩查照辦理施行須至移者

右　移

蒙荒行局

光緒二十九年二月廿九日

省局爲烏爾圖等八名報領御字生荒移知行局由

蒙荒省局　爲移行事案據領户盛京旗人烏爾圖等八名各交正款庫平銀一百八十兩經費庫平銀二十七兩共交庫平銀一千六百五十六兩報領御字一百六十三號起至一百七十號止二等生荒八百晌除填註信票八紙給領並呈報外相應開單移行

貴局請煩查照辦理施行須至移者

右　　呈

蒙　荒　行　局

光緒二十九年三月初二日

省局為宋會元報領御字生荒移知行局由

蒙荒省局　為移行事案據領户工部人宋會元一名交正款

庫平銀三百六十兩經費庫平銀五十四兩共交庫平銀四百

一拾四兩報領御字一百七十一號起至一百七十二號止二

等生荒二百晌除填註信票二紙給領並呈報外相應開單備

文移行

貴局請煩查照辦理施行須至移者

右　　　　移

蒙　荒　行　局

光　緒　二　十　九　年　三　月　初　三　日

省局爲柯鴻鈞等四名報領樂字生荒移知行局由

蒙荒省局　爲移行事案據領户柯鴻鈞 劉永泉 劉鳳俊 劉永成共交正款庫平銀四百四十兩經費庫平銀六十六兩通共交到庫平銀五百零六兩報領樂字九十三號起至九十四號止頭等生荒二百晌除填註信票二紙給領並呈報外相應備文移行貴局請煩查照辦理施行須至移者

右　　　　移

蒙　荒　行　局

光緒二十九年三月初九日

省局爲德喜等二十二名報領御字生荒移知行局由

蒙荒省局　爲移行事案據領户德喜等二十二名交正款庫平銀九千三百六十兩經費庫平銀一千四百零四兩共交庫平銀一萬零七百六十四兩報領御字一百七十三號起至二百二十四號止二等生荒五千二百晌除填註信票五十二紙給領並呈報外相應開單移行

貴局請煩查照辦理施行須至移者

右　　移

蒙荒行局

光緒二十九年三月初九日

札爲李馨圃等三名報領御字生荒二百晌由

軍督部堂增　爲札飭事案據辦理札薩克圖蒙荒駐省總局呈稱現據領戶李馨圃等三名報領二等實荒二百晌交到正價庫平銀三百六十兩經費庫平銀五十四兩除將交到銀兩由職局如數兑收外理合照章開單呈請憲台迅飭填發札文以便發交該領戶親賫依限馳赴行局换領信票聽候撥地伏乞查核等情據此除批示外合行札仰該局即便遵照特札

右札蒙荒行局　准此

光緒二十九年三月廿七日

為札薩克圖郡王請給文銀五千兩如數照撥收訖由

全銜　為 呈報 移覆 事 竊卑 案照敝 局於光緒二十九年二月二十四日接准

大札薩克圖郡王咨開今春修造需款請給文銀五千兩以供應用等因

准此卑 敝局業經付給該旗瀋市平銀五千兩整如數收訖除 移該郡王 呈報 現照撥○貴 希即彈收

見覆 督憲鑒核暨移總局查照 將軍暨移蒙旗見覆暨移總局查照 外理合 相應 備文 呈報 移覆 為此 呈請 合移

憲台鑒核 總局 貴王旗 請煩查照見覆 施行須至 呈 移 者

右

督部堂

蒙荒省局

札薩克圖郡王旗

光緒二十九年二月廿六日

批據呈已悉繳

為准蒙旂咨撥蒙員等薪水銀兩由局照付由

全局
銜　為呈報（移行）事竊卑（案照敝）局於光緒二十九年三月二十一日在荒
准　札（貴）薩克圖郡王旗（旗）咨開去冬由旗派委辦荒員弁等計四十餘天
需用薪水銀一千六百三十九兩二錢八分請行局照撥交旂
等因准此同日又准咨開因本旗派委會同辦荒大小員弁每
月薪水按先咨所擬如數由　行局撥出交旂等因同准此卑（敝）局
覆查該旂先咨（先咨）所稱需用銀（[illegible]）係去歲各員弁應支之款後咨所
稱將大小員弁每月薪水按先咨所擬各數撥交等語諒係本
年月內應支之款但未准註明數目業由卑府等（敝總幫辦）面詢該（○貴）旗當
據荒務幫辦綳印軍核計需用銀一千叁百兩整外并應給解

銀差員川資銀三拾兩等情由卑府敝總局等（卑府等 敝總幫辦）函局照發去後茲由卑敝局

眼同該貴旂差員白銀福照先咨撥鄭平銀[illegible]照後咨撥鄭平眼

[illegible]兩並發給該貴旗差員川資銀三拾兩三項共鄭平銀[illegible]如數

交該貴旗差員白銀福收訖除分移呈報外理合相應備文呈報移覆行為此呈請合移

憲台查核伏乞貴旂局請煩查照照呈見覆施行須至呈移者

右　　呈移

軍督部堂

省　　局

蒙　　旂

光緒二十九年四月初六日

批據呈已悉繳

札吴辦事官會同蒙員解款赴蒙由

局銜 為札飭事照得本局兹准札薩克圖郡王旂咨請撥款二千九百六十九兩二錢八分并派差員白銀福領解回旂等因咨請到局現經如數照發該差員領訖並飭隨同本局轉運車一同到蒙由該押運辦事官等會同解送以免疏失除派兵護送外合行札飭為此札到該辦事官即便遵照會同該差員解送到蒙沿途務須格外謹慎毋得疏失是為至要切〻特札

右札仰吴辦事官亮孚准此

光緒二十九年四月初七日

札為據蒙王呈稱遵札派委荒務總幫辦暨各員書人等月支薪水若干由

軍督部堂增　為札飭事案據札薩克圖郡王烏泰呈稱前奉
軍督部堂札文派委協理台吉額力喜木巴雅爾為荒務總辦
台吉色楞汪保綳蘇克巴勒珠爾為幫辦其色楞汪保因病遺
差已派記名協理台吉那孫得克吉力虎接充至各起隨繩監
視委員各一員書識通事各一名繩弓四名已遵札出派專司
稽核登記册檔各該員役均已隨同貴將軍委員等任差均酌
給薪水其總辦一員月給薪水銀八十兩幫辦二員月各給薪
水銀五十兩隨繩委員各給薪水銀二十兩管册委員薪水銀
十五兩書識通事各給薪水銀十兩繩弓各給薪水銀七兩心

紅辦公銀月給十兩此項費用薪水銀兩係遵札酌給理合將
各項薪水銀兩數目備文呈報鑒核備案等情據此除飭蒙荒
總局知照外合行札仰該局即便遵照特札

右札蒙荒行局 准此

光緒二十九年七月初八日

# 辦理蒙荒案卷

第六冊

呈為官商合辦木植請示祇遵由

呈移為請派官商合辦木植專員

諭飭商人張廷奎擬訂合辦木植章程暨訂立合同紅帳由

呈為遵發木植官本驗明商款並飭立合同紅帳呈報備案由

呈為行局旂員等充差在荒懇免回旂春操據情轉呈由

移為康平縣移稱蒙匪徐札那更名在局查無其人移覆由

呈移為中等生荒放出已逾十萬晌擬暫停收以免溢放由

呈移為蒙咨請禁止熟戶轉賣由局移覆准駁由

呈移為蒙咨借貸洋款指領河北荒地由局移覆由

附稟為聲明蒙咨借貸洋款指領河北荒地各情由

呈移為各起丈放生荒時擬將駝運改置牛車由

呈移為收買馬步隊子藥請由何項開銷由

呈為總辦張　由荒抵局日期並查勘繩弓各情由

呈為總辦張　由省抵局日期由

附稟旋局後擬即速催各起赴荒開繩各情由

呈為雙流鎮可否准其行使中錢請　示由

呈為遵飭雙流鎮自七月初一日通使中錢由

呈為雙流鎮行使斗面擬一律改換仿照卜魁斗式由

移為汪保請由行局撥給蒙王所欠銀兩移行蒙旂見覆由

呈為商請吴總巡派隊赴荒提解盜匪徐札那由

札飭赴花爾都地方提解盜匪徐札那由

諭為加兵提捕徐札那由

呈為杜忠德有意庇盜可否咨行江省提辦由

晉憲札為會提徐札那一案飭局訊明稟奪由

呈覆會提徐札那一案訊明帶到之李殿榮等開釋各情由

晉憲札為晉繩委員善成請假百日照准飭知行局由

移覆據美商稟稱張勵學騙股各情業經撤差無從傳送由

移請遼源州吴總巡嚴緝盜匪由

札為哨官長管兵不嚴各記大過一次由

札飭馬隊正副巡長革補什勇暨請假等事均宜稟明由

呈為職商王佐臣稟懇購用機器開荒據情轉呈由

督憲札為購機開荒咨准商部核覆飭遵由

札為前因轉飭務本公司知照由

呈為現擬移局至荒仍留收支在鄭並請添提調由

呈為現留收支在鄭移請遼源巡捕隊保護由

呈為三等荒土薄滯銷擬變通分卯交價以廣招徠由

督憲札為蒙旗呈稱越界行繩不恤台壯等情飭局查覆由

呈為前因遵　札聲覆由

附稟為聲明蒙王阻撓繩弓指留北段各情由

督憲札為蒙王呈稱請安台吉並索城基文數飭局查覆由

呈為前因遵札聲覆由

為飭領戶聽撥催熟戶交價暨停放窯基各牌示曉諭由

傳飭二月初一日開徵租賦飭差催納並一面催交荒價由

牌示雙流鎮街巷均留餘地七尺由

呈為官商合辦木植請　批示祇遵由

全銜　為呈請事竊卑局前於呈報該旂借款案内曾經聲明另籌辦理木植以杜外人覬覦等情在案查此荒全段四百里内並無林木即附近一二百里亦絶少木植可購必須運自伯都訥及伏龍泉等處聞有蒙人自該旂並圖什業公界之北山砍伐然皆運以牛車不能多載且無大木可用自不能不為之設法提倡兹經招得公正殷實商人華昌源執事人張廷奎與之議明官商合辦其股本則官一商二先由該商人出資本銀壹萬兩再由官中發資本銀五千兩事非公司均不准取七厘官息亦不責報効但俟獲利按股本匀劈由該商人派人分赴吉

林新城並黑龍江之西大嶺公王各旗之北山採買或由松花江運至新城再截成材料裝船由陶爾河上運或由北山順陶爾河散放皆集於雙流鎮城東河口由卑局派一專員勾稽木價督查銷售冬令則以車裝運如此則材木不可勝用既以杜外人之覬覦開吾民之風氣且有木則建修衙署不致為難即有運木之利而建修衙署亦不煩另費三年之後清賬歸本如果獲利能敷修署之用固屬甚佳倘稍有不足亦動用公款無多萬一事有意外澈底計算即未能獲利似亦不至虧本此係一氣呵成官民俱便之事雖無外人窺伺當此帑項支絀猶尚可為況重以外人之垂涎乎 如蒙

憲台採擇可行擬懇
迅賜批示再由卑局提發款項交該商試辦所有卑局呈擬試創官
商合辦木植緣由是否可行理合備文呈請
憲台核奪伏乞　批示遵行須至呈者

右　　　　呈

軍　督　部　堂　增

光　緒　二　十　九　年　五　月　廿　八　日

批如呈辦理仰即妥為興辦勿任滋弊是為至要
候飭蒙荒駐省總局知照繳

呈/移 為請派官商合辦木植專員由

全局/衙 為呈請/移行事。竊卑/案照敝局前於閏五月間曾經呈請招得華昌源商人張廷奎在雙流鎮地方議明官商合辦木植並請派一專員監視辦理業蒙

憲台/督憲批准在案。疊據該商人函稱已將資本湊齊遣人赴吉林新城購辦各種木料，祇候水漲運放，亟應派員前往以便開辦。查有頭起監繩委員舒秀精明強幹，勇往有為，堪以派為稽查木植委員，專司勾稽木價、督查銷售各事宜，暫領監繩薪水，俟木局開辦後再與商人議訂另行支發。如蒙

憲台/督憲核准，請即賞發委札以專責成。其監繩一差暫派該起司

事趙蓮舫署理卑府敝總辦擬俟抵鎮後督飭該委員務將該商人所辦木植股本等項逐一認真確切查實飭令寫立合同紅賬呈局鈐蓋關防分別呈送督轅備查並發還該商收執一分以昭慎重所有請派稽查官商合辦木植專員並查實股本緣由除移知省局呈請督憲核示外理合相應備文具呈移行為此呈請合移

憲台鑒核伏乞批示遵貴總局請煩查照施行須至呈移者

右　呈移

軍督部堂增

省局

批

呈悉候札飭委員舒秀遵照並候飭蒙荒驛省總局知照繳

諭飭商人張廷奎擬定合辦木植章程暨訂立合同等情由

局銜　爲諭飭事照得本局辦理札薩克圖荒務民商咸集需用木植甚多而荒段之内並少林木亟應設法提創現招得公正殷實商人華昌源執事人張廷奎與局議明官商合辦本銀官一商二初在一萬五千兩不取官息不責報効獲利按本匀劈三年各歸各本先行由商遣人分赴吉林新城黑龍江及西大嶺公王各旗之北山採買水陸併運雙流鎮由局分别派員稽察督銷以開風氣呈蒙

督憲批示如呈辦理仰即妥爲興辦勿任滋弊是爲至要等因奉此合行諭飭爲此諭仰華昌源執事人張廷奎遵照刻即擬

定官商合辦一切章程訂立合同繕具三分註明紅賬各印該
號圖書呈局鈐印以一分存局以一分呈省一分發還該商收
執所有官本五千兩仰即備具圖書收条在局如數承領其商
本萬兩亦應繳齊報局立案備查切〻特諭

右諭仰華昌源執事人張廷奎遵此

木植官局執事人張廷奎謹

稟

行局台前敬稟者竊執事接奉

諭飭內開現與華昌源執事人張廷奎官商合辦木植呈蒙

督憲批示如呈辦理仰即妥為興辦勿任滋弊是為至要等因

奉此仰即擬定官商合辦章程訂立合同三分註明紅賬其官本五千兩仰即備具圖書收條在局如數承領其商本萬兩亦應交齊報局立案等因奉此遵即備具圖書收條呈局將官本銀五千兩如數領訖其商本壹萬兩亦經交齊請

飭驗明立案兹并擬具官商合辦木植章程八條懇請

鑒核如蒙允准伏乞呈報　督憲備案以便訂立合同註明紅賬及時興辦實為公便合肅稟陳恭請

崇安伏乞　垂鑒　官局執事廷全謹稟

本局批官股五千已經發領商股萬兩亦即驗發所擬章程仰候呈報

督憲鑒核分行所有應立合同紅賬亦着該局速立即為與辦切切

辦理木植官商局謹將合辦木植章程分別條陳恭呈

鑒核

計開

一官商合辦木局自應訂立合同查原股本銀一萬五千兩分作十五股官五商十試辦三年清賬歸本如未及三年荒局即已報竣即於報竣時將官股五千兩歸還荒局獲利照股分劈除官本應由官交華昌源執事人張廷奎承領歸木局存儲備用外其商股仍由張廷奎招集成股如已經招得成股十股之外更有續願入股者亦准該執事人隨時招集以便擴充所有商股銀兩呈由局員驗明歸木局存儲提用以免架空而

重商務仍當訂立合同發給股摺以為憑據

一華昌源張廷奎既承招為官商合辦木局執事人並荒局委員均各給予身股所有荒局派來委員專司查察弊端至局中買賣交易之事應專責執事人經理以期各盡其職

一局中事務繁多執事人一人實難兼顧非揀派誠實妥善身股二人幫同辦理不足以專責成今派素知之崔鳳逵徐壽春老成樸實二人以充斯任華昌源執事人給身股兩股幫執事人二人暨荒局所派委員各給身股一股凡係給予身股之人每股每年支銀一百二十兩以作養家之費俟結賬獲利後按股分劈歸還支使養家之費所有工役薪水照所辦事體輕重按

月分別撥給

一凡局中所用之人無論官商工役均須先有妥保然後入賬倘遇功過天災統聽執事人隨時約會保人舉劾執事人如有錯失亦准官商股夥稟請荒局約會保人理處

一局中出入銀錢賬目按商家規矩年終將齊年收存銀錢貨物木植總數分晰開單分送各股東查閱

一局中紅賬擬先訂就流水總散各賬簿呈由荒務局蓋用印花後再加木局圖書方准啓用以杜抽換挖補等弊

一採買木料或到吉林新城黑龍江及西大嶺蒙古王公各旗之北山等處應先呈明蒙荒局稟請

軍憲發給執照知會各王公免其阻止以便覓夫砍伐

一官廠或派人赴集鎮採辦木料買就時一面開明發單一面蓋用官局採運大印以杜偷漏而便稽查

一稟請發給告示並分行吉林黑龍江札薩克圖王旗札薩克公旗以便在各處砍伐購買冬季用車拉夏季由桃河順水放至雙流鎮並請該王旗嚴諭蒙民均不許在河偷竊木料以重商務

一在各處採運木植除吉江兩省已有税課應就地照章完納外餘如西大嶺及各旗北山所辦木植採處運處售處均屬向無課税之區此舉既爲開風氣便農商起見且官中既享其利與抽税無異應即稟明暫免其征税以寬始創俟開辦三年之後如果風氣大開採運暢旺再議税則

呈為遵發木植官本驗明商款並飭立合同紅賬呈報章程備案由

全銜　為呈報事竊查職局前擬興華昌源執事商人張廷奎官商合辦木植官局業經呈蒙

批示內開如呈辦理仰即妥為興辦勿任滋弊是為至要等因奉此遵即轉飭該商詳擬官商合辦章程並飭其具領官本呈驗商款以憑分別轉請立案去後茲據該商張廷奎備具圖書領條將原訂官本瀋平銀五千兩由職局如數領訖并將該商等招集股本瀋平銀壹萬兩呈驗前來職局當即飭派妥員驗明屬實并據該商呈到擬具官商合辦木植官局章程一條職等覆核尚屬妥協　除飭該商另立合同紅賬及時興辦督將章程照繕

清摺附呈外理合備文呈報爲此呈請

憲台鑒核備案施行須至呈者

右　　　　　　　呈

單　督　部　堂　增

批如呈備案繳摺存

局街　爲發給護照事照得本局官商合辦木植派人前往各

處採運往返道途應准携帶槍械以資防衛合亟發給護照以

利遄行爲此照仰沿途經過營汛團卡一體驗照放行勿許留

難阻滯該運木人等亦不得藉端滋事致干併究切切須至護

照者

右照仰木植官局執驗

限回日繳銷

呈爲行局旗員等充差在荒懇免回旗春操據情轉呈請　札各該旗營由

全銜　爲呈請事竊卑局於三月初四日據蒙文委員文亨稟稱

委員係盛京漢軍鑲白旗廣齡佐領下披甲兹屆旗制春操委

員現充本局譒譯委員奉札赴蒙不便前往應懇轉呈

督憲札飭盛京鑲白旗廣齡佐領免其回旗操演之處同日又

據文案書識永吉稟稱書識係盛京蒙古正紅旗文興佐領下

前鋒原營制每逢二八月兩季所有前鋒等均應依限赴本營

操演騎射書識現在蒙委在荒不便前往應懇轉呈

督憲查核札飭前鋒營免其班操可否之處各等情據此卑局覆

查該委員前鋒等所稟皆係寔情應懇

憲台鑒核可否

照准分札漢軍鑲白旗佐領廣齡免該委員文亨回旗操演并

管理前鋒營協領色普鏗額免該前鋒永吉回營以及班操之

處理合備文具呈爲此呈請

憲台鑒核伏乞　批飭遵行須至呈者

右　　　　　　　　　呈

軍　督　部　堂　增

光　緒　二　十　九　年　三　月　十　三　日

批據呈已悉候咨行

將軍衙門轉飭遵照繳

移為准康平縣移稱蒙匪徐札那更名在局充差請拏送辦等因查無此人移覆由

局銜　為移覆事案照敝局茲准

移開蒙匪徐札　那即徐永奎項開更名在局充差祈密拿送縣

等因准此敝局登即按照　移開籍姓遍查冊籍並機密諮訪傳詢敝

局馬步隊哨官長等仍由敝局點驗在局差役及馬步什勇逐細

盤詰均係確有來歷並無蹤跡籍姓與該犯相近之人除經函

請敝局總辦張　在荒就近查訪隨護勇丁各各繩起夫役如有蹤跡近

該匪之人即行移送訊辦外相應備文移覆為此合移

貴縣請煩查照施行須至移者

右　　移

康平縣正堂　涂

癸卯三月十五日

呈移為中等生荒放出已逾十萬晌擬暫行停收以免溢放由

全局銜 為呈請移行事竊案查卑敝局擬放中等生荒因北界尚未與本旂劃分熟地亦未丈畢其中等生荒無數可稽茲查卑敝局暨總貴局自開辦起至本年三月二十四日止報領掣票中等生荒扣作毛荒將及拾壹萬晌之多誠恐溢放茲擬卑敝局自本月二十四日起總貴局自文到之日起將中等生荒暫行暫收一俟該段界址分清熟荒丈畢如餘荒尚多即由卑敝局一面具報一面由省行兩局再行招領以免溢放是否之處除移行總局查照呈請督憲核奪外理合相應備文具呈移行 為此呈請合移

憲台核奪祇候批示遵貴局請煩查照見覆施行須至呈移者

右呈移

軍督部堂增

蒙荒省局

光緒二十九年三月廿三日

批如呈辦理候飭蒙荒駐省總局繳

呈移為准蒙咨請禁止熟戶轉賣由局移覆准駁由

全局銜　為呈報移行事　窃卑局案照敝局於光緒二十九年三月十八日在荒段

接准札薩克圖郡王移開敝王因赴年班轉回本旂聞諸桃河

以北墾戶等緣奉派貴員等未至以先各自私行賺賣者有之

本王向飭各堡頭目攬頭將原戶應置地畝若干查明註冊其

餘各地不准私自賺賣於人仍將其餘地段界限分明註清呈報本薩充處以備復飭遵行發給執照轉交頭目攬頭等因在案其墾户尚敢故違札飭將以其所不能置之餘荒私行賺賣者若被兩處官員等查出一則輕視

聖主定章竟敢侵取二則朦蔽本旂謀利賺錢三則苛貪中正蒙民財利等惡徒即由地畝公册删其名號驅逐本旂永不准任以其所墾地段另行擇選良善蒙丁領任擬定應放荒地業經由貴員與旂員會放出售始合於理不應墾户各自出兑等情咨至行局預爲知之等因准此當經移覆查河北各户原墾熟地並附近熟地之荒畝局訂擬覆奏章程十六條内載應准原佃

承領其墾地若干不能全領者所餘若干即由行局另行招佃
原係預防該原佃藉此漁利受他人重價即以原佃之名架空
展領必致有碍招徠自應會同禁止惟所稱其餘地段界限分
明註清呈報本札薩克處以備復飭發給執照轉交攬頭等語
查此案係奏奉
諭旨派員定章招放所有全旂應放生熟各荒均應由行局照原訂
章程出放貴旂若再發給執照轉交攬頭等把持其間殊與定
章不合況報効
朝廷之款與貴旂所需銀兩皆係收諸新領各戶何能不早為安插
務請貴旂仍遵向章辦理毋得輕生異議等因移覆去訖除移行呈報

省局查照督憲鑒核外理合相應備文具呈移行為此呈請合移

憲台鑒核伏乞照呈貴總局請煩查照施行須至呈移者

右 呈移

軍督部堂增

省 局

光緒二十九年三月廿六日

批據呈已悉繳

為准蒙旗咨稱借貸洋款俾舊户承領原墾地段由局移覆報請核奪由

全銜為呈報移行事竊卑案照敝局於光緒二十九年三月十八日在荒段

接准札薩克圖郡王旗咨開敝王赴年班轉回本旗三月初三

日沿途頃接本旂墾戶頭目攬頭人等聯名稟稱本旂業已奉
旨放荒准招蒙民以興養民之本是以衆戶各將原墾地段概欲現
擬荒價照數承領惟恐款項不敷奈向俄國洋行借款二十萬
隨交荒價仰墾求稟原墾各地照初承領等語伏思墾戶人等
借款欲置原墾荒地恰與原　奏相符於是轉飭差員前往原
擬俄國洋行實與墾戶允借與否探知端底差員回報以後仍
行咨文與貴員會商酌定施行可也是以將墾戶人等稟呈照
樣抄錄粘於後尾一併發寄知之等因准此查衆戶請留原墾
地段誠與奏案相符業經敝局詳訂章程稟蒙
軍督憲出示曉諭在案自應實力遵行至所稱向俄國洋行借

款二十萬兩備繳荒價查借用洋款關係重大但不知係何人首創此舉文内並未聲明究竟此款係貴旂出名抑户下攬頭等出名應請貴旂聲敘明白咨行敝局以憑轉呈

軍督憲核示遵辦又攬頭等原呈内稱仰乞蒙民交界安插明白以免言語不投致釀事端等語查民蒙爲鄰其各家地界自應明白至就閣境以論則本省所屬民蒙兼有不止一處如昌懷奉康一帶皆係民蒙雜居相安已久並未聞有畛域之分況此次出荒除蒙佃原留不計外早經訂擬不分滿蒙漢民一律招放斷不能如一二攬頭之私意有所歧視也等因移覆去訖

查該王旂借貸洋款事關交涉並未先行呈明

憲台核奪此事日後有無利害於大局有無關係應否出自
憲裁札飭該旂准駁之處卑局未敢擅便除移行總局查照呈報督憲鑒核外理合相應備文呈報移行為此呈請合移
憲台鑒核伏乞照呈
貴總局請煩查照施行須至移呈者
右　移呈
軍督部堂增
蒙荒首局

附稟為聲明准蒙旂移稱借洋款報領河北荒地各情由
敬附稟者竊查該王聽信人言欲留河北轉賣以圖重利雖經
駁斥而意念未泯故此次咨內蒙民交界安插分明免生事端
之語蓋欲不招外戶為全留河北張本其又咨內稱佃戶熟地
不准賺賣仍將餘地註冊報旂由旂發給執照等語蓋為自放

河北張本然奏案綦嚴知難專擅故特託名衆人借用洋款展轉以遂其志查此舉成否尚未可卜應俟去差回旂再行相機商辦然即令有成於官中收項亦無所損惟洋人二字足以阻絕招徠且恐包留地多省行兩局已領未撥之户難盡安插加以借款外人事關大局故不得不畧為駁詰至為該旂計則債累既多又借洋款有無後患非卑局所敢知矣其稱蒙民交界安插分明一節除據理移覆外仍擬傳集各户剴切曉諭免其被人蠱惑致生畛域之心至賺賣一節已照准出示禁止惟由旂發照云云其用意既詭自不得不為駁回此卑局准咨移覆之實在情形也查該旂此次雖多狡展然卑府心。近在荒界自當準情

酌理設法令其平順以釋

憲廑惟因蒙員晚到各起久候殊深焦急刻即一律開繩矣附稟

恭請

鈞安卑府心田等謹附稟

光緒二十九年三月二十六日

批呈及附稟均悉借款一事即據情稟該王去人辭之應毋庸

議候飭蘇省總局知照繳

為各起放荒時擬將駝運改置牛車由

局全銜為呈報移行事竊案查卑敝局各起今年丈放生荒多係無人之境

應另行僱駝以運食糧器具業於具報開局經費呈文內聲明在

案現在各起業經開繩不日深入荒裏亟應操辦以資運載惟卑府等在荒訪問查駱駝熟季換毛難以常川使用不得不量為變通茲議改用大牛車每起給車一輛以代駝運約計每車一輛需價銀捌玖兩每輛用牛一隻每隻需價銀叁拾餘兩十起共車十輛統需銀四百兩內外現在各起丈熟地者尚可緩辦其丈放生荒者勢在必需現已酌量操辦一俟置齊再將支用價銀從實具報將來荒務告竣尚可變賣車牛稍還原費至每車應用車夫一名又行繩時需用看棚長夫一名擬將原設隨繩木匠一名裁去所遺工銀八兩改為分僱車夫長夫等工銀計每人每月四兩以節縻費如此辦理較之僱駝似屬尤為

撙節是否之處除移行呈報外理合相應備文呈報移行為此呈請合移
憲台鑒核伏乞照呈
貴總局請煩查照施行須至呈移者
右呈移
軍督部堂增
省局
光緒二十九年四月初六日

批如呈辦理繳

為收買馬步隊籽藥支用銀兩呈請應由何項開銷由

全銜為呈報移行事案竊查卑敝局自去歲募齊馬步隊兩哨除經該哨官徐海亭自備馬隊子母業經護餉查荒操練使用已盡外並未領有子藥茲由卑敝局陸續收買馬隊應用子母步隊應用藥

砂銅帽共支用過銀兩應否由正款開銷抑或即在經費項下開支分晰

繕具清單摺恭呈憲核除分移外理合備文移呈請

憲台鑒核伏乞批飭祇遵

貴處局請煩查照備案施行須至移呈者

計移呈清單摺一扣紙

右移呈

軍督部堂增

蒙荒省局

督轅營務處糧餉處

光緒二十九年三月廿五日

批呈悉此項子藥銀二百二十四兩六錢八分即由該局經費項下開支候飭駐省總局知照繳摺存抄

呈為總辦張　由荒抵局日期並查勘繩弓各情由

全銜　為呈報事竊卑局前曾將職齡到段與職心。等商辦各節並赴王府等情呈報在案茲於職齡等回雙流鎮後卑府心。復於五月初七日啓行前赴河北白城子及野馬圖山一帶查閱繩弓每至一處見各員司人等馳驅荒段日炙風侵辛苦萬狀去村遠者求一水解渴而不可得日暮歸寓須秉燭繪圖本日完本日之事又河北熟地開墾零星一戶之地有散至數十處者往往荒地夾雜爭論多端委員向機開導舌敝唇焦實不易易卑府心。逐查勘丈撥均屬認真遂宣布憲恩獎其前勞兼勵其後效各員司等尚屬踴躍至各戶情形台吉每嫌界狹而一為多給即原不任此之台吉亦將接踵懇求不能不遵章限止外佃每嫌地少而任其多留則新戶無從安插印房亦有煩言不能不酌量勻分凡此各端辦理均為棘手然於大局尚無關碍十三日旋回雙流鎮因天時亢旱與職齡職福陞商酌先在城北河干興修土廟奉祀龍王並於十六日虔誠祈雨次日幸沛甘霖茲將荒段一切事宜商由職齡職福陞督飭辦理將應行呈報及續有呈請各件由卑府心。帶歸鄭屯與職壽祺赶辦卑府心。於二十日在荒起身二十三日抵局辦事所有查勘繩弓並回局日期理合備文呈報為此呈請

憲台鑒核施行須至呈者

右　　　　　　　　　　呈

軍督部堂增

光緒二十九年五月廿七日

批據呈已悉仰仍督飭各員認真經理毋稍疏懈儌

呈報總辦張　由省旋局日期由

全銜　為呈報事竊卑府於七月二十三日稟辭後遂即起程因

北路泥濘難行擬取道大車不料鐵嶺界内河水瀑漲鐵路橋

樑又被冲斷只得在城外守候數日始能開車路經八面城小

住與恒統巡玉會晤商議撥隊之事延至八月十一日始抵遼

源州行局俟督飭各起一律開差卑府當亦赶緊赴荒矣所有卑府

由省旋局日期理合備文呈報爲此呈請

憲台鑒察施行須至呈者

右　　　　呈

軍　督　部　堂　增

批據呈已悉繳

附稟旋局後擬即速催各起赴荒開繩各情由

敬附稟者現查蒙地熟田禾稼已經刈收生荒蒿草黄落正宜

行繩之時況此次停繩爲日已多卑府旋局後本擬督催各起繩

弓迅速赴荒以期早日開繩丈地惟各起皆有添置繩弓旂橛

及鍋帳行李等物均須拉運前往時值秋成農忙之際所用大

車貴賤無處尋雇且查詢雙流鎮雖有舖戶所存食糧仍係無

多現擬移局至彼加之各起以及兵隊人數甚衆仍非轉運米

面源源接濟不可而雇車同屬爲難實屬令人焦灼刻已派人

四出尋覓雇得一車即飭一起前往俟各起陸續一律開差卑府

隨即赶緊馳赴荒段與福署總辦齡幫辦王令壽祺劉令福陞

分督各起竭力丈放各等荒地並將本旗外旗交界親往分清

三等生荒亦當隨時設法招領凡遇該旗一切荒務事件務必

和平辦理俾臻允協以期仰慰

憲廑肅稟恭請

鈞安卑府心○謹附稟

呈為雙流鎮可否准其行使中錢請　示由

全銜　為呈請事竊照雙流鎮城基業經放竣現在領户修盖房屋者已有二三十處商賈日見加多該處東接新城伏龍泉等處北近黑龍江西界各蒙旗部落均係行使中錢地方因之該處亦皆使用中錢惟查奉天全省俱係行使小數東錢而該處獨使中錢似屬錢法獨異惟該處相沿日久習為固然小民既皆稱便似未便驟然更改是以仰懇

憲台俯鑒前情所有雙流鎮地方擬即准其行使中錢以順輿情如蒙

核准卑局再當出示曉諭俾小民永遠遵行是否之處理合備文

具呈為此呈請

憲台核奪伏乞　批示施行須至呈者

右　　呈

軍督部堂增

光緒二十九年五月廿八日

批如呈辦理仰即出示曉諭仍將示稿呈核備案候飭糧餉處

既蒙荒駐省總局知照繳

呈為遵批曉諭雙流鎮地方通使中錢由

全局銜　為呈報移行事竊卑（案照敝）局為雙流鎮地方擬沿照該處舊俗一律

行使中錢呈蒙

憲台
督憲批示如呈辦理仰即出示曉諭仍將示稿呈賷備案等因奉此敝卑局遵即出示曉諭蒙民商佃人等一體週知自七月初一日起凡商民等一切交易務照向例通使中錢尤不得以小錢中錢攙用以歸劃一除將示稿另摺抄呈並呈報將軍暨分移外理合相應備文呈報移行

憲台鑒核伏乞照呈備案
貴總局請煩查照旋行須至呈移者

計呈清冊一分

右　　　呈移

軍督部堂增

省局

蒙局

蒙旂

局銜　為出示曉諭事照得商務為農務之樞紐錢法乃商賈之本源茲設雙流一鎮商賈日多所有行使錢文首重釐定查荒境北通江省南近新城交易往來向以中錢為便既係相沿成習未便驟令變更惟須統歸一律庶免奸商攙混射利累民現經本局呈蒙
督帥將軍批示雙流鎮地方准其行使中錢等因奉此合行出示曉諭為此示仰爾蒙民商佃人等一體遇知自七月初一日起凡爾等一切交易務照向例通使中錢尤不得以小錢私錢攙用以歸劃一倘或任意攙越定予罰辦其各懍遵勿違特示
批摺呈已悉繳示稿存

傳
曉諭雙流鎮舖商行使糧斗擬仿卜魁斗式一律改换新斗由
局街　為傳諭事照得斗秤必期一律行使乃為方便本處使用之
秤準足十六兩似與各處相同勿庸再行重定惟查糧斗大小
不一有足四十觔者有三十餘觔不等者殊不足以昭準量詳
核卜魁行用五升之斗以小米重三十一觔四兩為一小斗以
二小斗為一大斗每一大斗重一千兩整此處應以何數為便
應否仿照卜魁斗面總須統歸一律於農商兩便為益合行傳
諭為此諭仰本街舖戶及鄉會人等從長會議具情稟覆到日
本局核奪以便定式曉諭週知其各遵議勿延切切此諭
右傳本街舖戶人等知悉

局街　爲出示曉諭事案據雙流鎮鋪商豫貞慶等十四家稟
稱竊商等蒙傳斗秤宜歸劃一飭令會議等因奉此當即閤街
鋪户會同核議本處初闢荒業農務大興產粮必旺斗大易招
遠客農商庶益興通擬請仿照卜魁斗式呈局較準行使相安
農商兩便所有界内原未經官升斗概請毋用等情據此查該
商等公議斗隨卜魁百升爲石乃因地方農商交易公平起見
自應照准依式自置隨時送局較準烙印用歸劃一除分行外
合行出示曉諭爲此示仰各該商民人等一體知悉應自八月
十五日爲限一律改換新斗以歸劃一而昭齊禁所有舊斗大
小不一買賣糧石概不准用鄉閭昔借今還之糧仍用舊斗免

致爭競切切特示

右諭仰闔街商民等准此

光緒二十九年八月初一日

為汪保請由行局撥給蒙王所欠銀兩移行蒙旗見覆由

局銜　為移行事案據蒙古孟科巴雅爾汪保呈到

貴郡王手記文約内開茲因本旗出荒前用過昭烏達敖罕王

旗之佃戶蒙古孟科巴雅爾汪保等銀二千壹百壹十兩以此

項銀兩將桃拉河西岸東邊烏拉干布達嘎等處地許給發給

手記文約一紙並據該佃聲稱如果無地放給請即由本行局在

貴郡王應得荒價項下將此項用過銀兩如數撥給作為

貴郡王歸還該佃原款等情據此查該佃孟科巴雅爾汪保一名
去冬
貴郡王送到以荒抵債各户花名印文内雖有此户至於該佃
現在不欲領地請在
貴郡王應得荒價項下由本行局撥給原銀作為
貴郡王歸還該佃原款本行局未曾奉過
貴郡王印文無憑辦理究竟此案該蒙佃之款是否由本行局
撥還與嗣後再遇此等事件如何辦理之處應請
貴郡王速用印文見覆以憑核辦除飭該户聽候外相應備文
移行為此合移

貴王旗請煩查照盼切施行須至移者

右　　　　　　　　　　　　　　　移

札薩克圖郡王旗

光緒二十九年閏五月初十日

呈為准函商請吳總巡派隊赴荒提解盜首徐札那由

全銜　為呈報事竊卑府在局時接准署總辦福　由荒來函稱

據札薩克圖荒務蒙局幫辦綳蘇克巴勒珠爾面稱賓圖王旗

居住之科爾沁蒙古阿至爾札那即徐札那前於光緒二十六

七八年曾在康平縣一帶糾集夥匪百餘人到處搶劫抗拒官

兵去歲十二月間康平縣涂令幾被圍害詳省通緝迄未弋獲

今經差人白銀福等在札賚特旗南界花爾都地方將該匪拏獲，因兵少不便押觧，已交該處會首杜洛七看守，有請兵往提等語。查徐札那係屬積年著名盜首，奉省有案。今既經蒙人白銀福等捕獲，來卑局請隊，卑局自未便推諉。卑府臨行時已就近商請遼源州巡捕隊吴總巡俊陞派該隊巡長石德山帶馬隊三十名前往該處提觧去訖。是否有當，理合備文呈請

憲台鑒核施行。須至呈者。

右　　　　　　呈

軍督部堂增

光緒二十九年六月　　日

督憲批呈悉盜犯徐札那一名前曾札飭賓圖王旗查拏在案茲經該局拏獲仰即提解來轅聽候飭審候飭營務處轉飭吳總巡俟陞遵照繳

札為赴花爾都地方提解盜犯徐札那由

局銜　為札提事案據前康平縣凃令之姪凃丙生等來局飛稟經差已將在蘇魯荒地方要劫家伯之盜匪阿至爾札那即徐札那並其槍械馬匹尋踪探追拏獲差少逢長未敢解送就近交與花爾都地方社長格洛七一同去差四名在彼看守稟懇提解等情據此卷查盜匪徐札那道路要劫凃縣曾經行文本局有案現既據報獲犯交在花爾都地方待提亟應委派哨

官徐海亭帶同蒙古會兵執文往接以憑訊辦除分飭外相應

札飭該社長杜洛七一俟官兵到日幫同將犯哨官徐海亭刻即前往花爾都地方接犯押解來句慎勿疏虞是為

至要切〻特札

右札仰

花爾都社長杜洛七

馬隊哨官徐海亭　准此

諭為加兵提捕盜犯徐札那由

句衙為諭飭照辦事照得本總辦向來辦盜本不株連窩家惟

有盜匪徐札那曾在花爾都地方練長杜忠德家保留繼經派

員接犯竟敢護贓庇盜支吾不發亦不具情稟覆若非加添官

兵提捕日久必致縱脫除分諭提捕外合再諭派哨官徐海亭

哨長孫魁副巡石得山蒙會白音福等帶隊五十名仍赴花爾

都練長杜忠德家提要盜犯徐札那並其槍械馬匹來案勿得

疎懈倘該練長始終護庇務即探賊所在合力捕拏幸勿免脫

爲要事關越境捕盜仰該官兵凡遇經過地方衙門局卡鄉會

先行驗諭掛號以便堵截助援不得疏忽滋生事端切切特諭

右諭哨官徐海亭等准此

局衔　爲諭飭事照得本總辦云云至云云合再諭仰該練長奉到此次

之諭務將賍犯即行設法交出幫同押解來案倘再仍前庇護

不現或敢縱犯逃匿兵力所在自必合力捕拏莫謂株連窩家

自貽後悔切切特諭

右諭花爾都練長杜忠德准此

光緒二十九年六月二十一日

呈為杜忠德有意庇盜可否咨行江省提訊懲辦由

全銜為呈報事竊卑局前因要犯徐札那就獲商請吳總巡俊陞派隊往提等情業經呈報在案茲於本月十一日卑府在寓接准署總辦福五品官來函開稱據副巡石得山等稟稱徐札那業被練長杜忠德釋放等情函達卑府呈蒙　札飭達源州轉飭吳總巡派隊解省等因在案今練長杜忠德胆敢秉閒釋放其為有意庇盜不問可知雖經卑局責成該練長設法捕拏難保不飾詞狡展且該練長所居係屬黑龍江管境可否仰懇

憲台咨行

黑龍江將軍衙門將該練長提省訊辦以示懲儆除將福總辦

齡原函二封並副巡石得山等原稟抄呈外理合備文呈請

憲台核奪施行須至呈者

右　　　呈

軍督部堂增

光緒二十九年八月二十日

批呈悉蒙匪阿至爾札那即徐札那前經批飭解省審辦茲據呈送函稱派隊往花爾都地方提解該犯業由練長杜忠德乘間釋放殊屬胆大妄爲杜忠德即杜洛七候咨行

哲里木盟長札賚特王旗查拏解究並候飭統巡恒玉及札薩克圖

賓圖王等旗一體嚴拏逃犯徐札那務獲究辦繳稟函存

督憲札為會提徐札那一案飭局訊明稟奪由

軍督部堂增　為札飭事案據督轅營務處呈稱竊照職處前

奉憲台札開案據札薩克圖蒙荒行局呈稱竊卑府在局時接

准署總辦福五品官齡由荒來函稱據札薩克圖荒務蒙局幫

辦綳蘇克巴勒珠爾面稱賓圖王旗居住之科爾沁蒙古阿至

爾札那即徐札那前於光緒二十七八年曾在康平縣一帶糾

集夥匪百餘人到處搶刼抗官兵去歲十二月間康平縣涂令

幾被圍害詳省通緝迄未弋獲今經差人白音福等在札賚特

旗南界花爾都地方將該匪拏獲因兵少不便押解已交該處

會首杜洛七看守有請兵往提等語查徐札那係屬積年著名

盜首奉省有案今既經蒙人白音福等在札賚特南界花爾都
地方捕獲來卑局請隊卑局自未便推諉卑府臨行時已就近
商請遼源州巡捕隊吴總巡俊陞派該隊巡長石德山帶馬隊
三十名前往該處提解去訖是否有當理合備文呈請鑒核等
情據此除批示外合行抄批札仰該處立即轉行遵照辦理計
抄批一件内開呈悉盜犯徐札那一名前曾札飭賓圖王旗查
拏在案兹悉該局拏獲仰即提解來轅聽候飭審候飭營務處
轉飭總巡吴俊陞遵照繳等因奉此遵即抄批札飭總巡吴俊
陞派隊速將該犯提解來省轉送飭審旋據該總巡呈稱接奉
札飭竊職隊前准蒙荒行局請隊往提賊首徐札那等因當經

飭派額外隊長石得山等帶馬隊三十名去後茲據旋稱隊長
等帶隊馳抵雙流鎮稟見局内總辦始悉該局並未將該犯徐
札那拏到即經福總辦派隊長等協同巡長徐海亭持諭往花
爾都提解該犯於六月二十四日到該處使牌頭將諭送交杜
忠德家而杜忠德又不在家使其妻姪李殿榮探詢消息言語
中探悉徐札那已在莫力洪崗子投入天主教二十六月杜忠
德之胞弟杜忠全潛來告述徐札那常在附近各會游竄在色
登家埋伏又回杜忠德家等語隊長查其言語支離故與該局
巡長徐海亭商將來人李殿榮杜忠全帶交雙流鎮行局稟請
訊奪外具情稟報前來據此謹將未經提到賊犯徐札那情形

理合具文呈報查核轉詳等情據此理合具文呈覆查核等情

據此除批示並分行外合行抄批札仰該局遵即訊明稟明特札

計抄批一件

右札札薩克圖蒙荒行局准此

批呈悉徐扎那一犯係迭次通緝之巨盜既有蹤跡亟應設法跟

拏未便任其逍遥漏網候咨行

哲里木盟長札賚特王旗赶緊飭差將該犯徐札那嚴拏務獲

究辦李殿榮杜忠全兩犯既據移送札薩克圖蒙荒行局收訊

候即飭該局該明稟奪繳

光緒二十九年十月初一日

呈覆會提徐札那一案訊明帶到之李殿榮等開釋各情由

全銜　為呈覆事竊於光緒二十九年十月初一日奉

憲台札飭除原文省繁邀免全錄外所有行局會同吴總巡派

隊會提盜匪徐札那未到經隊官石得山等將其妻侄李殿榮

胞弟杜忠全二名帶局訊奪各情由總巡吴俊陞呈經營務處

轉詳據此抄批飭局訊明稟奪等因奉此卷查隊長石得山等

帶到之李殿榮杜忠全兩犯經職福。提訊均非正犯當即開釋

免累除錄供附卷外一面仍諭杜忠德設法捕拏徐札那送究

一面函知職心。呈請

憲奪職心。因公在省當即抄函呈報奉到

憲批在案茲奉前因合抄原供二分備文呈覆爲此呈請

憲台鑒核伏乞

照呈施行須至呈者

右　　　　　　　　呈

軍督部堂增

光緒二十九年十月初九日

批據呈已悉繳供存

督憲札爲督繩委員善成請假百日照准飭知行局由

軍督部堂增　爲札飭事案據札薩克圖蒙荒行局督繩委員

揀選知縣善成禀稱竊今夏閏五月初一日在局接到家中來

信先父病患咳嗽飭令赶緊回荆當即禀求局憲請假兩月回

荆省試荷蒙允准即於初二日起程晝夜兼程不料閏五月念

三日抵里先父慘於五月初八日卯刻棄養恨抱終天痛心疾

首身遭大故本擬在家終制稍盡人子之道奈慈親在堂一家

十餘口食指繁多嗷嗷待哺先父身後又復宦囊蕭條旗營餉

米微薄難資養贍仰事俯畜仍須奔走謀求升斗沐恩前次請

假兩月原期回荆省視調養痊可即速旋局銷假慘遭變故於

閏五月念三日成服九月初三方滿百日可否仰懇憲恩俯賜

矜恤免開差使賞假百日俾得料理喪事則沐恩有生之日皆

戴德之年百日服滿後沐恩即當急速到局銷假當差萬不敢

藉故躭延虛縻餉費所有請假百日懇恩留差緣由理合肅稟

等情據此除批示並分札外合行抄批札仰該局即便知照特札

右札蒙荒行局准此

計抄批一件

批

如稟賞假百日俟假滿即速到局任差候分飭札

薩克圖蒙荒省行各局知照繳

移覆據美商稟稱張勵學騙股各情業經撤差無從傳送由

局銜　為移覆事案據美商達都稟稱張希菴等議妥招股入本在營灤二城開設洋行至今仍未開設浪費賣出股票二張滙銀壹千兩並議將美聚洋行停止致天津美國兩處行貴每月二千兩無着以上各項共一萬七千餘兩均被伊等使令虧賠據供張希菴即張勵學現在蒙荒充當委員懇乞傳訊飭令包賠等情移請迅將張希菴即張勵學一名赶緊移送過局以憑質訊等因准此查張勵學係直隸樂亭縣附生候選縣丞曾經派在敝局充當差遣委員差使前於本年正月間丁憂回籍因其假滿日久永未旋局業經敝局於八月十三日呈請

督憲撤差在案茲准前因實係無從傳送相應備文據實移覆

爲此合移

貴總局請煩查照施行須至移者

右　移

蒙荒
交涉總局

光緒二十九年九月初一日

局銜　爲移行事案據敝局護局步隊正巡長王紹東等於本

月二十二日稟稱竊據職哨正兵劉福德聲報隊兵奉派赴東

路遞送公文於本日早間行至距州城三四里許東河沿地方

移請吴遠源州總巡嚴拏盜匪由

由路旁高粮地内突出盜匪三名兩人各持手槍一人執持矛

槍向隊兵威嚇當被刼去路費銀钱二圓理合據情禀請核奪

等情據此敝局查該處距城數里之遥匪徒等竟敢肆行搶刼

殊屬目無法紀應請

貴州移營飭差嚴緝法辦

貴總巡派隊嚴拏務獲法辦以安行旅而靖地面相應備文移行

貴州總巡請煩查照施行須至移者

右　　移

遼源州正堂蔣

總巡遼源巡捕隊吴

光緒二十九年六月二十二日

札為哨官長管兵不嚴各記大過一次由

局銜　為札飭事照得護局隊伍各官長管等理宜遵照軍律管轄嚴明約束兵丁恪守營規豈可縱令兵丁隨便出外游行滋生事端茲查有步隊正兵温殿卿等不守營規在外鬬毆滋事該哨哨官王紹東哨長楊光照實係任意疎懈管兵不嚴殊屬不成事體先後各記大過一次以觀後效倘再有玩懈營規縱兵滋事情事定即從重懲辦決不再寬除滋事各兵分別責革外合亟嚴飭該哨官長各宜懔遵切切特札

右札步隊正副巡長王紹東楊光照　准此

光緒二十九年七月初七月

札飭馬隊正副巡長革補什勇暨請假務須禀明由

局銜　為嚴行札飭事照得本局馬步兩哨原為護衛行局文放荒務及供應差遣之用茲查馬隊兵勇請假回家多日者至有數名之多且有日久尚未歸伍者似此紛紛給假相率效尤勢必曠悞差操空糜餉項尚復成何事體並開革募補兵勇等事多有未能及時即報者從前竟有迄未一禀者似此隨便更換任意呈報尤屬無憑可查而缺額空粮諸弊皆由此而生除將逾限未歸正兵朱德林二名即行革除外亟應明定章程嚴行札飭嗣後馬步兩哨所有什勇等凡有請假者該正副巡長查明果係真有事故禀由本總幫辦裁奪量予假期掛號離營並不

准將槍械號衣帶去一俟假滿即行回伍逾限不到者即請革
除凡遇什勇有自請長假及差操不力違悞公事不守營規滋
生事端例應斥革者該正副巡長等即時將該兵應行革退情
由具呈稟由本總幫辦核准分别出示斥革每出一缺額該正副
巡等立即將招募備挑之人開單稟由本總幫辦驗看揀其人馬
强壯者充補即將革除頂補之勇名單交文案存案該正副巡
長等仍須按月將本哨什長正兵及開革募補兵勇一併照例
造具花名清册以憑查核自此次嚴飭之後該正副巡長等務
須破除故習認真督飭倘再仍前玩懈瞻徇朦混定即從嚴撤
辦其各懔遵特札

右札步馬隊正副巡長准此

呈爲職商王佐臣禀懇購用機器開荒據情轉請伏候示遵由

全銜　爲呈請事竊卑局現據分省試用知縣王佐臣禀稱竊職
商素悉外洋開墾專用大力機器一日可墾數十晌便利非常
亦恐所聞不確復於今春親詣外洋考查彼邦農學成蹟查勘
墾荒機器實屬工精器美爲振興農務所必需況蒙荒尤非别
處可比幅員寬廣肥磽相兼高者茂草低者沮洳剪棘披荆既
爲人力之所難施亦非旦夕所能奏效若用機器開墾不特資
本較省且易蕆事是以職商回奉後先行備集股本二萬兩創
立務本公司即在開墾蒙荒之所設立並定明不招洋股專爲
推廣農學先以機器墾荒辦起所備資本領荒之外盡行購機

如果辦有成效即可逐漸推廣聘請農學教習考查氣候土質講求改良標本肥料選種凡農學一切均擬次第推行惟事屬創始應請局憲隨時保護並懇轉請立案職商不惜工資敢為先導不特有裨農工且從此開通風氣可否照舉興新事之章量予在奉天所放蒙荒各處專辦墾荒機器年限以固創行之本而照激勸亦祈代請　奏咨俟機器購到再行稟請辦理謹將創辦大綱章程附稟呈閱即請先為立案等情據此除批示聽候轉呈外查卑局所放三等生荒出放未能迅速者實因地太瘠薄人工太貴費用不貲領之易而開之難誠恐得不償失耳如該職商所云墾地機器捷妙非常如果屬實則機器一具

常年可以開地萬餘晌若置機數具數年即可以開荒數十萬
晌倘能藉此鼓舞振興大開風氣則各處領戶聞風興起踴躍
報領似數十萬下地亦何難早日報竣是於荒務大有裨益現
在該職商業經報領三等生荒六千餘晌所有稟請自備資本
不招洋股開設農務務本公司購置外洋大力機器墾荒懇田
官爲保護各節應懇
憲台垂念此舉係屬速興地利有裨墾務可否
俯賜照准並飭交涉局善後局先行立案以便飭令遵辦至懇
照舉興新事之章量予專辦年限之處擬俟該職商機器運到
詳加考驗如果試辦確有成效屆時再當呈請

憲台核奪辦理除移行省局外理合備文呈請

憲台鑒核伏乞　批示遵行須至呈者

右　　呈

軍督部堂增

光緒二十九年九月初一日

批

呈悉購辦機器開墾地畝固屬振興農藉開風氣惟專利一

節是否與定章相符候咨請

商部核議覆到再行飭遵至所稱蒙荒各處甚屬籠統究竟

先由何處起辦並如何何明定限制應再詳切稟明不得稍有

含混切切仰即轉飭查照另稟候核繳

督憲札為購機開墾咨准商部核覆飭遵由

軍督部堂增　為札飭事案准

商部咨開光緒二十九年十月初八日據

盛京將軍來文内開准扎薩克圖蒙荒行局呈稱據試用知縣王

佐臣稟稱竊職商素悉外洋開墾云云至如果辦有成效再當呈

請核辦等因據此除批示外應咨貴部查照核覆等情前來查

該職商擬集華股設立公司購買機器墾荒洵於農業有益惟

蒙荒地大若僅予該職商以專辦年限於墾務轉形不廣究非

開通風氣之意所請應毋庸議至該局所辦領荒章程是否妥

協應飭詳細報部查核相應咨行查照辦理等因准此合行札

仰該局知照辦理并轉飭該職商知照特札

右札蒙荒行局准此

札爲前因轉飭務本公司知照由

局銜　爲札飭事照得本局於光緒二十九年十一月十一日

案奉

軍督部堂札開案准

商部咨開云云至等因奉此合亟札飭爲此札到該職商即便知

照可也特札

右札務本公司准此

光緒二十九年十一月十二日

呈為現擬移局至荒仍留收支在鄭並請添提調由

全銜　為呈請事竊卑府心田現將局事料理清楚各起業經催飭一律開差擬定九月初四日携帶關防同卑職壽祺福陞帶領各員司等陸續赴荒與職福齡同駐荒段俾期就近通籌居中調度卑府心田到荒將東公界址親往分清三等生荒果能報領踴躍擬將卑局職事較減各員均請改為繩起一律丈地屆時應與職福齡體察情形酌核辦理並議由職等總幫辦四員親赴地所分督各起趕緊丈放務期迅速蕆事祇有公款一節關繫重要不能不格外詳慎查遼源州係屬州城地方通順近來行使好銀於領户交價卑局收存款項解銀送省均為穩便而收支委員紀應瀾潔

慎自矢篤實可靠擬將該員仍留駐鄭飭令帶領司書等妥慎辦理收支事務惟是卑局總幫辦既經全移晉荒距鄭甚遠所有採運荒工食粮添購丈地物件尚皆取給於鄭而領地各戶報領交價亦悉會集於鄭是鄭家屯一隅仍為卑局中權樞要之區舉凡招徠領戶稽察票張照料收解款項核發糧物價值以及承轉來往公文事體極為煩劇在在均關緊要非有明白妥實之員從中主持諸事寔難臻允協查有卑局主稿委員候選通判鍾祺熟習情形堪勝斯任擬請

憲恩可否賞添卑局提調一缺請以鍾祺升補仍照主稿原定薪水支領派駐遼源州辦理一切支應事宜與收支委員遇事和

秉商確妥爲經理遇有重要事件仍當隨時稟請卑府等裁奪至
主稿一差綜司案牘事繁責重尤屬一時不可無人查有幫稿
委員儘先即選府經歷劉作璧才具明敏諳練公事即請以劉
作璧提補主稿委員仍領幫稿薪水以節經費如此量爲轉移
不但名寔相符實於卑局辦理荒務確有裨益如蒙
憲台俯准請即
賞發委札俾得各專責成卑府等係爲慎重要公因地制宜起見
是否之處卑局未敢擅便除移知省局外理合備文呈請
憲台鑒核伏乞
批示遵行須至呈者

右　　呈

軍督部堂增

光緒二十九年九月初一日

批　呈悉准如所請候分別札飭委員鍾祺劉作壁遵照並候

飭蒙荒省局知照繳

呈為現留收支在鄭移請遼州巡捕隊保護由

全銜　為呈報事竊卑府等現擬移局晋荒祇留收支委員紀

應瀾在遼源州辦理收支主稿委員鍾祺在鄭經理一切文應

承轉事件業經另備公文呈報

憲台鑒核在案惟查卑局在鄭經收荒價公款關係緊要現已

一併備文移請辦理遼源州設治事宜蔣丞文熙駐紮遼源州巡捕隊吳總巡俊陞一體妥爲保護除分移外理合備文呈報

憲台鑒核施行須至呈者

右　　呈

軍督部堂增

光緒二十九年九月初三日

批　呈悉候飭北路統巡恆玉遼源州蔣文熙一體派隊妥爲保護繳

呈爲三等荒土薄滯銷擬變通分卯交價以廣招徠由

局銜　爲呈請事竊職局辦理荒務所有三等生荒土色磽薄

招領經年領户仍多觀望職等再四籌商擬爲變通辦理如領生荒數千晌至數萬晌者方准請領繩弓往撥仍於變通之中不失挨放之義且暫緩限期分卯交價惟必先將限期款數卯數定明實有殷實妥保者方准如此通融職局方興此議即有多户聞風候示報領似此踴躍今冬可望賣盡所有變通緣由理合備文呈請

憲台鑒核批飭遵行須至呈者

右　　呈

軍　督　部　堂　增

批　呈悉准其變通辦理以廣招徠候飭駐省總局知照繳

督憲札為蒙旗呈稱委員越界行繩不恤台壯各情飭局查明聲覆由

軍督部堂增　為札飭事案據扎薩克圖郡王烏泰呈稱光緒

二十九年閏五月初十日准軍督部堂委員等移稱為移行事

案照敝局開放蒙荒原係

欽差大臣裕　會同

盛京將軍奏明貴旂荒地計出百萬餘晌茲查去年及本年所放

之地由敝局僅出放七八萬晌上地尚缺至六七萬晌中地缺

至七萬晌貴旂迭次補添户名指領貴旂地局又請留圍牧廟

宇坐落除台吉壯丁應留房身地畝外舊户於原領之外仍留

生荒餘地希圖謀利是此種種各情辦理實非易易況已交荒

價領照各户守候至今尚未得地將來如無地安置殊於奏定
章程大有關碍茲擬原墾大小户一律勻丈地畝大户多者不
過兩方計荒地九十晌餘荒由繩弓丈明數目按名登記冊内
報局查核以便挨名撥給新領各户其台吉壯丁分租各户以
及自佔自種坐落各户每户給荒地一方計四十五晌係無租
地均按名填入冊内以免轇轕敝總辦親詣地所監查各繩毫
無隱匿情弊然丈地放荒雖歸敝局專司而荒地之有無能否
足放出自貴旂主持茲由貴旂給各廟指領地畝甚多倘或不
敷百萬晌之數恐於奏案有關相應移行貴旂查照見覆等因
准此查光緒二十八年十一月間本旂呈報軍督部堂聲明本

旂出荒北以野馬圖山那吉哈達蓮花圖吉力班莫多等處為界由野馬圖至邉柗長三百餘里寬百餘里其中有碍墳墓之地留出若干因丈放生熟各荒不敷丈放擬越野馬圖行繩丈放等情當經本旂移行委員文開為移行事本年閏五月十二日據本旂野馬圖地方居住户長四海伯洛特等呈稱竊身等原墾北界烏力得各哈普奇勒地方現已越界行繩丈放等情據此查前經呈報將軍開墾本旂荒地係以古力班莫多那吉巴罕哈達野馬圖等處為界現既越界行繩丈放隨派梅楞阿敏卜虎筆奇格其富寗阿等往查去後旋據伊等稟稱職等遵扎赴彼見監繩全委員查詢示以扎薩克王爺扎諭據稱並非

伊檀自在此丈放係奉本局所擬擬由陳户地邊丈至圖曾勒
吉地方給八家子民人孫姓丈量地段其塔力堒塔連哈達額
林索格等處均擬丈放現奉有本局總辦扎文茲既王爺諭令
祇有暫行緩丈稟候示覆等情稟請查覆前來據此核與
奏案不符查開墾此荒東西南北四至界内並未言及能出荒地
若干越界丈放之地向係本旗台吉壯丁游牧前因賊匪肆擾
避亂遷移四百餘户在彼坐落衆蒙免致流離是以移請貴局
就近即行停丈飭禁並祈見覆等因移行在案若果加放於本
旗台吉壯丁牧養牛馬大有關碍再出派委員等均各自專與
民人丈量好地並不恤及台吉於原奏

諭旨告示似屬不合以上各情仰懇貴軍督鑒核照前呈報文内界址擬定飭覆遵行等情據此合行札到該局遵即查明聲覆毋延特札

右札蒙荒行局准此

呈為蒙旗呈稱越界行繩不恤台壯遵 札聲覆由

全銜 為呈覆事竊於光緒二十九年七月十三日奉

憲台札開除原文省繁邀免全錄外據札薩克圖郡王烏泰呈稱准行局以荒數不敷移商該旂並委員越界行繩並不恤台吉等語據情飭局查明聲覆等因奉此職局遵查原呈内稱職局移稱荒數不足百萬晌而該旗去年呈報地圖係北以野馬圖山等處為界寬一百餘里長三百餘里並未言及能出荒若干一

節恭繹
欽差會奏十條内載該王呈驗地圖南北長一千餘里現在開墾之
區核計該旗地址已逾其半等語現在放荒自應以已有開墾
之地為断夫一千餘里而逾其半則出放之荒應長五百里以
外方合奏案今即就長五百里寬百餘里計算内除河泡沙鹻
廬墓鄂博所餘淨荒計百萬晌有贏無絀該旂雖未註明有荒
若干晌而前呈
欽差之地圖載明　奏案固非他人所能揑造故
憲台據以奏陳職台據以招領至去年該旂呈報之圖北以野馬
圖山為界南北長三百里核與前呈

欽差之圖南北長五百里以工者顯不相符若照長三百里計算內除河泡砂鹻盧墓鄂博則淨荒難足百萬晌矣且查野馬圖山以北已丈墾戶三十餘家墾戶以北二龍索口等處已有墾戶均尚未丈則以野馬圖山為界不可為憑可以概見故去年憲台據報並未飭下職局照辦仍飭職局與該旗會勘北界方為定案仰見

憲台並未照准該旗何得援以為據查該王以荒抵債及使過佃戶押荒各銀兩已及二十餘萬之多預計該王應得荒銀若不放至百萬晌則已過支銀兩未免侵用報効及台壯等應得之數遺累寔有可慮惟自開辦以來該王呈省移局請留地段

不一而足今放未及半又復阻止繩弓動稱越界故職局聲明奏
案千萬畝之說與該王過支銀數各情行文商訂俾其公私兼
計若能解悟庶免掣肘此職局以荒數不足移商該旗之實在情
形也原呈又稱全委員越界行繩不符奏案一節查職局署十二
起委員全祥於閏五月丈量圖魯勒吉地方生熟荒地該王曾
派台吉來段阻止繩弓勢甚兇暴經該員婉諭方罷維經職局行
文徵詢該王即以越丈各情移覆前來查荒段與牧場界址呈蒙
憲台札飭該旗與職局會同勘分去後職局派員坐待數月屢經移
行該旗迄不派員會勘以致北界至今未定夫界既未定何見
為越且圖魯勒吉南距邉招僅及三百里照 奏案里數踰界

尚遠況其中二龍索口等處已有墾戶照章應爲安插豈敢疎
漏夫界内遽稱越丈已墾不許行繩不符　奏案其咎誰屬固
不待職局之伸辯也原呈又稱圖魯勒吉爲台吉四百餘戶之坐
落若果放荒有碍牧養一節卷查闔旗台吉共止四百餘戶前
經該旗移送名册有案該旗北境牧地尤爲寬廣該台吉等任
處大約北境多而南境少散處多而聚處少安有闔旗台吉聚
居一處之事且圖魯勒吉區區一隅斷難容納如許多戶兹查
該處除外旗墾戶外並無本旗常居之戶此蒙民所共見者也
本非台吉所居自與牧養無損其爲揑稱可知原呈又稱委員
爲民人丈量好地並不卹及台吉一節查職局承辦蒙荒惟有一

秉大公不分畛域該户等既備工價按號核撥不問是蒙是民均可攤得好地断難專提沃土留待蒙丁查全荒好地多為舊佃所領皆係該王前此所放何以甘付外旂並不留與台吉職局

開辦之初早經

憲台出示儘該台壯先領而該台壯等留界既寬生理頗裕多無須於領荒職局即將好地留與該蒙而卒不報領雖欲恤之而不能且本旂先領之示一再展限段内台壯之居已為留界前該王為圖魯勒吉有台吉願領荒地數户移行到局當時業已逾限而指地報領又屬局章所無職局因其係屬本旂台吉祗得

仰體

憲施特示優異照准移獲去訖歷查前後所以待該台吉者祇有失之過厚之處所稱不恤台吉職等平心内問訪察員司實屬不知所據溯查該王前此或請不放河北或請自放城基又請不放圍場又欲自領百里去年預呈地圖揑劃北界今復率稱越丈阻止繩弓種種行為跡近阻擾蓋因該王歷年纏訟展轉生方以冀扣留北段荒場自放獲利藉資彌補此該王所由呈稱並未指明荒數及稱越界各節之實在情形也竊以該王前已自行出荒而訟衅以啓債累益深可見不諳章程自放反屬無益今既請員代辦職局蒙

委自應為大局越見務使蒙民兩裨無偏倚若不從中牽掣俾

得爽速辦理凡有墾户之處儘數出放當能聚集鉅款除報効

朝廷分潤旂衆外計該王之入款豈惟堪清宿負至台壯等除在荒

内數十户業爲留界生計無虞外其餘三百餘户猶有北境六

七百里牧場畜養蕃息生理有餘似於耕牧咸宜公私兩益惟

有懇請

憲台鑒查前情可否飭覆該王不再阻攬俾職局得以迅辦之處

除繪具墾户所在北界細圖備查外所有遵飭查明各情理合

據寔呈覆爲此呈請

憲台鑒核批示遵行須至呈者

右　　呈

軍　督　部　堂　增

附稟為聲明蒙王阻撓繩弓稍留北段各情由

敬附稟者竊查職局應放荒段照原奏所指南北應長五百里以上而該旗去年所呈地圖指由野馬圖等處為界長三百餘里與奏案本屬不符職局去年開辦之始查詢所指各該處以北雖曾有戶開墾然已被匪逃去而該旗去年所指之界雖屬不符然南北幾及四百里之長足敷放撥故職局初議章程即照該旗去歲所指地方擬界未與該旗據奏爭執蓋仰體憲台嘉惠蒙丁之至意姑為多留牧場也按照此界計算大約百萬晌之數有贏無絀故憲台覆奏有可放千萬畝之說惟下等荒砂鹻太多若扣除至

盡則百萬晌之數難以放足加以該王使用押荒及劉昶武等户銀兩已及二十萬兩之多預計該王應得三分之一荒銀若放地不多則已過支須放至百萬晌之譜方可抵銷而有餘且野馬圖山以北逃户聞知開荒今年後歸開墾若不為之丈撥則如許之户仍歸該旂私租未免又遺異日之衅端無奈該王多方阻撓留地攔繩職台不勝其擾故特援　奏案所指荒界南北應長五百里以上之數與覆　奏千萬畝之説移行該王以折其措留北段之心俾其不再阻撓庶敷放撥而公私兩裨此係實在情形合肅附稟聲明恭啟

鈞安伏乞

崇鑾、職福。等　謹附稟

光緒二十九年九月二十日

批　呈及附稟均悉。仰候札飭該王旗懔遵。迭次

奏案毋再阻撓，致干察究。繳圖存。

督憲札為蒙王呈稱請安台吉並索城基丈數等情，飭局查覆由

軍督部堂增　為札飭事。案據札薩克圖郡王烏泰呈稱：案查

出放本旗荒地，向以野馬圖山、那吉哈達、古力班莫多等處為

北界，繪具地圖，備文呈報貴軍督部堂在案。嗣九月間軍督部

堂派委總幫辦等到旗，面見敝王多次，並未商及荒地如何丈

放情形。出荒地段亦未詳查，已定即分為上中下三段。雖據總

幫辦等呈報將軍其實應與敵王及旂下官員會商將三段地
内查勘明確其中有無本旂台吉壯丁房身及陳戶開墾熟地
若干妥為勘明呈報為是無如總幫辦等自主不論地之能否
足放新招民戶盡收上中等荒價以致蒙民攙雜查出荒上中
等地內陳戶開墾年久者多下地戶少荒地實多若盡指領上
中等地有碍台吉壯丁及陳戶地畝恐致滋生事端敵王若執
以畏懼　奏派委員等不查不報誠恐後有連累除預先呈報
外再街基現已完結究竟丈放若干收價若干迄未見覆無從
兩知第應先將本旂台吉壯丁坐落及戶下原領地畝妥撫後
呈報貴軍督部堂再收新戶荒價似兩造各無貽累然並非干

揭委員等公務惟恐蒙民受累激成事端是以預先具報並聲明越丈原報地方情形仰懇貴軍督鑒核恩施擬以無碍辦法俾安闔旗蒙古生計並請將先後呈報文件按照地圖由貴軍督部堂俯賜備文飭下兩造遵辦以免貽悞奉

旨要公望速施行等情據此合行札飭札到該局遵即查明切實聲覆以憑核辦毋延特札

右札蒙荒行局准此

呈為遵飭查明蒙旂請安台壯暨城基地數等因由

全銜　為呈覆事竊於光緒二十九年七月十三日奉

憲台札開除原文省繁邀免全錄外據札薩克圖郡王呈稱總

幫辦等面見擻王並未商及荒務等語一呈蒙飭職局查明聲覆

等因奉此遵查原呈內稱職等未與該王及該旂官員會商一節

職心。等去年九月到荒一面踏勘荒地一面赴該王府與該王暨

該旂員等面商荒務在王府逗遛數日具報有案當時面請該

王傳集印軍台吉等因屢傳未到面囑職等代為移傳而該印軍

等終未到旂旋復約在莫勒格池會議及至該處等候多日該

王始到而已印軍與排山達等亦到數員職等一面與該王擬議

各等荒價一切事宜一面對衆宣示所議放荒各節該旂員等

均無異言而該王商及加價盡歸旂王一節意見甚愜故職等

即將擬議各節呈奪均各有案可查職等若非與該王商訂辦

荒事件何以在該王府逗遛與在莫勒格池等候竟至數日之久若非與旂員台吉會商何以代為移傳至該旂員台吉等或到或否則係若等不求預聞職等開辦事繁斷難家訪而户告之也原呈又稱段内有無台吉壯丁房身陳户開墾若干應先勘明為是無如總辦等無問能否足放以致蒙民攙雜盡指上中等荒有碍台吉及陳户地畝恐生事端一節查職局首先開辦擬具章程即有酌留段内台吉房身牧場一條繼復尚呈請示奏准後均已陸續移旂若非先已查明何以擬章具請成案固俱在也其陳户墾地從來未經繩丈核對該旂冊籍僅有户數花名詢問攬頭亦祇能有彷彿自非編歷繩弓何能預為估計至

稱上中等報領戶多下地戶少足見利在爭趨職局分等尚屬不謬且上中等職局早經呈准停收固已預防濫放計前經收價之戶但期該王原指地段不再指留當能一律安插至界內台吉既已先儘報領又為留界仍准挨領生荒並於北界擬留大段牧場生理極廣新戶所領固兩不相干也若陳戶則既領自墾復領挨號竟有領地有餘兌與別戶者該王前曾行文請局示禁有案足見新戶雖多於陳戶地畝毫無妨碍如因蒙民攙雜恐生事端查此荒未經官放以前因匪因荒釀成巨訟當時蒙民並未攙雜何以事端紛出又查近邊康平等縣均係蒙民雜居日久相安兩無妨碍可見地方事故但問治理之何如不在

居人之純雜似亦無庸過慮原呈又稱城基放完迄未見覆一
節查城基於五月始行放竣當經造冊繪圖一面呈報
憲台一面移付該旂去訖計該旂此文呈省之日職局前移尚未
抵旂故致多此一問此時早已接准見覆有案矣原呈又稱應
先將本旂台吉壯丁坐落及户下原領地畝安撫之後再收新
户請擬無碍辦法一節查先行查明舊佃丈清生熟荒地然後
招領各處辦荒亦有此例但此荒係
欽差會同
憲台奏准仿照扎賚特開荒成案辦理該荒係屬丈放並行生
熟兼撥與先丈後放者較為爽速故特　奏請仿行現已照辦

年餘何敢輕易更改此職等遵

飭聲覆之實在情形也事涉藩封端資信實職等衹承

憲示衹有據實直陳不敢稍事隱諱所有遵

飭查明各情理合具文呈覆爲此呈請

憲台鑒核伏乞

批示遵行須至呈者

右　　呈

軍　督　部　堂　增

光　緒　二　十　九　年　九　月　十　七　日

批　呈悉候飭該王旂知照、繳

為飭領戶聽撥催熟戶繳價暨停放窰基各牌示曉諭由

本局示　現訂於本月二十七日分飭各起丈放生熟各荒所有領票人等急早自赴本局認明某起以便隨赴荒段照號丈撥合亟牌示為此示仰該領戶等即便遵照毋得稽延致干撤銷切切特示

告條　本局示現派各起丈放上中下三等熟地爾佃戶等務須遵照前示所定期限速赴本行局報繳價銀倘敢抗延定即撤佃歸公各宜懍遵勿違切切特示

本局示　照得本局招放窰基燒做磚瓦以備修造今查各戶報領窰基已有十餘所已屬敷用應即停放以示限制合亟牌

示爲此示仰爾領户等即便遵照切切特示

局街爲牌示事照得雙流鎮創設街市所有街巷必須寬敞蓋房尤應齊楚以利行人而壯觀瞻凡領街基之户如蓋臨街市房均宜先行報局勘齊街面再行起蓋各户門前均退五尺起立門面其房式擬以舉架均高一丈零八寸爲準房簷准出二尺二寸概用門尺中義字之數不得隨便高低亦不得前後參差至於地身高矮雖係不能齊一亦應左右配合不得旋高旋低是爲至要爲此牌示週知倘有違式起蓋者如被查出定責拆改從重罰辦切切特示

局銜　為出示曉諭事照得本行局現已飭傳攬頭迅催各領戶呈繳荒價銀兩以憑掣給信票而便彙總報解惟銀色低潮折扣既恐累民寬收又碍難交款不得不量為變通除零星小戶准其隨時赴局呈繳以示體恤外其荒價較多者應赴鄭家屯投本局駐鄭提調處報明將銀交付豫順亨銀號領取收條回鎮換票以昭慎重合亟出示曉諭為此示仰各領戶一體遵照定章按期繳價倘敢因循觀望及飾辭抗延定即撤佃歸公決不寬貸各宜懍遵勿違切切特示

右仰通知

光緒二十九年九月二十八日

本局示　為牌示事照得荒段各户所有拋地逃走以至二三年未曾種地納租者照章應歸官放查該逃户等竟有仍向攬頭要索原地者殊屬可惡合亟牌示爾逃户等知悉倘再如此定即傳局嚴辦切切特示

為牌示事照得現在繩弓告停事務粗定凡台吉壯丁暨原佃人等所領生熟地段一經官繩丈過只宜各守各界迅速繳價聽候徵租其先前逃户棄户等尤不准再出認界並冒稱已地丈給他人等情以省煩擾合亟牌示為此示仰台壯佃户各色人等一體知悉務宜恪遵禁令各安生業倘敢故違定行從重懲辦決不姑寬勿謂言之不預也切切特示

局銜　為出示曉諭事照得本局前以王旂暨台壯等紛紛支

銀漫無限制應俟荒務放竣通盤籌算自王府以下台壯喇嘛

人等均照應得之數秉公分撥務使不偏不倚仍由

軍督憲

奏明分放等情業經呈報在案茲於本年十月二十九日奉到

軍督部堂增　批開呈悉候飭該王旂轉飭台壯等一體遵照

一面即由該局出示曉諭并將示稿送核等因奉此除遵鈔示

稿送核外合亟出示曉諭為此示仰蒙旂諸色人等一體知悉

自示之後各宜靜候荒務辦竣時由

軍督部堂

奏請分放該王府以下台壯喇嘛人等應得荒價決無乖錯萬勿

仍懷猜忌有負

上憲體恤蒙旂之至意切切特示

右　諭通知

局銜　為傳飭事照得三十戶七十戶生熟荒地早經丈放立待繳價以

憑觧運應飭該攬頭迅速嚴催各戶定限本月內將價繳齊如

再玩延過期定行撤佃另招不貸合亟傳飭為此傳仰該攬頭

即便遵照毋延干究切切特傳

右傳三十戶七十戶攬頭等准此

光緒二十九年十一月二十日

為二月初一日開征租賦飭差催納並一面催繳荒價由

局銜　為傳催事照得本局各起所丈熟户迄未交價者尚多現訂於二月初一日開徵經收該户等二十九年份租賦應飭届期交納至所欠地價尤須先期交清以重公款合亟派差攜同各該段攬頭達拉戕迅速傳催為此傳仰爾佃户人等一體遵照務須如期赴局納租其未交地價之户限於開徵以前作速繳清地價仍將租賦如期完納倘敢抗延立即帶轅除撤佃外仍予嚴辦不貸其各懍之勿違該催差及攬頭達拉戕等亦不能藉端勒索致干查究切切特傳

右仰催差

特傳

攬頭
達拉戕
佃户

為雙流鎮街巷均留餘地七尺由

為牌示事照得雙流鎮創設街市所有街巷必須寬敞始足以利行人前經牌示凡蓋臨街市房門前均退留五尺現經本街鋪商先後來局稟稱退留五尺仍形窄小等語本局查核屬實茲定門前均留餘地七尺俾資濶達合行牌示為此示仰起蓋市房人等知悉自示之後務須遵示照留毋得吝惜尺土致撓公便切切特示

光緒三十年二月初十日

# 辦理蒙荒案卷

第七冊

移為蒙旗暨各廟指留荒地過多恐不敷撥放請預先指定處所以便撥給由

移為蒙旗移稱起員越丈並稱何以預斷不敷百萬晌之數等情移覆由

函覆蒙王荒如不足百萬其不可者有三飭切陳明由

移覆蒙旗為台壯擬領續添荒地及郡函吉一帶荒地即請開單見覆由

函為蒙王函稱續荒以數百萬之數暨興道函吉等照銀給地由

移覆蒙旗為飭員勘定界址於外不准展越等情由

移覆為牟喇嘛徒弟等懇留廟基兩方查係外旗仍應照章價領由

移為蒙移界內山泉鬮廟台壯盧墓並灰石煤所城場葦塘均請留地及荒內不准燒窯燒酒放船網魚等情移覆由

移為蒙移布合勒侵佔房基一案因未指明地方移覆查明由

移為蒙移台吉等請留圖魯勒吉等查台壯並無此意已遵　批安民由

移為蒙王前文阜海銀三千兩請為通融查伊父已經領荒支銀碍難重發由

移覆蒙局訊辦欽達充毆打委員由

呈為蒙旗移過劉昶武銀照收併價撥地請　核由

呈為蒙旗緩支荒銀並由局曉諭由

移為蒙王請將民户陳有應交荒價撥歸本賬以還宿債由

傳諭起員在雙塔東北為蒙旗酌留祭地等因由

移覆蒙旗為台吉施舍慈善寺荒地擬來春丈撥由

札為伯王旗達喇嘛懇領上等荒地擬由雙塔外酌撥飭起遵照由

移行蒙旗為堂訊王扎蘭等阻攔繩弓各情由

呈為轉運虧款　懇歸九月分冊報由

諭為清查黑户以防頂冒原佃由

移覆蒙局為查究黑户分别註銷撥放由

移為蒙移閤旗人丁户數是否相符由

移覆蒙局為台壯廟衆等應分荒銀究竟應由何處分發由

移為旗衆應在何處分發荒價並未確切見覆由

移為攬頭四海懇留敖寳嘎一帶原佃界址查係逃户碍難照准由

移為札賚特旗界有匪徒打斃俄人四名恐該匪逃入荒界已出示嚴禁收留由

稟為前因並偵探俄人消息由

為出示嚴禁容留匪人由

呈為俄員照會札賚特打斃俄兵一案遵飭查覆由

呈爲俄員照會打斃俄兵已逾兩月迄未弋獲見覆並有牽涉總辦情事遵飭聲覆由

稟爲辦荒以來蒙王多方狡展各情密爲縷析陳明由

呈爲遵查蒙旗並無編隊名端營情事請　核由

呈據佃户達拉嘎賫魯卜等八名稟請重立鄉團據情轉呈由

呈爲雙流鎮地方請設警察敬候　示遵由

呈爲台壯聯名具保綳印軍劉撫功績據情轉呈由

稟爲請開扎薩克鎮國公旗荒段敬候　示遵由

移據民人趙景山等呈係王爺自招懇將原佔各荒一律安插由

移准蒙移全委員越文莫勒克圖等處荒給趙景山等承領暨請留綽勒木革塘各情移覆由

移准蒙移趙景山領地一事並抄粘文約據移駁覆由

稟爲請開達爾罕王沿途之荒以通道路敬候 示遵由

移爲陶河南北佃户由王倉以下每户收租與總數不符請核正見覆由

呈爲更正雅圖站留界伏乞 備案由

稟爲蒙户謡傳河北不招民户查係出自蒙王無端煽惑稟陳 憲鑒由

呈爲蒙王揑稱省員飭備公館苛派衆户並將該王傳諭封呈請核由

蒙王傳諭 壹分

移為蒙旗暨各廟指留荒地過多恐不敷撥放請預先指定處所以便撥給由

局銜　為移行事案照敝局開辦蒙荒前經

欽差大臣裕　會同

軍督部堂增　奏明

貴旗送次來文補添户名指段要地

貴局亦復移請欲留向來各旗打圍處所各廟喇嘛亦屢懇留

跳塔鄂保水泉廟地加以台吉壯丁要留房身已地格外加多

貴旗荒地足放百萬餘晌今核去今兩年敝局實撥僅在七八

萬晌之數而收銀未撥上地尚缺五六萬晌中地尚缺七萬餘

晌而

更有舊墾各戶均照原寫之數懇撥荒地仍求多展冀圖漁利
似此紛紛高下其手勘辦殊非易易若不預為酌定均一之道
率聽官民表裏貪佔漫無限制其已經交價領票未得荒地各
戶必致無地安插實與
奏案放荒一切定章大有窒碍茲擬原佃力薄墾少之戶量其自力
能交荒價多寡撥予地畝仍限其不得過熟地一倍如力足者
荒熟併計每戶不得過兩方計毛荒九十晌所餘之荒丈明弓
數造入空名毗連清冊報局查核以便挨號指安收項領票新
戶其台吉壯丁既在得分租銀之列凡遇自種自居房地每戶
已准撥給一方計毛荒四十五晌造入無租毘連清冊以示限

制而免紛爭敝總辦已擬親赴荒段挨起搜察無容隱漏然文
地丈荒乃是敝局之責成而荒地之有無能否足放均係
貴旗局之主持今
貴旗局暨各廟指要留地各地之數如許之多將來如不敷百萬
之數　奏案攸關究由何處撥給之處亦應預商
貴局旗先爲酌奪指出處所然後所指所留所要之地必照來文
撥給除分行移商外相應備文移行
貴旗局請煩查照先行見覆以待照辦施行須至移者

右　　移

蒙　　局旗

移爲蒙旗移稱起員越丈並稱何以預測不數百萬晌之數等情移覆

局銜　爲移覆事案准

貴旗移開都爾吉地方起員越丈又准移覆何以預測不數百

萬晌之數難擬續添補放前後移付前來查放荒原　奏係就

貴旗全境地址而論只准酌留牧養並無某處應放某處不應

放之語而敝局稟請會定北面牧場界址

貴旗迄今亦未派員會分竊夫牧場既無定界而放荒何以越

界之有至稱去歲呈有印文内有北至野馬圖等處南北長三

百里等語究係據何成案所定敝局無從考核恭譯

欽差原　奏第五條内載查該王呈驗地圖南北長一千餘里現在

開墾之區核計該旗地址已逾其半在案　將軍復奏亦有千
萬畝之許今
貴旗遽以南北長三百里顯與　奏案不符未悉以何為據至請
為敝局計應否准照　貴旗以後之文抑或遵照
欽差從前之奏各等荒熟地數
貴旗亦有行局已文未文自必有數上中號荒現不數放領户
久候未經得地人所共知何不可預測之有查都爾吉附近他
拉根那津河二龍索口北面
貴旗私招之户亦在其内夾雜敝局奉派文放
貴旗之荒凡有墾户之處即係應丈之荒夫招户始自

貴旗出荒全旗分償疊經

欽差　將軍奏奉

諭旨開辦之後而

貴旗並不度地多寡前後來文以荒抵債以債取銀更或不放

河北或自留百里或不派委員勘界或縱容台吉攔繩或搭地

廟基之外指處留荒或留圍場閒曠之區台吉壯丁喇嘛人等

聚眾懇領荒銀甚至郡爾吉附近地方在

貴旗則可私招在起員則為越文地不敷放置若罔聞反責敝局

不應預測種種情形歷歷有案疊次

諭旨

貴旗是否不願遵照其百萬之荒

貴旗是否有無其數抑或全荒仍欲違例私招不准官放本年

秋間繩弓到段有戶之荒是否一律出放應飭逐層

示覆以便先期禀明辦理免致一誤再誤相應備文移覆為此

合移

貴旗請煩查照見覆施行須至移者

右　　　　　　　　　移

札薩克圖郡王旗

光緒二十九年六月初三日

圅覆蒙王荒 如不足百萬其不便有三凱切陳明由

郡王爵前疊荷

雲章倍承

奉注臨風驤首罔罄馳依恭維

鼎紼綍綏

戟門增幟引覘

卿靄無任棻鋪某前奉檄辦荒因得查詢

貴旗事件於

爵前之為人初未深信及來荒界博採輿論均稱

爵前忠厚待人出言必信厥後一次晤

教三次奉
函見夫篤厚之誠謙冲之度溢于言表然後知
爵前可與共遠謀可與濟大事欣喜欽佩有不可言而往來
函酌和衷以濟如某者尤承
格外奬愛異于他人實深感誌嗣此以後凡於
貴旗有益之事必當盡力凡於
爵前有益之言必當盡言庶有以報此美意也頃接
大牘以委員越界見責查原　奏出荒係就全旗而論衹准
酌留牧場並無某處應放某處不放之語既無定界何越
之有且都爾吉等處係在野馬圖山後三十戶迤西已有

之墾戶處所並非台壯所居之地此時貪食私租後日受其

遺累敝局遵　奏經營旗產凡遇此等地方正當清釐何

貴旗既可私招反不准敝局繩丈然敝處仍為

貴旗設法擬將此荒照　奏業放足百萬晌所餘北境大段數

百餘里劃為牧場如此則

將軍不失信於

朝廷而牧務荒務兩有裨益今者

將軍及敝局所收各等荒價為數已多而

王倉以荒抵債之款數亦甚鉅加以台壯留界塔廟留荒計與

百萬晌之數尚差大半此時領戶羣集無荒可撥退價則款

有支銷遣散則誰甘放手以數千百之戶捐數十萬之銀頃
令銀地兩空勢非京控省控不得地不止此荒不足則領戶
有不了之局非放足不可者一也查現放生熟荒價僅數十萬
兩除去報効及各局經費兵餉與台壯喇嘛應得之數其應歸
王倉者不過數萬金而查
爵前用過之款與以荒抵債之款已及廿萬有零與
王倉應得之數計算尚欠十萬之多還債則必侵用台吉壯丁之
款不還則宿欠仍存宿欠若存則本利展轉日久月長仍當
以荒抵補所失滋多達爾罕王之事此
爵前所親見也侵用若多則台壯不服互相訐控

貴旗之訟案又無已時矣此荒不足則

王倉有不了之局非放足不可者二也查甘願出荒

貴旗具結於前荒足百萬

將軍據　奏於後今放未及半而

貴旗縱容台吉攔繩遽責委員越丈塔廟更留餘地荒内復留

圍場如此梢荒不放以致不符原　奏使

將軍有　奏對不實之名想

將軍於

爵前相待不爲不厚交誼不爲不親胡爲中途改計令

將軍無以對

朝廷即
爵前何以對
將軍此荒不足則
將軍有不了之局非放足不可者三也然
爵前既不顧
將軍之顏面將軍亦何所回護於
爵前勢必將
貴旗揹荒不放如台吉攔繩阻止越丈各節據實入　奏請
旨遵行至是時
朝廷來抗旨之譴旗衆興侵款之訟欠户索債領户索荒百緒紛來

不得已而仍當補荒以了事與其補之於後何若不吝於前
爵前試權利害當知咎之所歸矣至為敝局計則荒之多少放與不
放了無關係有荒准放則照章辦理措留不放則據實稟明早
日報竣一切煩惱有人任之於敝局固無碍也然而某既承
爵前相愛之厚相待之優倘為敝局計而不為
爵前計且明知後來大有關碍將不利於
爵前竟知而不言言而不盡問心實屬難安況今日之事或非本
意一時之見或有未及故不憚煩數一一備陳如蒙
鑒察此心從長酌議俾此荒數放則不惟宿欠可清台壯無語而
且餘資可得巨萬不惟領户感德而且租賦歲增不惟

将軍有以符原　奏而
爵前亦足以對
将軍蓋一舉而三善備焉若不鑒此心仍執成見則請
早賜示覆俾得轉稟　奏停以免兩誤某素性質直不觧欺人凡
所陳説是否實為
爵前趣見想蒙
鑒照耳遅數日某當派員踵
府以面達未盡之情並候
指示以定行止先此肅佈敬請
崇安希惟　霱照不備
福○頓首

敬再啓者前奉

惠書以本旗台吉懇分荒價請暫勿分給一節目前台吉等聚集

多人來局聲請本擬酌為發給以濟困貧然既承

敦囑只得如

命辦理刻已婉為開導從緩發給矣知關

注系特用附陳耑此載請

時安

　　　　　　　　　　　　　　　　　　　　齡再啓

移覆蒙旗爲台壯擬領續添之荒地及都爾吉一帶即請開單見覆由

局銜　爲移覆事案准

貴旗移開荒界文竣擬爲續添補放荒地本旗台壯等已稟承領並准函稱都爾吉一帶所居台壯意欲請留幾名荒地若不得已即照定章繳價報領各等因准此敝局續查函語始知移内所稱補放荒地台壯已稟承領係指都爾吉一處而言且都爾吉之内亦止請留數名爲數無多查凡本旗台壯現住荒界之内者准其酌留界址作爲牧場以示體恤定章有案而該台壯數名如實係在該段界内居住敝局丈放時自應挨其房地留出界址斷不令其失所如非界内居住願領其中荒地者查定章

本旗出荒應先儘本旗承領由

將軍出示曉諭予限一個月逾限不領即招外户現在都爾吉

之荒既允出放本應安插曾經交價之户惟台壯又欲認領雖

已逾限多時然既僅此數名姑准一律安置仍須照章先行繳

價掣票候撥以免見遺該台壯等是否留界抑欲領荒應請分

別開單見覆以憑核辦相應備文移覆

貴旗請煩查照見覆施行須至移者

右　　　移

札薩克圖郡王旗

光緒二十九年六月二十四日

函為蒙王函稱續荒以數百萬之數暨與道爾吉等照銀給地由

郡王爵前頃接

覆諭叨承

奉注函內所言續展荒地以數原　奏百萬之數及台吉寺

廟請留各地能由別處撥出斷不敢有違

諭旨之意各等語核與敝局會商委員所禀相符足見

爵前為人篤厚大度涵宏不獨以

朝廷為懷且復篤於友誼惟荒不足數一節既然允補則敝局自可

安插各戶而

爵前宿債從此亦可了結台吉等再無爭執之患至函內所

指都爾吉一帶荒地台吉意欲交價報領請留幾名一事詳
核此段既允出放伊等自請備價領地乃與各户領地事同
一體而先後情形不同敝局開辦之始予限先儘台壯報領展
限復招歷々在案迨招外户備價報領地段之内不敷百萬
以致挨號領户無以安插故備文加函派員往商於
爵前然既示有荒可展且為台吉商領數户荒地未悉留荒台
壯係在界内抑在界外自應按照領荒定章分晰開單另由
公牘見覆以備札飭該段監繩照辦又稱道爾吉西勒布銀
七萬五千九百八十兩愛敏薩合氣銀二千六百兩該墾户
等既以借款領荒伊等所指之地雖未佔領誠以

爵前所示不使銭地兩空應俟續補缺荒之時定遵
來示仍將此二户照銀給地如願領銀必俟荒地丈竣核清
爵前既有應得之款亦必照數開發萬不致有負
爵前厚意特此布達順請
崇安餘希
戬照不莊
移覆蒙旗為飭員勘定界址於外不准展越等情由
局銜　為移覆事案准
貴旗來移轉據梅楞章京四等台吉愛力比吉呼等聯名請留
鄰爾吉荒地並各處鹻泡據情移行到局查放荒原　奏內載

此次安插客民請員代辦又載先儘本旗納領又載開荒定界
各等語惟開辦之初迭次予限准令報領嗣因予限報領無人
始收另戶荒價行知
文使在案其
貴旗定界報省並未奉覆亦未會勘又無確圖故飭委員凡有
貴旗招墾客民之處全數勘作應放荒界茲准前因反復詳譯敝局
文放本係
貴旗原籍之地租價亦係
貴旗各有應得既稱都爾吉倘不得已出放其由納晋哈達巴
汗哈達等處墾戶界址以北沁圖札拉克等五處留作孳生設
果不敷百萬晌時兩相酌商等情本應從全辦理但文內所稱

地名如許之多遍查

貴旗圖內並未註有似此名目處所碍難稽核繩弓到段工難

停待只得遵移嚴飭委員務在

貴旗所招墾戶之處東西相平以卯酉方向勘作應放之界於

外絲毫不准展越界內之荒已經安戶之處無庸奪佃其未經

安戶之處只准安足曾已交項挨號之戶不准於外另招來往

游行之人承領設如剩有餘荒報局查核數目先儘

貴旗之戶交價認領除札飭遵照外相應移覆

貴旗請煩查照飭起照辦見覆施行須至移者

右　　移

札薩克圖郡王旗

移覆蒙旂爲牟喇嘛徒弟等懇留廟基兩方查係外旗仍應照章價領由

局銜 爲移覆事案准

貴旗移開據雙全茅圖哆囉牟喇嘛徒弟幹珠爾加卜等稟請

在屯堡就近懇留廟基兩方創修經殿其餘作爲僧衆馬場等

語轉據請局飭起在三十户道東依稟酌留等情准此查係外

旗喇嘛來此求地修廟准其留荒則可仍應照章發票交價納

租除飭起照文酌留外相應移覆

貴旗請煩查照轉飭旋行須至移者

右 移

札薩克圖郡王旗

移 為蒙旗請留石厰葦塘等處暨荒內不准燒窰燒酒各情由

局銜 為移覆事案准

貴旗移開荒界以內遇有祭祀山泉關廟台壯等廬墓應留餘地並石灰厰石所煤所城場葦塘山林樹木各應酌留由本旗日後出兑且荒內不准任意燒酒燒窰放船領買林木網梁河魚等因准此查原奏條載該旗不諳放荒章程請員代辦又載開荒立定界址又載招墾詳查札賚特成案辦理又載墾戶所種之地丈清晌數核收荒價各等語自開辦以來

貴旗雖經定界而定界之外尚有墾戶誠不足以為案據且未先期會同勘明尤難以為定界自可以戶定界免致疏漏也此

次所指一切留地地名均不知在於何處遍查各圖亦無註寫
似此地名委屬無從照辦惟丈過之地遇有廟泉廬墓均已隨
時酌留造錄圖冊有案未丈之地自必量予也至所稱石灰石
廠石所煤所城場葦塘山林樹木均在何處並未繪圖貼說難
以飭起查找而札賚特成案亦無似此辦法是在荒界之內自
應歸於荒圖不在荒界之內應由
貴旗辦理其稱荒內不准燒酒燒窑放船等事原 奏並無此
等定章況放荒所以安民也荒地街基既經出放仍限民生業
似於奏案成案均屬不符除分移外相應移覆
貴旗請煩查照施行須至移者

右　　移

蒙　　旗

移為蒙移布合勒侵佔房基一案因未指明地方移覆查明由

局銜　為移覆事光緒二十九年十二月十四日准

貴旗移開管旗章京色伯克扎卜之房基坐落被哈爾沁布合

勒等侵佔一案查該台吉並未立文約將房基給布合勒係布

合勒强佔應撥給色伯克扎卜地四方並重懲布合勒等因准

此查此案於本年十一月初六日准

貴旗抄呈移局在案敝局因不知所稱巴勒阿拉勒地方在於何

處又因前有河夾信荒段准

貴旗來文准給羅旋又移請撥給台吉前後兩歧當經查明該
處僅有台吉一戶業經飭起留界一方餘外熟地已照章給原
戶承領移請見覆亦在案茲准來移所有台吉色伯克札卜之
坐落巴勒阿拉勒是否河夾信内地段其哈爾沁布合勒是否
即前案之伯羅前後是否一案來移仍未指明敝局無從查核相
應備文移覆
貴旗請煩查照見覆指明此案係在某攬頭牌下以便查辦須
至移者

右　　　移

蒙　　　旗

移為蒙移台吉等請留圖魯勒吉等處查台壯並無此意已遵　批安民由

局銜　為移覆事案准

貴旗移開據管兵梅倫阿敏卜虎並台吉等呈稱台吉等因圖
魯勒吉塔本札拉戕等處免給他人等情移明行局在案今反
有民人五六十來此紛紛丈量希為轉行等情據此應希貴局
聽候
督憲批示遵行此等肆意之民若不法辦日後蒙民雜處兩不
相宜等因准此查圖魯勒吉等處原有
貴旗原招佃戶故敝局未便漏文前經
貴旗以敝局越文呈報

將軍札經敝局查覆蒙　批呈悉仰候札飭該王旗懔遵迭次
奏案毋再阻撓致干查究等因奏此查此案敝局既已奉批
貴旗亦經奉札敝局自應遵飭安民並非該民等肆意侵入且此次
貴旗台吉壯丁等二百餘名赴局請領荒銀一呈內稱再有本
旗他勒根莫力克圖等處王爺逼勒台吉等畫押説台吉等不
願出户其實台壯等並無狡展爭論無荒何能放錢台壯等不
能如此無理等語查圖魯勒吉尚在他拉根等處東南其他拉
根台壯等尚不狡展則圖魯勒吉早有墾户更屬在所不爭且
查具呈台吉等二百餘名已有阿敏卜虎等在內均經來局面
見敝總幫辦聲訴並無請留圖勒吉地方之意等語既係該台

壯等均願出放日後當無不宜之處應希
貴旗仍遵
將軍前札以重　奏案相應移覆
貴旗請煩查照施行須至移者
右　移
蒙　旗
為准蒙王移稱前支阜海銀三千兩請由荒價通融查伊父已經領荒支銀碍難重發移覆由
局銜　為移覆事案照敝局於九月三十日准
貴王移開阜海承領七戶荒地由起丈撥然敝王業在江省由
阜海名下支銀三千兩迄今未歸伊現在旗置荒理當應還希

貴局自撤旗應得數內預為通融妥辦等因准此查自去歲冬間曾准
貴王移文內有蒙古烏訥巴雅爾曾交現銀二千二百六十五
兩全指給荒地迨經該蒙將銀如數領訖聲言領地自行補交
荒價在案茲准來移阜海領荒支銀三千兩惟阜海本係烏訥
巴雅爾之子領荒支銀本係一事況敝局經收荒價
貴王府應得之款支使業已逾額敝局現難重複照撥阜海領地應
令自行交價以符前案而免重發相應照抄清單備文移覆
貴旗請煩查照施行須至移者

右　　移

扎薩克圖郡王烏

移覆蒙局訊辦欽達克毆打委員由

局銜　為移覆事案准

貴局移開茲據本旂七起委員等報稱在本旗六家子佃户欽達克家借宿被毆並失去銀物各件移請究追並據敝局七起德委員壽稟同前由各等情據此當將毆打官差之張富泰即欽達克及邱貴二名傳局會同研訊據張富泰供稱委員等帶同繩起赴該蒙人張富泰家採覔住處張富泰聲稱病人在室不肯留住口角兼出不遜經德委員面斥其非該蒙人竟唱衆毆打並毆及蒙員旋經屯鄰勸阻而散今經堂訊該蒙人悔罪只求恩典並經鄰佑出保嗣後永不敢再有兇横情事姑念鄉

愚無知素鮮教化從寬責釋蒙員所報丢失物件據稱當時並
未查點有無倏有尋獲情甘送還邱貴訊係解勸尚無幫毆從
寬免責釋放安業鄰佑免具保結以省拖累相應備文移覆
貴局請煩查照施行須至移者

右　　　　　移

荒務蒙局

光緒二十九年十月廿六日

呈為蒙旗移過劉昶武荒銀照收併價撥地呈報請　核由

全銜　為呈報事竊准扎薩克圖郡王烏移開敝王前指地先後用到黎生公司職商劉昶武銀五萬二千五百兩屢經呈報在案現届放地該職商來府請將此款移知貴局收入地價項下請煩照章撥地由敝王應用款項扣抵等因准此查職商劉昶武招集衆戶股款既已交付該王使用無款清還移請撥地扣抵若不照收撥荒則數十百入股之戶銀地兩空被累實非鮮少職局祇得照准將該王用過劉昶武銀五萬二千五百兩照數收入地價項下作為該王已支荒銀並將此款與該職商前在總局繳過荒價四萬零五百七十二兩合併核計撥給三

等生荒一段交該職商承領仍派妥員監視彈壓並先丈熟户
以免滋事俟將該段内所有熟户丈出即照該職商應得地數
一律劃清除移行外理合備文呈報
憲台鑒核伏乞　照呈施行須至呈者

右　　　　　　　　　　　　　　呈

軍督部堂增

批

呈悉劉昶武領地價銀五萬二千五百兩既據該王旗移知
准由該王應得項下抵扣自應照章撥地惟正價之外尚應
报繳一五經費來呈並未聲敘明晰仰該局仍飭職商劉昶
武遵照可也繳

呈爲懇札蒙旂緩支荒銀並由局曉諭由

全銜　爲呈請事竊查扎薩克圖郡王烏泰迭次撥還各户押荒及撥劉昶武之賬陸續在卑局支過銀貳拾餘萬兩而又頻求函牘囑令緩發台壯款項以防挾作訟費該台壯等亦恐該王所支過多侵蝕衆款彼此防範互相猜忌一不滿欲兩造均嘖有煩言若非預爲籌畫誠恐另生枝節擬懇

憲台札飭該旂並准卑局出示曉諭統俟荒務放竣通盤籌算自王府以下台壯喇嘛人等均照應得之數秉公分撥務使不偏不倚仍由

憲台　奏明分放萬無舛錯如此辦理則該旂上下可泯猜忌

之嫌兩卑局亦無所顧慮公私兩有裨益是否有當敬候
鈞裁示遵所有擬請札飭札薩克圖旗並由卑局出示曉諭以安
旗衆緣由除移行外理合備文呈請
憲台鑒核伏乞
批示遵行須至呈者

右　　　　呈

軍督部堂　增

光緒二十九年九月二十四日

批
呈悉候飭該王旗轉飭台壯等一體遵照一面即由該局出
示曉諭並將示稿送核繳

移為蒙王請將民户陳有應交荒價撥歸本賬以還宿債由

局銜　為移覆事案於光緒二十九年十一月初七日准

貴王移開請將民户陳有應交荒價撥歸

貴旗賬内以還二十三年使過陳有銀肆萬叁千五百兩之債

等因准此卷查前於五月間曾准

貴王函開現有民人陳有等欲報領荒地十餘萬晌其荒銀不

拘飭交何處無不遵命等因在案今陳有所領之地既經文撥

自應遵照

貴王前函照章繳價何得又以債務作抵且

貴王支過撥兑各款為數已鉅已奉

將軍批示嗣後蒙旗自王府以下台壯喇嘛人等應得款項應候荒務報竣時　奏明東公分放決無舛錯不得再事撥支等因業於本月初六日由敝局出示曉諭亦在案茲查貴王移來蒙文内稱由敝王應得分内支取而漢文又稱由敝旗應得收簿等語蒙漢兩歧尤難憑信事關款項查與局章憲示　奏案均不脗合碍難照辦相應移覆貴王請煩查照施行須至移者

右　　　　　移

札薩克圖郡王烏

光緒二十九年十一月初九日

傳諭起員在雙塔東北為蒙旂酌留祭地等因由

局銜　為傳諭事現與綳印軍商明雙塔東北相連有鄂保二處共做一處此地係全旂祭祀之所最為要緊應略為多留或每面二里或里半或東北略出鄂保外餘三面各照二里均可又大仙塔拉有二泉子十家子有一泉子均應酌留每面半里來地至前札與達喇嘛留荒若干即由此外挨撥合亟諭傳該起員即便遵照切〻特傳

右傳丈放生熟荒起　員等准此

光緒二十九年四月　日

移覆蒙旗為台吉施捨慈善寺荒擬來春丈撥由

局銜　為移覆事案准

貴郡王移開據達台吉三音綽克圖施捨

盛京慈善寺荒地二十方請撥給得莫奇得力格加卜名下承領

等因准此查現值年終繩弓早停已飭得莫奇得力格加卜來

春到局認領以憑派員丈撥相應備文移覆

貴旗請煩查照施行須至移者

右　　　　　　　　移

札薩克圖郡王旗

光緒二十九年十二月十五日

札為伯王旂達喇嘛懇領上等荒地擬由雙塔外酌撥飭赴遵照由

局銜　為札飭事照得本行局現據伯王旂廣福寺達喇嘛報領上等實荒三百三十晌施於本旂廟内為香火之資並懇轉請督憲邀免異日租賦等情查該喇嘛購荒捨廟且照章繳納荒價自應准其報領惟事關善舉並應酌與優等現在蒙旂移稱河東有雙塔一處為該旂祭祀舊所請留餘地免將來與民轇轕此次達喇嘛所領荒段意重施捨正與此舉相同可以飭令連界除由塔界内照章與蒙旂每面酌留一里外其塔界外即與該喇嘛挨撥毛荒若干扣足實荒三百三十晌以期兩有裨益合行札飭札到該赴員即便遵照特札

移行蒙旂爲堂訊王扎蘭等阻攔繩弓各情由

局銜　爲移行事案據本局九十兩起委員稟稱委員等蒙派

丈放中等生荒遵即赴段照章鋪繩詎意攬頭王扎蘭特克尺

把巳等竟敢率衆阻攔不令挨次行繩並私挖封堆佔荒應請

飭傳究辦等情稟報前來當經會同

貴旂委員提集該攬頭等嚴加審訊據供實係一時胡塗未能

領清界址致各户私挖封堆佔荒漁利今蒙傳訊巳自後悔情

願具結從新用心指領並指導衆户遵章辦理再有狡展惟小

的二人是問等情據此查該攬頭等既知悔過從此照章領界

並具有甘結姑予免究倘嗣後再蹈前轍定即重懲不貸除將

甘結存案備查外相應備文移行

貴旗請煩查照施行須至移者

計粘甘結壹分

右　　移

札薩克圖郡王旗

攬頭王特克尺把巳扎蘭為出具甘結事茲因衆户阻攔繩弓小的們一時胡

塗未能領清界址致各户私挖封堆佔荒漁利今蒙

總幇辦大人審訊巳自後悔情願具結率衆户遵章辦理如再有狡展

惟小的二人是問甘領重咎所具甘結是實

光緒二十九年四月初七日

呈為轉運虧款懇歸九月分冊報由

全銜　為呈請事竊查職局拉運大車一項原照去歲冬月安設轉運伊始正值道路封凍大車易行所有僱價較廉按月核算每月作脚價銀六十兩尚不甚虧短是以呈准照辦歷經造報在案今至本年九月三十日呈請一律停撤照發過脚價款目通盤截算尚虧一百二十餘兩實係七八九三個月雨水較多由鄭至荒道途泥濘大車俱不願往非加價難以僱覓因此多發致有虧短再四籌商有關造報可否由文發大車脚價項下照數提出弭補造入九月分冊報內之處皆憲裁理合備文呈請

憲台鑒核伏乞

批示遵行須至呈者

右　　　　　　呈

軍督部堂增

光緒二十九年十月廿九日

批

據呈已悉准其核實造報繳

諭為清查黑戶以防頂冒原佃由

局銜　為諭飭事案准蒙局移開據本旗原墾佃戶攬頭烏勒

濟巴圖特克喜巴彥等呈報所屬佃戶花名共黑戶七十八戶

抄單請查等因准此查所載花名實共七十七戶內除為匪之

布力古特等十一户在逃未回之巴土等六户抛地無主之吉爾哈春等四户窜盗被拿之僧得格力一户共二十二户均應按户註銷其遺地由本局另行招放外其餘黑户五十五户合行開單諭飭為此諭仰該攬頭等各就所管逐一清查是否實係原墾有無頂冒情事按户具報本局以憑查核如果實係原墾方准照章價領免失本業惟此等黑户蒙局移請不給押租銀八十兩則與良户有所區别而杜巧取該户之中似尚可行仍應查明倘有頂名私充捏報等弊一經查知除將各該佃等懲究撤銷外仍將該攬頭從嚴究辦以為具報不實者戒其各懍遵

切切特諭

右諭攬頭 烏勒濟巴圖 特克喜巴彥 遵此

移覆蒙局為查究黑户分別註銷撥放由

局銜 為移覆事案照敝局疊准

貴局移開攬頭烏勒巳巴圖特克喜巴彥等所管地界内各項黑户共七十八户攬頭巴圖敖承招户數各項黑户共三十五户攬頭巴圖敖卜力西巴古存錢卜林吐格素等所招户數各項黑户共三十七户攬頭全寶格古思等所管户數均係黑户希為核奪如何查究以儆效尤等因先後准此查敝局遵照原奏安插客民自應查核有據分別註銷撥放除分行傳飭清查外相應備文移覆

貴局請煩查照施行須至移者

右　　移

荒務蒙局

移爲蒙移閭旗人丁户數是否相符由

局衙　爲移行事案於光緒二十九年閏五月二十五日准

貴蒙局移開查明札薩克圖郡王所屬台吉喇嘛壯丁等男女

老幼共壹萬零柒百玖拾五名口請發荒銀先後移付前來准

此項人丁户數是否相符而將來荒務報竣應否照此人數分

給應得荒銀抑有别項辦法應請

貴旗覆核如果屬實咨覆到日再行呈明

核辦除呈報　將軍暨分移外相應移行

貴旗請煩查照核覆施行須至移者

右　移

蒙　旗

移覆蒙局爲台吉廟衆等應分荒銀究竟應由何處分發由

局銜　爲移覆事案准

貴局以協理四品台吉總辦額爾克恩巴雅爾協理四品台吉

巴圖吉爾嘎勒等移開本旗台吉廟衆因攤歷年防匪操費及

廟站等費受累請借荒銀五萬兩等因准此查該台吉等所呈

貧苦受累自係實在情形亟應照發以應急需惟現在經收荒

銀除解省及開支並扣還各户八十兩外所餘款項不多碍難

發給至

貴旗台吉廟衆等應分荒價究竟應否由敝局移交

貴王旗或交協理等或

貴局分發抑或經由敝局發給從未議准定章應由

貴局預爲請示

貴王旗核議章程見覆以憑詳咨辦理相應移覆

貴局請煩查照施行須至移者

右　　　　　移

蒙　　　　　局

光緒二十九年七月廿八日

移為旗衆應分荒價並未確切見覆應在何處分發由

局銜　為移覆事案准

貴王旗移開台壯應得荒銀某月某日繳發再行酌商等因准

此卷查敝局前准

貴局移送台壯廟丁人數經敝局移詢將來應否照此人數分給

荒銀迄未確切見覆茲因原　奏並未指明應在何處分發台

壯廟丁應得銀兩預商

貴王旗仍未指定敝局無憑辦理應請

貴局再行請示

貴王旗能否預定覆奪至此次來移所稱荒銀如何分派一節

應俟定妥分發處所一併呈請

將軍批示遵辦相應移覆

貴局請煩查照轉呈見覆施行須至移者

右　　　　移

蒙　　　　局

移為攬頭四海懇留救賓噶一帶原佃界址查係逃戶礙難照准由

局銜　為移覆事案照敝局前准

貴旗移開據攬頭四海稟請懇留原墾界址例應酌行等因准

此查局章凡丈原墾佃戶挨領生荒不得過熟地一倍該攬頭

等懇留三十餘里之多於章殊屬不合又查續定章程十條內

載逃而後歸各户良莠不齊不准照原有舊户一律認業業已

呈報

將軍覆奏在案該攬頭所稱敖寶噶一帶原墾佃户既無一定

坐落徧查前報亦無此等花名自係逃户可知照章尤難准其

承領既准

貴旗來移應飭起員就近斟酌安插至稱例應酌行之處自應

毋庸置議相應移覆

貴旗查照施行須至移者

右　　　　　　　移

蒙　　　　　　　旗

移爲札賚特旗界有匪徒打斃俄人四名恐該匪逃入荒界已出示嚴禁收留由

局銜　爲移付事照得敝局茲聞札賚特旗界有匪徒沙克德爾七十三色登巴彥色楞張鴨申等滋生事端四處竄匿難保不潛入荒界遺累地方此次准設鄉團即係預防不虞之意除分諭外合亟移付

貴局請煩轉飭界內蒙民商佃人等一體知悉嗣後凡遇外來之人除係累（畏）良民避禍來界依倚親朋確知根柢者姑准留住外所有滋事匪徒若來荒界准鄉團拏送或立時飛報派隊往拏送究務必爲鄉民作主倘有任意收留或隱匿不報一經查知定將該戶照窩盜例從嚴治罪決不姑寬相應移覆

貴局請煩查照施行須至移者

右　　　　移

蒙　　　　局

稟為前因並偵探俄人消息由

總幫辦全銜謹

稟

督憲將軍麾下敬稟者竊查扎賚特旗界有寶石地方練總沙克德

爾等於八月初間打斃俄人四名俄人調兵數百至該處燒殺

捕剿居民有逃竄至扎薩克圖界者蒙人畏俄如虎衆心洶懼

羣謀逃避職得信較早一面示禁界内不許容留匪人一面分

路偵探俄人消息倘其入境職擬親往迎阻仍設法密拏竄匪不准匿迹荒界並由職親巡鄉屯安撫衆戶一概不令遷移茲於十六七等日探得俄兵現分兩支一由南郭爾羅斯暨伯都訥等處追匪回哈爾賓去訖其一直向扎賚特王府及扎薩克公府要索釀事匪徒去訖嗣此俄人諒其不至西來經職四出曉諭居民照舊收割莊稼領戶照舊聽候撥荒現已一律安堵矣恐煩

厪念特肅稟陳恭叩

鈞安伏乞

崇鑒職謹稟

光緒二十九年八月十九日

為出示嚴禁容留匪人由

局街　為出示嚴禁事照得近日東旗釀事民匪併逃幸本局先事預防設團禁賭以故匪徒未敢入境混跡值此小驚街鄉始無搖動之人現在地方平靖允宜再申前示凡合境蒙民商佃人等務須安分守業除嚴禁賭博勿得再犯外仰爾街市鄉村家諭戶曉均不准容留來歷不明之人以防奸民乘間竊入擾害善良且煙館更為匪人棲身之所尤須嚴加禁止雖然假借生意名目實乃匿盜之區殊於地方大有關碍本總幫辦不憚煩勞但願爾等一體懍遵永不開設煙館界無容留匪人是為盼切倘有匪人入境即為送信拏辦如敢故違或經查獲或

被告發均照定例房屋入官並治其罪決不姑寬切切特示

呈為俄員照會扎賚打斃俄隊一案遵飭查覆由

全銜 為呈覆事竊於光緒二十九年九月二十三日接奉

憲札為准俄武廓米薩爾一千九百五十四號照會內開韓瀋屯民傷死俄兵一案飭即查覆等因奉此詳查此案前於八月十一日忽有由扎薩克圖東境逃竄難民信息職局總辦張守心田等均在鄭局職福。刻即撫綏墾戶並自下鄉彈壓安輯流亡曾詢難民僉稱扎賚特南界月亮泡迤南嘎山屯相近之前保石屯來有俄人在彼買馬彼後保石屯看守圖謝圖公主靈之壯丁沙克德爾家去一蒙語通事傳說俄人要到這屯你們均

要小心　沙克德爾家有匪七十三色登巴音色楞等聞信張荒
俄人到時開槍打死俄人幾名惹出事來俄人調兵燒毀佐近
村屯十數餘處釀事之沙克德爾等當時携眷先逃衆民被害
逃難等語隨即出示禁止奸民入境在案兹奉前因詳譯俄照、
所稱那聶河口　似與嫩尼江之音相同其韓潘市屯若按地形
推求即係嘎山屯相近之保石屯地方其車鄔特爾即係沙克
德爾而俄照所稱情形與詢與難民所述核係一案惟保石地
方委在扎賚特旗南界與扎薩克圖界相去二百餘里至此案
因何起衅及正宄匪黨於釀事之後逃匿何處現均不知下落
除遵派幹差訪查外案關交涉事件合將前次出示禁止奸民

入境告示並繪具釀事地方形勢草圖先行呈報為此呈請

憲台鑒核施行須至呈者

右　　　呈

軍督部堂增

光緒二十九年九月廿五日

批

呈悉此案前准俄員照請已派景道賢雙道倫等前往查

辦矣據呈前情應候該委員查覆到日再行照會仍

候該委員等從速馳查并候飭交涉局知照繳

呈爲俄員照會扎賚特打斃俄隊一案遵　飭查覆由

全銜　爲呈覆事竊於光緒二十九年十二月初二日奉

憲台札開扎賚特旗後保石屯蒙丁沙克德爾暨匪七十三色

登巴音色楞等打死俄人一事業已疊准俄員照會並經疊扎

圖謝圖扎薩克圖各蒙旗查拏究犯在案乃爲時將届兩月不

獨要犯迄未一獲該各蒙旗亦迄無隻字稟覆昨又准俄員照

送抄文一件竟有索涉該總辦等情事除照覆並嚴催各蒙旗

上緊緝匪外合亟抄錄照會照覆各稿札仰該總辦等遵照摞

實查覆等因奉此查俄員照會抄件内稱該匪逃至主謀綳蘇

克巴勒珠爾處庇助人馬刀槍放地委員等暗中帮助等語查

扎賚特起事地方荒段相隔二百餘里俄隊到彼即時生事朋蘇克巴勒珠爾於數百里外何從主謀該蒙員為人素尚方正查與該匪首等向無姻好何故護庇若果資助人馬該蒙員與職呂近在比鄰難瞞職等之耳目況該蒙員以一台吉不管旗政又無兵權人馬槍刀從何而得職等與該蒙員蒙漢攸分從無交識果其與匪勾結實屬荒務之大害方當設法究辦安有與伊朋比暗助自取咎戾之理況起事之際職福。正在出示禁止姦民入境呈稿有案職心。因公在省尚未回荒其為挾嫌之徒信口誣滅可以想見溯查扎薩克圖郡王烏與該蒙員素有積嫌歷經訐控有案今年該蒙員奏派辦荒上邀錄用該王嫉之故前曾呈請撤差又未允其所請該王嫉之益深又因該王在職局支使荒銀業已滿數嗣後屢向職局索款未能盡允遂多方與局相難該王又與俄語通事阜海交通謀佔腴荒移稱曾使該通事銀三千兩請局撥荒扣抵職局許之而該通事派人來局聲稱渠領之荒另自交款請先交還所過之銀職局即於該王項下撥銀付訖繼將荒地撥給該通事後該通事又勾通該王移請職局仍由王款扣抵荒價是時該王業已支使滿數職局未允照撥該通事過價不遂該王支款未得故皆仇視職局益以該王又嫉綳蘇克巴勒珠爾故兩相勾結設法陷害職等與綳蘇克巴勒珠爾職等細閱俄照抄件語屬蒙丁顯然可見現值中俄連約若任其從中

簸弄殊於大局有碍應請

憲台飭查究辦並照會俄員勿爲愚弄以全邦交除仍遵照查

拿匪徒外理合備文呈覆爲此呈請

憲台鑒核施行須至呈者

右　　　　　　呈

軍　督　部　堂

光緒二十九年十二月二十日

稟為辦荒以來蒙王多方挍展各情密為縷細稟陳由

全銜謹

稟

督憲將軍座前敬密稟者竊此次奏請開辦蒙荒前於該旗結案時雖據該旗郡王暨旗衆出具甘 結情願請員代辦然該王實因台吉等均願出荒勢難違衆其實具結以後心甚悔之故自開辦以來百方攬擾百方刁難但使無碍大局職局無不設法調劑以期銷弭故未一一稟明以免上煩

憲慮惟該王賦性昏庸不可以德感不可以情聯節外生枝真有非意想所及者職等調停無狀不敢避其愆而大局攸關亦宜防

其漸今荒務方竣其前後攬擾刁難情形有不得不為我
憲縷細陳之者查開辦之初職心。到該王府將荒務大概辦法逐
細相商該王畧無主見及至舉辦則請留河北自行出放屢瀆
不休一也職局踩定城基該王則自放攬頭王良于廣原等管理
自定價目擬即自行出放二也沿河南北熟户最稠而該王移
送圖說只准出放站道以南是欲將野馬圖山一帶熟户指留
三也葦塘不合游牧正可化無用為有用而該王來文不許出
放又指留山泉鄂保各界均周圍十里四也西界大段揑稱圍
場不許出放五也新立城基正待招徠商賈而該王來文不許
燒窑燒酒六也該王支使荒銀已經滿數台吉等亦請少支給

若干奉
批准撥而該王來信不准照發七也河北丈放之際乃忽來文命
留二百里自領不放八也城基共有一萬一千五百丈丈放之
際乃忽差人來欲自留萬丈否則再放二十里九也勾通俄人
欲借款盡留河北荒地轉賣漁利招致俄人來荒查探以致蒙
民惶惑十也慫恿台吉上控職局台吉不從來局請示經職等開導
散去猶冒台吉之名移局多方狡展十一也都爾吉早有佃户
原在應放界内而該王屢經派人攔繩行丈力阻十二也該旗
既已派員會辦職等遇事即與該局商酌以照信實而該王屢次
造謠責職局謂與綳某朋比十三也該王私招隊伍一百七名苛

派各户供應不貲及該户設請警察不過互相守望兼因兵少慎重款項而該王恐有此舉户下即不再出資養伊之兵遂播散謠言達於外人謂衆户斂銭職局編隊十四也北面應留牧場與應放荒段之界早經呈奉

札飭旗局會勘該王迄不派員屢催罔應故留轇轕十五也受奸民之賄託輒給執照冒稱舊户希圖指佔不知凡幾使職局莫可究結十六也局章不准指佔而該王屢次移開新户指給荒段紊亂章程十七也該王年班回旗時行文索款乃稱

陸見奉

旨責其速成報効等語恐嚇職局十八也熟户已奉

飭本年起科免納猪粮而該王府仍照舊苛索致各戶繳價為難十九也該王曾用趙有年巨款於奉旨後仍派該戶為招佃委員給有執照及趙某呈控該王請撥地段職局撥荒而該王又不允許並請將其地封禁二十也若斯之類不可勝言河北七十戶地屬上等照章每晌交價銀二兩二錢丈過數月並無一戶交價屢經催交置若罔聞職等將攬頭傳局嚴訊始知該處有温都爾燃及莫兩喇嘛等素與該王因緣為奸斂銀二千兩通賄該王該王即給執照准各戶每晌只收一兩四錢故各戶恃符抗違逾限不交茲雖訊明嚴押攬頭該喇嘛逃去而各戶交價者始交價大半此案方辦有頭緒今日又來

文請於河夾信子二百户内之二十七户本屬二等地作為三等交價等語結奸民而攬大局貪小賄而捐巨款其顛倒有如此者今又勾結通事無中生有以陷綳某而索涉職等鬩墻非患而揖盜堪虞觀俄員抄件内稱前年立碑一事並願報効某國等語知其結納外人心存離貳非伊朝夕前者私佃私租自肥得計今經官放頓失獨得之押荒又分歲出之租賦即使賢員相處恐難化其不甘之心貪念既已不泯謬妄勢將日甚值此强鄰在邇若不預為之所則將來之事有非職等所能料者矣職等

渥荷

恩培敢辭勞怨惟值我

憲憂勞　王事之際本不忍冒黷重累
憲廑而大局攸關又未敢再事緘默且職等不幸與此人共事若一
一曲從則百計刁難得寸進尺若認真理論又恐挺而走險意
外滋虞除已往者能銷於無形皆已銷融辨理外而此後尚有
數月所收拾結局者皆重大事件未知又如何狡展屆時委曲
求全萬分棘手非建白于我
憲公明洞燭之下誰復鑒此苦衷用敢縷述上　聞敬候
裁奪不勝瑣瀆待罪之至合肅密稟恭請
鈞安伏乞
崇鑒　　謹密稟

呈為遵查蒙旗並無編隊名端營情事請　核由

全銜　為呈覆事竊奉

憲台札開准俄武鄗米薩爾照會内開請將蒙古旗内編成隊伍名端營者奉何人允准及何意一併示知等因准此除咨查外合行札飭該總辦等一體詳查據實具報以憑照覆等因奉此職等遵查札薩克圖旗荒段均係墾種佃民素安耕鑿其餘則係本旗台吉壯丁皆散處游牧並無編隊之事至所稱端營尤屬向所未聞理合據實呈覆

憲台鑒核照覆施行須至呈者

右　　　　　　　　　　　　呈

軍　督　部　堂　增

呈據佃户達拉嘎賚魯卜等八名禀請重立鄉團據情轉呈由

全銜　為呈報事竊職局兹據荒段佃户達拉嘎賚魯卜等八名並河東等處三百餘户先後聯名呈請佃户等計十七旗蒙人共一千餘户於光緒初年來在札薩克圖王旗種地度日至二十五年有賊首王老虎剛保桑保等率賊來此搶擄財物牛馬婦女以致家室不保幸有佃户伯力斯巴古孫乾伯力特古斯留全鎖等為首創立鄉會經札薩克圖王給照充當會首領同衆户自備費用槍馬極力抵禦盗匪衆户始得安堵現蒙放荒蒙民正喜樂業不料先時賊匪餘黨相傳又有潛來此地信息佃户等公同籌議甘願均攤糜費自備槍馬公舉伯力斯巴古

等户仍為會首重立鄉會以靖地方懇恩照准等情據此查荒段前被匪擾各户轉徙流離至今四五年來猶形凋敝現在既懼餘灰復燃各佃驚懼訪查實有此情所請重立鄉會自係勢不得已現在款項支絀既難多募勇兵分紮防護而該佃等流離新集性復樸魯又未便律以警察規條既前此同心禦匪著有成效此次仍願各攤費用自備槍馬衆志攸同自應暫准試辦惟須妥議章程不滋流弊以期消患未萌一俟荒務放竣民户漸稠該會如果辦有規模堪受繩墨再行改安警察遵章推廣刻下各鄉如此辦理似於荒務地方不無裨益但鄉團初設是否之處職局未敢擅便除分移蒙旗省局查照並批示暫行試

辦以順輿情仍飭擬議章程由局核妥另行另報外合先具情

呈報為此呈請

憲台鑒核示遵須至呈者

右　　　　　呈

軍督部堂增

光緒二十九年九月十七日

批

呈悉查現准俄員照會以蒙古旗内有編成隊伍之事正飭查間茲據前

情該佃等守望相助僅可保衛閭閻何必大張聲勢立名曰團致滋外人口實

仰即傳諭收歛仍照守望相助之法自相保護不准稍涉鋪張亦不准借以

歛錢是為至要候飭交涉局並省局知照繳

呈爲雙流鎮地方請設警察敬候　示遵由

全銜　爲呈請事竊查荒段新經招墾創設城基農商四集蒙漢雜居人類既已不齊良莠保無混雜加之荒地遼濶兵力太單必須設立警察方足以清市面而補兵力之不足現在段内佃户亦均紛紛呈請設局警察若由職等就地籌款妥議妥設尚屬不難合無仰懇

憲台鑒核准於雙流鎮地方設局警察之處如蒙

照准即乞將警察章程

飭下職局遵照妥議辦理是否有當理合備文呈請

鑒核伏乞

批示遵行須至呈者

右　　呈

軍督部堂增

光緒二十九年十一月十四日

批

呈悉候飭雙道綸詳查稟奪飭遵繳

局衔　為傳飭事照得警察初設自應遵照守望相助互衛身家之章交相勸勉各安本分不得再稱團隊以致駭人聽聞合亟傳飭為此傳仰該董即便遵照轉傳各户一體遵照可也特傳

右傳警察局董准此

光緒二十九年十二月初二日

呈爲台壯聯名具保綳蘇克巴勒珠爾剿撫功績由

全銜　爲呈請事竊據扎薩克圖王旗台吉滿都巴雅爾棍楚克那遜孟科撓古泰桑佳六十那遜巴圖布彦托克塔虎托特那遜巴皆撓力圖那東圖各台吉壯丁等聯名呈稱竊因光緒二十六七等年有匪首剛保桑保等糾集數百匪衆盤踞本旗境内肆行搶擄以致蒙衆棄産遠逃父子離散全境幾無人跡慘不忍言幸有被革協理台吉綳蘇克巴勒珠爾不辭勞瘁倡練會勇撫安各户極力捍禦至一年之久始將各匪全行逐出地面賴以安堵至今闔旗人等感念不忘是以再四籌商無以報德祇有懇求恩施轉請

將軍備案可否獎敘之處恩典出自

鴻慈等情前來職等採諸輿論劃辦事實既經該旗台吉壯丁合

詞稟懇職等未便壅於

上聞除移行省局外理合據情呈請

憲台鑒核伏乞

批示施行須至呈者

右　　　　呈

軍督部堂增

光緒二十九年十月十四日

稟爲請開扎薩克鎮國公旗荒段敬候　示遵由

全銜謹

稟

督憲將軍鈞座敬稟者竊查卑府等前在江省曾經創辦扎賚特旗蒙

荒令蒙

憲委辦理扎薩克圖王旗之荒經營年餘約可竣事聞扎賚特亦

可漸次放竣惟有扎薩克鎮國公旗之荒界在兩旗之間尚未

出放然其境内南界寬百里長約一百五十里概已招有蒙漢

墾種該旗自知東西兩界均已開闢本旗地段斷難獨安荒蕪

故有採佔北山以内蓋造公府以備還居之舉其欲將南段出

放可知特是蒙旗不諳放荒章程既已任民指佔經界不清而承佃之户又皆西來客蒙良莠莫辨日久滋弊勢必又蹈札薩克圖之故轍而四鄰亦受其累現聞該公擬赴京營求出放又有攬頭為之轉求農安縣禀請吉省辦理竊查該旗既屬哲里木盟則墾荒招民自宜隸於奉省况密邇札薩克圖其界犬牙相錯異日開墾設官分治幅員亦可稍寬若仿照札薩克圖一併出放則

國家可資報効該旗亦濟艱難且邉實則覬覦銷民稠則盜賊遠誠一舉數便之道卑府等渥蒙

憲恩謬司荒務際

國家帑項之紲體

憲台籌措之艱凡管見所及何敢緘口不言可否

咨商　理藩院及哲里木盟長並札飭該旗酌議開辦抑或逕行

奏請之處出自

憲裁所有擬請開放札薩克鎮國公旗界荒務各緣由合肅稟陳恭請

鈞安伏乞

崇鑒職○○謹稟

光緒二十九年十月二十八日

批

稟悉即札派該總辦張守心田前往妥為商辦候咨行

理藩院　哲里木盟長　查照並候飭札薩克鎮國公旗知照　繳

移據民人趙景山等呈係王爺自招懇將原佔各荒一律安插由

局銜　為移行事案照敝局案據民人趙景山孫海川等呈稱竊身等係扎薩克圖郡王於光緒二十六年招來原佃踊佔莫勒克圖他拉根等處之荒雖未開墾荒銀已交二千兩在局過存有案今經委員由他連哈達丈過身等所踊之處拋在界外伏思身等均是王爺自招佃户既蒙普同安插緣何拋在界北不給丈放漏出身等二户荒地只得叩懇恩准將身等佃地一律安插則感大德等情據此查該户既係王旗所招原佃即與舊户無異自應照章勘辦勿得遺漏致異日又多轇轕除批示並札飭起員外相應移行

貴局請煩查照飭起勘辦施行須至移者

右　　　移

札薩克圖荒務蒙局

光緒二十九年十月初五日

為准蒙旗移稱全委員越丈荒地給趙景山等承領各情移覆由

局銜　為移覆事案准

貴旗移開全委員越丈交流河封堆文諸山西邊東至莫勒克圖等處荒給趙景山孫海川等承領所有大淩河馬廠及綽勒木葦塘係向來旗屬出產能否酌留等因准此查

貴旗北界劃作牧場不放之界數百餘里歸流河卧牛加拉嘎

等處皆有餘荒萬晌如作馬廠牧養似尚有餘且所放荒段之內台壯留界均極寬廣生產甚饒而綽勒木葦塘查在荒界之內自應照章招墾未便任其遺漏況葦塘均係按等作地出放食租化無用為有用正與原　奏興利之意符合其趙景山孫海川於去年曾奉

貴王旗札委招佃繳過押荒銀兩經趙景山等呈驗原札並經

貴旗移行過充撥荒銀數各在案日前趙景山等來局呈控起員不為丈撥原指荒段銀地兩空等語據此查趙景山等既係繳過押荒指領荒段即與舊戶無異照章應准承領以故飭起照撥委實按依

貴旗文移所辦並非該起展放茲准前因應請

貴王旗與趙景山等商酌如該戶等甘願退領其押荒銀兩無

庸敝局扣抵希即移覆敝局查核即撤銷趙景山等莫勒克圖

等處之荒未爲不可相應移覆

貴旗請煩查照施行須至移者

右　　　　移

札薩克圖郡王旗

光緒二十九年十一月初二日

為准蒙移趙景山等領地一事並抄佔文約等因移覆由

局銜　為移明事案准

貴郡王移開為民人趙景山孫海川等領地一事並抄粘文約

一紙等因准此查該民人趙景山等呈到

貴郡王給發指領荒段文約一紙又給發招佃文約一紙敝局

詳查指段文約係與奏案不符並未收理其所發招佃文約既

已招有佃戶准其報領荒地六萬晌收價鮮省在案迨委員撥

地又據該民人趙景山等來局呈稱伊係

貴王所招之戶已揀佔莫勒克圖他拉根等處之荒今經委員

抛在界北不給文放漏去荒地懇恩請撥等情前來敝局當以

該民既係
貴王給照所招原佃即與舊户無異照章飭趕勘丈以資安插
先後移行
貴王蒙局各在案茲准
來移抄單乃係指段文約並非招佃印照或係
貴王誤抄抑係該民錯舉執此隱彼實所不解惟查敝局辦荒
係爲
貴旗安置客民此後闔旗永遠分租其利無窮實與敝局無涉
而該民所繳荒價係一半分與
貴旗各有應得之數一半報効

朝廷更與敝局無干是該民與
貴旗於敝局無所厚薄敝局祇得一秉大公持平辦理况該民
原呈稱係光緒二十六年即由
貴王自招之户該户應歸敝局照章安插之民荒既丈撥碍難
改易若謂有碍旗衆生活則荒段以北綿亘數百里膏腴沃壤
牧養綽有餘裕應請
貴郡王仍遵
奏案關念大局不必注意於此區區彈丸之地斈斈與小民較量
以省煩牘實為公便合將該民所呈招佃印據照錄文尾以憑
校核相應備文移明

貴郡王請煩查照施行須至移者

計粘抄單一紙

右　　移

扎薩克圖蒙旗局

光緒二十九年十一月十三日

哲里木盟扎薩克圖郡王　為發給懷德縣屬下五甲民人

趙景山執照事訪查趙景山因在本盟前果爾羅斯公副盟長

旗之荒務以慰辦公由該縣呈請

吉林將軍獎賞五品銜官人現今本王旗因奉

旨出荒會同

盛京將軍委員在該旗之閑荒出放數百里之遥所以領荒之民
人等不得知曉又慮穿通各旗碍難前來恐悞
國家籌餉等因將趙景山招領佃民等諭又達爾罕王旗的東公議
局行走五品藍翎孫海川幫同爾等速赴街内將領荒民人之
姓名註寫領到本旗取領地照持照交價並無哄瞞依民人等
不悞前來為此發給執照

光緒二十八年十月初六日

稟為請開達爾罕王沿途之荒以通道路伏候 示遵由

全銜 謹稟

督憲將軍座前敬稟者竊查職局所放札薩克圖荒段新立雙流鎮城
基距省一千餘里距遼源州亦五百餘里除由雙流鎮至南界
巴彥格二百里外由巴彥格南行抵遼源州二百餘里均屬達
爾罕王旗管界橫亘中間是札薩克圖全荒與奉境形成甌脫
該達爾罕王既未出荒人人心存畛域村墟寥落其旗不解開
設旅店而又不容外人租開鋪糧無術行旅為憂加以蒙兵蒙
會以主凌客凡遇行人有無鞍之馬及攜軍械自衛者故意盤
詰多方留難此當前之不便也札薩克圖全荒既經出放有日

臻繁盛之勢不日轉輸載道商旅雲集公文兵隊時有往來而經此村落星稀之處必有行旅暴露文報稽延之患又或盜賊竊發道路戒嚴而地未安民又未便派兵駐紮此異日之不便也職等統籌前後再三商酌竊維由巴彦招以南抵遼源州一路屬達爾罕王旗境二百餘里必須通爲開闢若該旗不願多放則沿途之兩旁寬者兩面各劃十里狹者兩面各劃五里招放站戶其地土多沙鹻較札薩克圖之三等荒尚爲不及價宜從廉不必責提報効但使招民開墾或養馬植樹分設站戶俾札薩克圖荒境與遼源州聯成一氣而奉省脈絡無限官民商旅均稱通暢矣惟該旗素之辦事之人難於商確應請出自

憲裁奏請

朝廷飭下該旗開辦實爲公便職等爲大局起見所擬是否有當伏乞

憲台鑒核恭候

示遵所有荒界中隔道路不通請開沿途達爾罕王旗地緣由合

肅稟陳恭請

鈞安伏乞

崇鑒職。。謹稟

光緒二十九年十月二十八日

批 據稟各情均悉仰候

奏明辦理繳

移爲陶河南北佃户由王倉以下每户收租與總數不符即請核正見覆由

局銜　爲移覆事案准

貴旗咨開原在桃兒河北所招佃户由王倉廟倉下至台吉壯丁等每户收租之數抄單粘尾又桃兒河南所招佃户由王倉廟倉下至台吉壯丁等每户收租之數抄單粘尾等因同准此查來文户數與總數均不相符所有應扣之押荒銀兩是否與貴旗前後來移符合應俟敝局逐細查核並會同貴蒙局傳訊各廟倉台壯等按文查認有無轇轕仍希貴旗將來文户數與總數不符之處核正見覆以免轇轕而便勒令分攤惟事關旗衆敝局雖欲竭力開導能否做到尚未可必

相應備文移覆

貴旗請煩查照見覆施行須至移者

右　　移

扎薩克圖郡王旗

光緒三十年正月初十日

呈為更正雅圖站留界仰乞　備案由

全銜　為呈明更正事竊職局為荒界雅圖站蒙丁懇請留界當

經酌准該站南北西三面各留二十里東面有王旗墳塔留二

十五里一面飭起照撥一面呈報在案旋經職等與蒙局覆商該

站西面有荒五十方仍應納價認租留界無須若是之寬因議

改撥西面由站至五十方計留五里東面由站至王旗坟塔留
二十里南面留十三里北則係七十旂道嶺沙石之地劃歸不
放之地界多寡聽其自便當經飭赴改撥以資牧養而免閒曠
業據文撥具報前來除移行總局查照外理合備文呈明為此呈請
憲台鑒核伏乞
照呈改正備案施行須至呈者
右
軍督部堂增　　呈
光緒三十年正月二十二日
批
如呈備案繳

稟爲蒙户謡傳河北不招民户查係出自蒙王無端煽惑稟陳 憲鑒

全銜謹

稟

督憲將軍鈞座敬稟者竊查職荒自本年入春以來各處蒙户謡傳河北及河夾信仍不招民已請省員帶領洋隊來此逐民等語職等初以蒙户向來疾視客民故特造言恐嚇該王當不出此僅設法開導以息謡風近又查知該王徧傳舊户索驗信票無者必係允與民人勒令追還以免民户攙入似此逐民之説出自該王不爲無因現在衆心揺揺幾莫知適從熟户交價因此亦多觀望查河北現在民户紛集蒙漢錯雜本易生隙加以該王倡

為仇視之論無知蒙人必且益甚久恐釀成仇案除由職局嚴催

熟地交價並隨時開導俾相輯睦遇有蒙民爭訟案件持平辦

理但論是非不論蒙漢以期銷融外所有該王無端煽惑之處

理合據實稟陳虔請

鈞安伏乞

垂鑒職○○謹稟

光緒三十年二月初十日

批

據稟各情均悉候飭雙道徧併案查覆

並飭省局知照繳

呈為蒙王揑稱省員飭備公舘苛派衆户並將該王傳諭封呈請 核由

全銜 為呈請事竊查職局自開辦荒務以來該扎薩克圖郡王即多無端搖惑人心之舉近數日該王又揑稱省員飭備公舘苛派各户猪糧約一户所出中錢肆拾餘吊計一千餘户共中錢肆萬餘吊值此熟地升科交價之外猶須納租職等已恐民力之不逮豈容再事苛斂以致民不聊生且於職局收價亦屬有碍又既已出荒升科則荒内豈容該旗更為擅便職等未便顯然阻止致鄰爭競茲將攬頭長春等呈到該王飭攤猪糧傳諭一件封呈

憲鑒應如何設法維持大局之處職等未敢擅擬理合備文呈請

憲台鑒核俯賜作主望切施行須至呈者

計呈該王傳諭一件

右　　　　　　呈

軍督部堂增

光緒三十年二月初十日

扎薩克王　　　　　　　　為曉諭蒙氏各佃户

事今復查荒地有信由

京城盛京派員前來預先傳知由爾等所屬每户取肥豬一口小米五

斗炒米五斗紅糧五斗谷草壹百捆羊草壹百捆黑油二斤將

此備用之物札飭達拉嘎等傳諭各户何日何處需用並不准

推延遲悮後凡應用各户何物均行發價如該攬頭達拉嘎等
亦不准從中獲利由此外再備用白面粳米酒粉臘燭文書紙
張干菜等項均由廟倉旗公中報帳再各户内如有被委員等
欺壓並奪失地者被打花錢一切寃屈等事即赴王倉呈報詑
查並將此各情節轉報大員以雪寃屈即於各蒙民人等大有
裨益合將體恤蒙民各情一併札傳如諭到時可勿違悖等語
㸃用手記傳諭攬頭長春
刘振東等准此　正月十八日諭
光緒三十年三月初五日奉
批
據呈已悉候飭雙道徧併案查覆並飭省局
知照繳傳諭存抄發

# 辦理蒙荒案卷

第八冊

督憲札委張總辦前往札薩克鎮國公旗商辦荒務由

稟為擬俟鎮國公年班回旗再行前往商辦由

稟為遵飭赴鎮國公旗商辦荒務業經議妥出放並借墊銀兩由　附章程一件

稟為赴鎮國公旗隨帶人員沿途費用由行局墊給銀兩具報請核由

移覆鎮國公旗為議妥出荒並先由官中借墊銀壹萬兩由

移付鎮國公旗為借撥銀壹萬兩由　附鎮國公旗領銀執照壹分

呈為起員請集股創設水利公司鑿井灌田據情轉呈由

呈為務本公司請於所領段内自立鎮基並擬具章程呈請示遵由

呈為荒户請緩限交價並懇熟地扣成録批呈報請核由

呈為變通舊户領地章程擬統照三七折扣無容另留餘地呈請示遵由

蒙王咨請承領桃河北交流河西開荒兩大段由

函覆蒙王為前請領荒兩大段恐於招徠有碍由

呈為熟地將已丈竣擬照章升科開征請發告示由（計呈示稿一紙另稟一分）

呈為蒙境缺乏制錢熟地征租擬暫收銀圓請 示由

蒙王移覆為查定章征租應由王旗派員並稱熟地不應三七折扣由

蒙王移覆為查定章並無放荒委員會同徵租等情由

蒙王移覆為熟地扣成之文件未到丢失熟地如何報効由

趙景山等具呈懇領原佔之莫勒克圖等處荒段由（並呈蒙王原發招佃執照一紙）

蒙王移稱越界丈荒給趙景山等承領各情由（計前後來文五件）

十二起委員稟為已將莫勒克圖等處文給（原佃户）趙景山等承領由

十二起報稱蒙王派攔阻繩弓該起暫不安戶由

蒙王移稱十二起委員越界丈放勿庸呈請督帥移局核議由

蒙王爲巴漢山北莫勒克圖一帶甸廠概不准放知會起員由

十二起稟爲葛古什攬頭五戶均係舊佃佔在二龍索口一帶可否出界勘丈請示由

十二起稟爲所丈段内有樹三十餘株是否有主請飭砍伐以便開墾由

移行爲十二起前請等因由

蒙王移覆段内不准伐毁樹木由

呈爲續踩白城子街基繪圖貼説敬候示遵由

蒙王移請由白城子街基中間承領街基二十方由

移覆蒙旗爲前請各因由

蒙王移稱越丈都爾吉等處並稱各處城泡馬廠均不出放由

蒙王移稱荒内一切禁地盧墓石廠城廠煤所均應酌留暨荒内不准燒酒放船網魚等情由

蒙王移為圖魯勒吉等處不准他人報領由

蒙王移稱補放荒界已經呈報將軍俟奉到回文再行定奪由

蒙旗頭等台吉色登並各台壯等懇領荒銀由

蒙王函請緩發台壯等銀兩由

蒙王移為台壯暨各廟人等請將應得荒銀按定次序分散由

蒙旗協理等員懇請體恤蒙衆施給荒銀由

蒙旗協理台吉移稱連年備亂暨應各項差務虧款請借荒銀五萬

蒙旗台壯人等具呈請領荒銀並稱王爺多方虧累台壯各情由

移蒙局為衆台壯等請支荒銀二萬兩由

移知蒙旗為衆台壯等前請各因由

呈為蒙旗衆台壯等聯名懇發荒銀二萬兩照准給領呈請　鑒核由

蒙王移稱衆台壯等分銀係何月日奉札各情即請移知備案由

蒙王移覆為衆台壯領銀二萬兩不應交協理額爾克恩巴牙里等經管由

蒙王移稱衆台壯任意違背札薩克貪取荒銀並稱莫勒克圖等處仍不出放

呈為蒙旗達喇嘛拉巴珠里等懇領荒銀已由局酌撥八千兩請　核由

呈為衆台壯等欲分應得荒銀懇請轉呈伏乞　批示由

黎生公司稟為允留福安堂荒段懇乞備案由

公司稟為段內攬頭等冒領好地盜賣並稱折扣太少由

公司稟爲所領荒段剩有沙包城擬請退還由

公司稟爲荒地虧數請派員復丈由

公司稟爲墾户不領沙城懇乞安插並請復丈所虧地段由

委員全祥等稟爲復丈十六起原丈黎生公司荒段虧地標實呈覆由

督憲札爲奏放扎薩克圖蒙荒更定章程一摺飭照部指各節逐款聲明由

呈爲遵飭查明部指各節逐款聲明呈覆由

札委張總辦　前往札薩克鎮國公旗商辦荒務由

爲札委事案據札薩克圖蒙荒行局總辦張守心田等稟稱竊查卑府等前在江省曾經創辦札賚特蒙荒今蒙憲委辦理札薩克圖王旗之荒經營年餘約可竣事聞札賚特亦可漸次放竣惟有札薩克鎮國公旗之荒界在兩旗之間尚未出放然其境内南界寬百里長約一百五十里概已招有蒙漢墾種該旗自知東西兩界均已開闢本旗地段斷難獨安荒蕪故有採佔北山以内蓋造公府以備遷居之舉其欲將南段出放可知特是蒙旗不諳放荒章程既已任民指佔經界不清而承佃之户又皆西來客蒙良莠莫辨日久

欽命鎮守盛京等處將軍增

弊滋勢必又蹈扎薩克圖之故轍而四鄰亦受其累現聞該公
擬赴京營求出放又有攬頭為之轉求農安縣稟請吉省辦理
竊查該旗既屬哲里木盟則墾荒招民自宜隸於奉省況密邇
扎薩克圖其界犬牙相錯異日開墾設官分治幅員亦可稍寬
若倣照扎薩克圖一併出放則
國家可資報効該旗亦濟艱難且邊實則覬覦銷民稠則盜賊遠誠
一舉數便之道卑府等渥蒙憲恩謬司荒務際
國家帑項之絀體憲台籌措之艱凡管見所及何敢緘口不言可否
咨商理藩院及哲里木盟長並札飭該旗酌議開辦抑或徑行
奏請之處出自憲裁所有擬請開放扎薩克鎮國公旗界荒務

各緣由合肅稟陳等情據此除批示並咨哲里木盟長暨飭該旗遵照外合行札委爲此札仰該員遵即前往妥爲商辦仍將辦理情形稟覆核奪特札

右札札薩克圖蒙荒行局總辦張守心田准此

光緒二十九年十二月十四日

稟爲擬俟鎮國公回旗再行前往商辦荒務由

張總辦全銜謹

稟

督憲將軍座前敬稟者竊於光緒二十九年十二月二十九日奉

憲台札飭卑府前赴札薩克鎮國公旗商辦荒務等因奉此查該

鎮國公因二十九年年班業經入都去訖訪聽本年二月初間方可回旗卑府擬屆時再行遵照作速前赴妥為商辦以免虛延合先陳明仰懇

鑒察所有扎薩克公年班入都擬俟回旗再行前往商辦荒務各緣由理合肅稟具陳恭請

鈞安伏乞

崇鑒卑府心。謹稟

光緒三十年正月十一日

批　據稟已悉繳

稟爲遵飭赴鎮國公旗商辦荒務業經議妥出放並借墊銀兩由

張總辦全銜　謹

稟

督憲將軍鈞座敬稟者竊卑府於光緒二十九年十月十八日爲札薩

克鎮國公旗有意出荒懇請

憲台核奪酌議開辦等情稟奉

批准並

札委卑府前往妥爲商辦仍將辦理情形稟覆核奪等因奉此旋因

該鎮國公年班入都未便前往現聞該公回旗遵於四月初七

日前往初八日抵鎮與該公暨該旗烏印軍包印軍管旗保梅

倫會同熟商訂將該旗南段長廣百里出自該旗甘願劃作出
放之荒惟因該旗現有公用需銀壹萬兩請由官中先為借墊
等語面商數次卑府伏查該旗願將南荒大段由官出放係屬出
於至誠所請借墊銀兩亦係實有緊要公需將來此荒出放
國家可得報効銀數十萬兩於公款不無裨益此時因開放尚需時
日先由官中暫借萬兩不過一時挹注俟該荒出放即可由該
旗荒價內先為扣還於公款似無妨碍自未便過事拒絕致滋
疑阻只得暫允借墊以示通融而期成議商妥去後旋准該旗
照商備文呈覆

擬借墊該旗銀兩等情與卑局福總辦齡等覆商無異擬即由卑局

隨收經費項下撥銀壹萬兩交付公旗仍取具承領印文以重

公款應懇

憲台鑒核派員開辦以便擬訂章程　奏明立案並飭承辦該荒

局所於收得荒銀時將此借墊銀壹萬兩扣還卑局之處除由扎

薩克鎮國公旗呈報　哲里木盟長轉咨外所有遵

飭商辦扎薩克公旗荒務議妥出放並借墊銀兩各緣由謹將該

旗呈文隨文報請

核奪示遵合肅俚稟虔請

鈞安伏乞

崇鑒卑府心田謹稟

敬附稟者竊查鎮國公由京回旗負債甚多內有萬全允為緊急已擬招外旗私佃天保三麻子等數攬頭先令墊款萬全允由河北招安二百戶事在將成而卑府適至該公初尚隱匿其事然辭退攬頭則難償近債而請官代放則須辭攬頭私自躊躇頗有進退維谷之勢卑府窺知其隱遂語以如有緩急均可代為分憂並曉以外旗各佃慣為把持之弊嗟商數四該旗遂將攬頭斥退而為借款于卑府之請竊計此時若不權宜允借則攬頭援足先得不由官放

國家失籌款之利矣此卑府允借銀兩之實在情形也查該旗上下人皆明理事權歸一與卑府商辦一切均各欣然喜形言色一則感沐

憲施托庇有日一則於卑府等之辦理鄰荒或有所見聞也惟該旗印文允放南段查段内半係漢人私佃然其土色下等居多不如沿河兩岸多屬上中兩等且不稍放河北則地僅百里不足一縣將來安官幅員亦狹卑府已將此意婉達該旗該印軍等亦均深知應並放河北據稱開辦時仍當酌量將河北出放若干里先由該旗立明界址再由官中於界内行繩以免侵越等語商妥去訖惟議定時該旗業將印文繕就送到擬令改添出放北段字樣又恐躁切致令疑阻不甘

憲台派員開辦應懇

飭令覆商將河北酌量出放以廣荒界而資集款該旗當不難於

允從也再該旗東界緊接月亮泡現已有新城木船多艘由嫩
江駛入月亮泡上至桃兒河然蒙旗逐節留難需索商民苦之
若河南北兼出則河運可開商農兩暢矣謹肅附稟載叩
鈞安伏乞
慈鑒心田謹再稟
光緒三十年四月十五日

稟爲赴鎮國公旗商辦荒務隨帶人員沿途費用由行局墊給具報請核由

張總辦全銜　謹

稟

督憲將軍鈞座敬稟者竊卑府遵飭赴札薩克鎮國公旗商辦荒務，携帶人員啓程日期並議妥出放各情業經稟覆在案。查此次前往因事關商辦地屬隔旗，不得不隨帶人員以資辦事，當經揀派行局蒙文委員文亨一員，已裁前行局繙譯委員靖兆鳳一員，移借荒務蒙局通事白音福一名，並護勇跟役人等隨同卑府前赴該旗，往返七日。除卑府暨蒙文委員文亨均有原差薪水，勿庸另支用費，以期撙節外，所有該隨從人等沿途人馬費用並

與該旗蒙公印軍相見儀物發給繙譯委員車價酬給通事辛
勞計用銀伍拾捌兩用中錢二百四十八吊六百文合銀七十
壹兩零三分總共用銀一百二十九兩零三分均由蒙荒行局
經費項下暫行借墊謹繕清摺呈請
憲台鑒核該員役等隨從往返辦事不無微勞准其支給之處出自
憲施如蒙　核准即懇於開辦該荒時
札飭承辦局所如數扣還卑局實爲公德兩便所有商辦荒務隨帶
人員沿途費用由局墊給銀兩各緣由合肅稟陳恭請
鈞安伏乞　崇鑒卑府心田謹稟
光緒三十年四月十五日

移覆鎮國公旗為議妥出荒並先由官中借墊銀壹萬兩由

總辦札薩克圖蒙荒行局花翎分省試用府正堂張　為

移覆事案准

貴局移開前奉

盟長王

將軍札飭出荒經總辦到旗商議妥協本旗情願出放荒款以

利旗衆而報効

國家所有分款擬請仍照札薩克圖旗成案希轉稟

將軍代奏派員開辦本旗現有急需請先借墊銀壹萬兩由應

得項下扣還等因准此查

貴旗既允出放荒段自應由敝總辦轉為稟請

軍督憲奏明派員開辦以成美舉惟現在收款尚需時日

貴旗現有要需借銀壹萬兩敝總辦只得先為墊辦一面呈明

軍督憲存案俟放荒時再行扣還相應備文移覆為此合移

貴旗請煩查照可也須至移者

右　移

扎薩克鎮國公旗

光緒三十年四月十一日

移付鎮國公旗為借撥銀壹萬兩由

局銜　為移付事案照敝總辦張　前赴

貴旗商辦荒務准

貴旗商向敝局借銀壹萬兩整經敝總辦張　面允借撥業經

貴旗呈報

將軍在案茲准

貴旗出派委員印務章京蘇各得筆帖式阿拉木蘇齎到領款

印文前來當經敝局將瀋市平銀六千三百兩點交

貴委員蘇各得等如數收訖其餘三千七百兩訂於五月十五

日如數文齊除呈報

將軍鑒核外相應備文移付爲此合移

貴旗請煩查照彈收見覆施行須至移者

右　　　　　移

扎　薩克　鎮　國　公旗

扎薩克公旗協理吐門吉爾嘎勒等　爲出具執照事今旗内向

開辦扎薩克圖荒務總辦知府張　議妥借銀壹萬兩於三十

年四月十六日先取銀六千三百兩其餘三千七百兩訂於五

月十五日交齊等情因空口無憑兩造立此執照鈐用扎薩克

手記以爲日後備查等因各執一分存証

光　緒　三　十　年　四　月　十　六　日

呈為起員請集股創設水利公司鍾井灌田據情轉呈由

全銜　為呈請事竊據二起監繩委員張篤福稟稱古者治田專求水利今者興之於南廢之於北近考東西各國講求農學無微不至而凡以水利為所倚賴新式鍾井機器更覺費省利多勞一益以京津各處舉辦已有成效該機鑽地數丈直達水源以竹管鑲接使水上昇晝夜無息一井需工銀數十兩保灌地百數晌利用數十年委員前在福建省委監是工所知甚確購自東洋資本無多查札薩克圖旗河南一帶地勢極高林木稀少委員奉文放荒周歷已以詢之於民均稱以苦旱為慮十年已遇七八正宜舉行水利以補天時之不足即如興辦農學

專以水利為要務委員現擬請由河南撥荒一段作為試行水
田之場照章繳價招集股本創立全生水利公司購機為人鍾
井以禦旱災而保種植方今　國家舉行新政凡有益於國
計民生者均准創辦倘此後水利試興與國計民生不無裨益
是以先行陳明開辦並懇轉稟
督憲立案除批示准行再將辦法酌擬條章稟覆等情並繪具
鍾井機器圖呈驗到局查河南地勢高敞土性帶沙每雨澤
稍稀輒易苦旱該職擬集股創立全生水利公司鍾井灌田自
為便民生開風氣起見似尚可行所請撥給試行水田荒場一
段既係照章繳價自應酌撥三等餘荒以資試驗除飭覆並移

行總局查照外理合繪圖備文具呈爲此呈請

憲台鑒核伏乞

批示遵行須至呈者

右　　　　　　　　　　　　呈

軍　督　部　堂　增

光緒二十九年十月二十六日

批

呈悉鍾井灌田以救旱荒係農務之善政應如所請准其設

立全生水利公司集股購地妥爲試辦仰即將條章議妥呈

候核奪再行咨行

商部查照可也繳圖存

呈爲務本公司於所領段内自立鎮基呈請　示遵由

全銜　爲呈請事竊據務本公司稟稱前以開通風氣速興地利稟設公司當蒙批准在案兹公司報領荒地已經委員撥丈清楚自應速興舉辦以觀成效惟思欲興地利全賴廣聚人口欲聚人口須先設立集鎮使始作得以交易稱便興起有以運販周流加之官長彈壓以保太平定必人心趨向萬户偕來此集鎮之不可不速立者也况公司購辦機器創興農學如自孤立一方保護亦難周到是以擬仿錦州天乙公司成案在公司地内週設十屯中興一鎮勘地在六井子七井子兩屯迤東三二里該處北距城基百三十里南至巴彦昭四十餘里東距三

王交界六七十里西距圖什業圖王邊界五六十里爲南段街要之地以城基赴巴彦昭一直大道劃地一區約合二千畝取名富平鎮乃因地處幽遠又係自行創興與官立稍有不同若不設法招徠成效難期其速擬請憲局派員勘丈坐落先行酌留衙署營房廟宇各地基請免發價用伸報効其餘街基公司訂議減價允賣自撥地之日起立限二十個月有能在限内修蓋鋪房者按照事業大小賣給街基每畝收回地本銀貳錢不准多取絲毫出具允賣執照以便永遠爲業將來生意踴躍如街基不敷分佈再爲挨次推展似此變通辦理興隆可立而待如有成效地利以興民藉以富公司得以保衛農學得以易舉

與國課不無關係與墾務不無裨益誠一舉而數善備焉並請
准照天乙公司辦理豐樂鎮章程舉凡市面商務由公司整頓
一切地方民情概不干預如蒙允許懇先曉諭週知以便公司
粘貼告白招戶辦理並祈轉請立案以昭信實等情據此查南
段晒立市鎮街基或由官辦或在民段准其私立各情曾經呈
明在案今該公司於所領段內劃留地基立街兑戶不圖加收
價銀只求商農相濟事屬民利自興似可照准任其出兑其捐
留官署地基查該處地當衝要將來如果商農稠集亦可於該
處分設治所除批示外理合將該公司原擬創興集鎮章程暨
街基畧圖備文呈報為此呈請

憲台鑒核如蒙

照准伏乞

批示並札飭札薩克圖郡王旗以便轉行遵照須至呈者

右　　呈

軍督部堂增

光緒三十年三月初十日

批

呈悉准如所請設立鎮基以興商務但該鎮既立所有地方

一切應由地方官妥爲經理以重事權即該鎮並不得稱公

司鎮基以杜將來把持之漸候飭駐省總局暨札薩克圖王

旗知照繳章程圖存

謹將創興富平鎮章程繕具清單恭呈

憲鑒

計開

一在公司地内劃地一區創興集鎮取名爲富平鎮勘地在六井子七井子兩屯迤東二三里正由街基赴巴彦昭一直大道爲南段衝要之地將來興隆可立而待

一街基先劃南北長四百九十四丈四尺寬二百四十六丈六尺除去街道約合二千畝請官酌留衙署營房各地基其餘均行收價兑賣如果生意踴躍不敷分佈再爲展辦

一公司以興地利開風氣爲宗旨此次創興集鎮但期地面速

興商農均沾利益故擬照城基官價減價十倍兑賣自撥地之日起立限二十個月有能在限内修蓋房間者按事業大小分為四等准賣數目每畝僅收回地本銀貳錢不能多取絲毫發給兑賣執照以便永遠為業

一有欲開設燒鍋貨棧車店馬店粮店及資本宏大用地較多各生意聲明在限内蓋房十間以上者按每房一間賣給街基一畝

一有欲開設襍貨店各項工藝鋪及小本營生用地較少者按每房二間賣給街基一畝不及四間者照二間論以此類推

一有欲修蓋鋪房另行出租者亦照蓋房二間賣給街基一畝辦法

一有欲在各巷修蓋住宅者按照蓋房三間賣給街基一畝五

間照三間論

一如買地蓋房須先赴公司代辦商號報名掛號聲明作何生理欲與限内蓋房若干間公司當即照章賣給倘將地撥給後逾限並未蓋房公司即行稟請 官長撤地議罰用杜取巧

一事屬羣力創興非同官放擬定不計號數先行繪圖標明街巷及大概行業地方准人按圖指選基址以期先至為快

一公司不論親疎不問蓋房優劣凡為生理而設者一概照章辦理

一街基之外凡義地土廠窰基公司均行酌留

一街基丈撥後凡整頓街市一切章程擬仿照錦州天乙公司辦理豐樂鎮章程斟酌合議訂定以便互相遵守而昭嚴整

呈爲荒户請緩限交價並懇熟地扣成錄批呈報請　核由

全銜　爲呈報事竊卑府心。駐荒據蒙荒七百餘户佃民呈稱爲

懇仁恤事卑衆蒙古等均係外旗卓索圖昭烏達等之人情因

本旗有教匪倡亂棄產而移至本旗租種地土卑衆蒙古等將

前被害之苦一併呈明經扎薩克王恩施呈報大院轉奏原氣

稍復再行回歸各等情奉

旨前來照依所請業住幾年又遇河水漲發被災此幾年因年景不

收並被亂匪擾害所以今又奉

旨出荒卑衆蒙古等情因無法將價實在難苦之情呈明委員大老爺

額外施恩懇乞將熟地照三七一律折扣並請緩限交價各等

情伏乞達拉戍等轉呈委員大老爺案下恩准將卑衆蒙古以
安生活而雪棄産之苦等情公呈前來當經批飭該佃等呈懇
緩限交價已由本總辦面諭予限一個半月矣仰即遵照勿許
拖延逾限致干撤銷查局章凡丈生荒既不另留房場等地亦
不除去沙鹻溝窪故以三七折扣補其不足至熟荒地皆沃土
佃户各有居廬與生荒迥别故前經面諭該佃等准將該佃每
户住房門前留地四丈其餘三面各留地二丈五尺清丈後概
不作荒收價是熟地雖不扣成實與扣成無異已屬格外體恤
所請熟地亦請三七折扣一節應無庸議等因批飭並傳集各
户面諭批開事理俾各週知去後查奏案有酌留廬墓一條係

通指本旗外旗各户而言惟應酌留多寡尚無定限查現經稟
訂城基辦法大街係寬四丈小街各寬二丈五尺故此次清丈
舊户房身擬仿照辦理均作為酌留餘地概不作荒收價以示
定限除移覆蒙旗傳飭外所有擬留舊户房身餘地是否之處
理合備文呈請
憲台核奪伏乞　批示遵行須至呈者
右　　　　　　　　　呈
軍　督　部　堂　增
光　緒　二　十　八　年　十　二　月　初　七　日
批　如呈辦理繳

呈為變通舊户領地章程擬統照三七扣成無容另留餘地等情請　示由

全銜　為呈請事竊查職局原擬章程凡舊户熟地均不扣成其房基四面各留餘地並從該王之請各户酌留牧場等情呈經批准各在案職等現在到段詳細考察該佃户等原佔房垣井道多寡相懸或地少房多或房少地多且各段奸佃聞有酌留廬墓之說多有新圈房垣僞作墳塋希圖預佔者爭相效尤而繩起按户照留其事尤為繁瑣且該佃貧富不齊熟地當年起科一歲之内租價並輸民力恐有未逮茲擬變通辦理每一熟户無論地畝房垣一切原佔之界均滿入繩弓作地論價仍照生荒例三七折扣以損有餘而補不足如此辦理厥有三便房地

停勻不慮向隅一也滿文滿扣繩弓直捷二也減成輕價民力
以紓三也且扣成即係留餘舊址毫無所失於原　奏酌留廬
墓安插客民之意實相符合惟熟地一體扣成荒價似乎畧減
然房垣井道滿入繩弓免去牧養則又收回小半而常年租賦
亦且暗增於官於民似屬兩有裨益是否之處職等未敢擅便應懇
憲台核奪如蒙
照准即乞轉飭總局將原訂章程改從今議以便　奏咨立案
除移行總局外理合備文具呈為此呈請
憲核批示遵行須至呈者

右　　　　　　　　呈

軍督部堂增

光緒二十九年五月初九日

批

呈悉。熟地一體加成，廬墓房垣滿入繩弓，所擬辦法尚可准行，仰即督飭清文各員認真經理，勿得稍滋弊端，切切。候飭駐省總局知照。繳。

蒙王咨請承領桃河北交流河西閑荒兩大段由

札薩克圖郡王烏　爲咨移

貴局以仰施行事因本旗奉

旨出荒條內開列恩恤台吉壯丁著先承領等情旋照

貴局通飭僅可領受等語現敝　王府下亦按現擬壓價解交

貴局欲領生荒兩處一處在河北南至桃河北至站道東至色

公旗西至蒙古原墾地界內有閑荒一段長約百餘里寬約一

二十里不等一處在卓立根河西岸東至卓立根河北至站道

一帶爲界寬約十里直至圖謝圖旗界將該兩處荒地情愿備

價承領即如丈量該地不拘日限見咨就由府派員會晤挖立

封堆以清界限仰該兩處丈量完畢扣明實畝若干遂將荒銀
小費一併觧交
貴局日後小租等項亦照定章交納本王不能自專皆由兩處
官員經辦可也此兩處荒地並不干涉内外蒙丁之界於是仰
貴員等將該兩處荒地庶可能允即乞
示覆以便安業為此須至咨者

右　移　蒙　荒　行　局

光　緒　二　十　九　年　三　月　二　十　日

所稱兩段已將上中兩等荒界全留無餘仍是指留河
北不放之意也又據來差面稱留街基一萬丈否則再放二十里容心
核辰可覆一函告以街基去冬放盡王府留荒奏案所無碍難照
准況如此留法則號戶安置何地乎

函覆蒙王為前請領荒兩大段恐於招徠有碍由

郡王爵前託庇

茅封時殷葵向恭維

鼎履綿禧

屏藩介福喬瞻

朱邸囧既棻榆昨奉

大牘擬由

王府自留閑荒兩段計長百餘里寬數十里一節查其事於

公家於。等原無所損惟

王府主政一旗備價領荒似與小民爭利而自出自領亦覺矛

盾自形且所指多係向有熟户之處其中亦多腴荒若經劃

留既使敝局領户難於招徠又留熟户恐貽後慮窒碍實非

一端伏乞

爵前計久遠之利不計此錙銖於目前仍聽敝局照章招領實

屬兩益尚祈

原鑒特肅奉復恭敂

崇安

張○○等謹上 三月二十五日

呈為熟地將已丈竣擬照章起科開征請發告示由

全銜　為呈請事竊查開辦札薩克圖荒務原　奏章程凡熟地照扎賚特成案當年起科每地壹晌征中錢陸百陸拾文以貳百肆拾文歸

國家為籌餉安官各項經費以肆百貳拾文歸作蒙古生計現查段内各等熟地年内可以全數丈竣亟應遵照　奏案於本年起科民蒙庶可相安其收租之法自應仿照扎賚特成案由地方官會同蒙旗設局經征官為張貼告示派役分催每年冬月十五日開征來年五月十五日停征屆時結算清楚各提各款惟荒地丈竣官署尚未添安自應先由職局造録征冊會同蒙局

照章經征以符 奏案但開征伊始應懇

憲台先期發給告示曉諭週知並札飭札薩克圖旗遵照以便

即時舉辦除擬具告示稿抄呈並移行蒙旗查照外理合備文

具呈為此呈請

憲台鑒核伏乞

批示遵行須至呈者

右　　呈

軍督部堂增

計呈告示稿一紙另稟一分

光緒二十九年十月十四日

為出示曉諭事照得本軍督部堂茲據札薩克圖蒙荒行局呈
稱荒界熟地年内可以全數丈竣亟應遵照　奏案於本年升
科請先期出示曉諭等情據此查此次開辦札薩克圖荒務經
欽差大臣裕　會同本軍督部堂奏定章程仿照札賚特辦荒成案
凡熟地當年起科奉
旨俞允欽遵在案該局所呈既係遵照　奏定章程自應遵照辦理除
批飭並札行札薩克圖旗遵照外合亟出示曉諭為此示仰荒
界熟戶人等一體知悉凡爾等所墾上中下等熟地統於光緒
二十九年一律起科所有前在札薩克圖旗歲納稭糧本年概
行停止以免重征而示體恤其本年應征大租仰候核定數目

與租錢折銀數目以及開徵停徵期限札飭札薩克圖旗會同荒務行局照章經徵爾等務須遵章完納踴躍輸將毋稍拖欠抗延致干重咎其各懍遵勿違切切特示

敬附稟者竊職等所擬熟地照奏案本年起科一節查丈過熟地價銀現多未交年內租價並徵民力恐有不逮然今年若不起科則王旗仍當向戶索取豬糧其值倍於官額而額外攤派尤屬不貲衆戶以為所苦咸望起科以紓其困故職等擬即起科者一則遵循　奏案一則欲順輿情藉免該旗需索至本年開徵不過為來歲張本職等自應仍以催交荒價為急務其本年大租實須光緒三十年上季帶徵以免操切而體

憲慈惟下等荒地較之上中地定價雖廉然土脈磽薄出產較少
若與上中等地一例徵租則下等戶未免吃虧事關久遠允宜
細酌查前將軍崇文勤公奏請東邊流民向化邊地普律升科
案內曾有每地二晌併作一晌徵租之法此次蒙荒三等有量
予折扣與東邊稍雖有不同然寬以待民總不為過職心田在省曾
將大畧稟明並與總局籌商數次特此事所關甚重未便率行
陳請擬懇
憲台此次出示但諭照　奏案應當年升科不得託詞延緩等語
至三等應否歸併統俟新舊荒地丈放完竣卑局詳計共有升科
地若干歸併與否有無苦累之弊再行詳細核請

憲示遵辦合肅附稟恭叩

鈞安伏乞

崇鑒。職。謹再稟

光緒二十九年十月十五日

批

呈及附稟均悉。該蒙旗熟地既已撥文自應遵奉

奏定章程一律仿照扎賚特成案，於本年起科。該處現尚未設

地方官，所有升科事宜即責成該行局會同該蒙旂悉心經

理。告示三十張，隨批鈐發，並候飭總局暨扎薩克圖郡王旗

知照。繳。示稿存。

呈為蒙境制錢缺乏熟地徵租擬暫收銀元請　示由

全銜　為呈請事竊職局擬會同蒙旗於本年二月初一日開徵業經具報在案查此租係照清錢徵收蒙境向使銀幣缺乏制錢必須改折於民始便但此地市銀不時漲落色更低潮若竟折銀則官中與民必受賠累然官中安肯認賠一恐虧累勢必巧立名目加毫找零補平補色被其累者仍此民職等未敢擅擬查荒境銀元定價中錢二吊二百文計每畝租錢六百六拾文適合銀元三角擬即照此暫行改收銀元原徵原觧似少流弊而甚便於民一俟此地農商興暢再由地方官酌核或逕行折銀或銀錢兩便隨時辦理所擬是否有當職等未敢擅便理合

備文具呈爲此呈請

憲台鑒核伏乞

批示遵行須至呈者

右　　　　　呈

軍督部堂增

光緒三十年正月十一日

批　據呈已悉准其照中錢二吊二百文暫行折收銀

圓候飭駐省總局知照繳

蒙王移覆爲熟地扣成廢棄二萬餘晌如何封租報効由

札薩克圖王旗　爲移覆事按次接准

貴局移開催收熟地租項查

貴局來咨文内雖有會同收租等語前後原

奏各條會同兩造收取租項並未指明前本盟之科爾沁左翼後

札薩克伯多勒戉台親王旗果爾羅斯札薩克輔國公旗等處

出荒遵照理藩院

奏定章程由該王旗派員照原議之數收取熟地租項遵照原

奏定數分交公費於　國有益現今荒地文竣荒價均交

貴局存收報竣之文到來即派收租之員業准

貴局來咨荒地不日文竣又　奏案內俟文竣荒地如何收租
照依　奏明辦理除俟文竣荒地並收完價值外仍照由
貴局轉報呈請已奉
軍憲批示熟地每户不照三七折扣而居住之房身前留四丈
東西後面各留二丈五尺再留牧養地二晌均不另收荒價等情今又准
貴局擬分價表熟地廢棄二萬餘晌以此查核前來文內不符
年久耕熟之地如何封租交價報効
國家並與各台壯等生計有益懇乞見覆備案施行須至移者
右　移　蒙　荒　行　局
光　緒　三　十　年　二　月　初　四　日

批熟地原章亦係扣租但不扣價耳後改扣價與此時徵租折
扣無涉且已稟奉
憲批並有覆奏可援此次係　欽差奏案何得外引他旗並
理藩院云云辦覆
蒙王移覆查各旗定章並無放荒委員會同征租等情由
扎薩克圖郡王　為移覆事於本月十八日接准來咨查閱係
熟地升科之事此生科等情於本月初四日業准
貴局移咨在案復查奉理藩院並哲里木盟旗内之定章並無
會同放荒之委員開徵雖然如此今奉
貴總辦等處之權威再三催追即將二十九年之租項暫派員

司由本月十五以前赴

貴局開徵並札飭原民兵等遵照可也須至移者

右　　移

蒙荒行局

光緒三十年二月初八日

本局會徵係爲國家租賦豈該王所能勞動且此係

憲札又係　奏案與理藩院何涉哲里木盟何涉竟如此

狡展豈該王亦以權威來震本局耶辦覆

蒙王移覆為三七折扣之文件未到丢失熟地如何報効由

札薩克圖郡王　為移覆事於本月十七日准

貴局來咨查本旗荒地案情並無二十七年十一月奏案又二

十九年春季起議妥奏

軍督部堂批示熟地作為三七折扣之文件至今未到忽於本

年正月間准

貴總辦處議明價表丢失熟地況

貴局雖有移改之處廢棄熟地租賦現如何報効

國家而與台壯等大有裨益彼此一切俱廢熟地並押荒銀均空

等因呈請外即本盟伯多勒戉台親等旗之租賦雖無報効

國家此係

聖主施恩分給台壯人等並由會辦之處提取公費亦關

國家即内外蒙古均遵

聖主之則例數百年矣一時

貴總辦等驚奇良策甚難偏越原章相應備文移知

貴局請煩查照施行須至移者

右　　　　移

蒙荒行局

光緒三十年二月十八日

遂節援案嚴畝

趙景山等具呈懇領原佔之莫力克圖等處荒段由

具呈人趙景山　孫海川等年址不一爲懇　恩撥荒以安佃户事竊身等係扎薩克圖郡王於光緒二十六年招來原佃踊跕莫勒克圖他拉根等處之荒雖未開墾荒銀早已交貳仟兩整在貴局過存有案可查今經委員由他連哈達丈過身等所跕之處拋在界外伏思身等均是王爺自招佃户既蒙　天恩普同安插緣何拋在界北不給文放獨漏去身等二户荒地只得具情叩懇

總幫辦大人案下　恩准批示將身等佃地一律安插則感大德矣

局批既係王旗所招原佃即與舊户無異仰候移旗飭起勘辦勿得遺漏

光緒二十九年十月初四日

蒙王發給趙景山等招佃執照由

哲里木盟札薩克圖郡王　爲發給懷德縣屬下五甲民人趙
景山即趙福承領當查本盟南果爾羅斯副盟長公旗下十三
甲荒務一切事務辦允之功
吉林將軍保舉五品銜現今本王會同
奉天委員該旗放荒碍街里置荒民户距數百里之遥而且路
過蒙旗道路難行不敢來者恐悮
國家籌餉便民重差爲此派爾招墾委員切達爾罕親王旗行走東
公益局五品藍翎孫海川幫同辦事該員速赴街里招佃務將
各佃名姓開寫清楚須到本旗荒務行局挨名交荒價銀任領

地照以昭信守為此發給該員切〻特札遵辦施行

光緒二十八年十月初五日發　二十九年八月十二日到

蒙王移稱起員越文荒段給趙景山承領各情由

札薩克圖郡王烏　為移覆事案據敝王為公遵查前赴盟長王旗於十月二十三日旋旗後有本旗台吉梅楞愛勒必吉呼愛民佈合等呈稱前次請留各地業已在案茲稟職等前所請留官馬廠暨城廠綽勒木等葦塘一概經文均飭趙孫二攬頭等領訖職等前蒙請留移覆情由應如何辦理之處等因前來請稟派員詢及監繩全委員越文原報地址情形全委員云某之所文四至西至交流河封堆至文諾山西邊東至由諾堤至莫

立刻圖塔拉根等處著趙景山孫海川承領均照本局札飭而

行亦非委員主持且被趙孫二人呈告處分似此情節惟恐

幫總辦主持其孫海川等謂委員業經丈給綽勒木葦塘以數原

領六萬晌之數劃葦自有孫海川等承當等情禀請前來查該

放地址業已繪圖賫交

張總辦嗣後陸續據情移覆視猶廢紙

貴局不但輕侮敝旗任由領荒民戶貪心展放已致擅專之極奈

將應報之處已擬分咨立候移覆前往

貴局詳查情形是否理應酌留大凌河飭放官馬廠及綽勒木

葦塘向來王府旗屬應用出產能否納留惟憑籌辦為此合移

貴局請煩查照施行須至移者

右　　　　移

蒙荒行局

札薩克圖郡王烏　為移覆事茲據辦理荒務委員報稱依持

貴局文内民人趙景山孫海川等一面之辭伊等任意將該旗

之地段丈給令查閱批示先由趙景山使銀八百兩又由景林

取銀五百兩共銀一千三百兩並非許伊莫勒克圖塔爾根等

處地方等語伊等在二十六年間招領之語因何纔丈領地段

與其有此情節應預先隨函呈報以此可知舞弊趙景山又景

林等經去年間敝王赴京時求領二千晌地由借銀有餘懇乞

欲交四千八百兩中保人有賓圖王旗之二等台吉孟科敖奇

爾在此議妥等語今將合同抄寫粘尾移行

貴局查照而此等貪心設法自行專主之民以理曉諭該旗越

界丈放之荒地並不給之荒全然封禁以觀後效並有益於旗

衆人等生活與公事相符可也爲此移行

貴局查照施行須至移者

右　　移

蒙荒行局

光緒二十九年十一月初六日

計粘單一紙

今發給文約事　札薩克圖王旗因桃河南奉
旨出荒以過塔蘭西伯南由大道往南蒙民不領之餘荒又由六家
子西北至五家子東南凡無碍之荒兩段約計二千餘晌地有
懷德縣屬民人趙景山孫海川等同衆議價撥給其銀敬王處
收訖因空口無憑立印契爲証如有匪人入界生心霸佔等情
由官重辦不留等語諭札
先緒二十八年十月十八日
札薩克圖郡王烏　爲移覆事案據本月初十日接准
貴局移覆查該趙景山孫海川希圖僥倖賄通全委員並不理
飭移各文且不與蒙員會同竟行越文原報一百餘里任意違

章强凌均招新佃顯係擅壓敝旗已極查去歲發給趙景山孫

海川等照内並未指言原報界址以外莫力克圖他拉根文諾

山東西各名處為憑緣何該員陡起貪心越丈一百餘里眼睜

强丈奪霸旗屬游牧已致荒業核與原定章程難符茲請

貴局詳細前經據情移覆各在案凡有公私以關文信為憑然

屢移文件蓋一視猶廢紙來覆支吾故意推諉絕不與公事相

符敝蒙旗素以輕財為知謹遵

上諭為重現該起員重圖銀錢並不商酌可否竟聽趙景山一面之

詞冒行越丈擅招新户

貴局能否准領敝王實係難以因循現於本月十六日民户趙

景山同
貴局委員舒秀前來當舒委員面前與趙景山將原情言明愷
切其前領照内並無如許多越丈地名趙景山始知藉意霸領
界外關係牧放大淩河官馬甸廠口稱甘願認非等情經舒委
員目睹爲據恰與敝王前移
貴局覆文相符查牧官馬常在寬敞平川扎拉克草茂豐區之
處來往游牧使之足臕實係未知用於何時以備意外急用其
原報劃定界址以北雖長有數百餘里其如莫力克圖等平川
寬敞宜於牧馬草茂之處如許無人所居萬晌之多寬廣片荒
貴總辦未經目睹焉知豐足界北不放之地僥有數百餘里山

峯之上不可牧馬者其可以不言而喻況山峯多佔七分平川之地雖有三分水兼一分其餘所有二分平地旗屬原籍山磔者各各僅敷其游牧山磽之地並請指示牧馬之策否則官馬無得豐草漸須怯瘦

貴總辦旧省交差之後倘有急備其咎歸於誰焉是以莫力克圖等處一帶扎拉克首闕牧放大淩河官馬及旗屬台壯牧業之產銷封與趙景山永為無干可也該户来往互相巧造奇言朦蔽

貴局惑侮

敝王致使冗亂公務仰將趙景山孫海川覇領越丈之地除撤銷封禁外應欠趙景山八百兩拆作貳仟兩言明

貴局仍妥抵還敝王一筆自必無庸再還矣趙景山一債業已清還别無短欠然一面迅速傳到旗屬酌台壯酌商請留越丈之地應如何辦理仍行移覆與貴局互相會辦以免兩相牽掣爲此合移

貴局請煩查照施行須至移者

右　　移

蒙　荒　行　局

光　緒　二　十　九　年　十　一　月　十　九　日

札薩克圖郡王烏　爲移覆事由敝王處將民人趙景山之情形屢次移行均在案此等强民趙景山任意丈領莫力克圖塔

拉根等處荒地將原住本旗之台壯傳來究訊前情本年九月間懇恩呈報在案梅倫章京台吉阿力必吉虎等又管旗章京托克他虎各壯丁等又懇恩報稱台吉敖云必力克烏勒吉伯勒操魯巴彥都冷巴土爾等各台吉等管旗扎蘭章京翁古力色全滿達哷管旗章京額勒登格呼楚土霍必土孟棍綽克土等一體懇恩報稱由該王處業經奉將軍並總辦諭令均由雅馬圖等處為界曉諭本旗台壯心意皆足忽然丈地委員全祥等不遵前諭竟越界丈放又懇恩呈請前來並將莫力克圖他拉根等處趙景山任意騎馬丈放有本旗台壯到旗呈報均無牧地無法生活懇乞王爺轉行以安台壯生活仍照先以雅馬

圖山為界正在呈報間准
貴局來咨隨趙景山之貪心不足之樣來文一紙仿照之來文
傳諭台壯等照台吉壯丁等原呈報王爺並懇乞之情均不願
出放查去年間經
欽差大臣裕會同
盛京將軍所擬之十條今台壯所稱之情形均不違
奏案復查莫力克圖他拉根等處係
國家大淩河蘇魯克牧場之處又係台壯祖遺之牧地又細查
上諭原擬十條内如本旗出荒先准本旗承領如無人承領者方
准外旗蒙民報領務將界限分清並將水草豐盛之處作為牧

場各蒙民均不失業再將坟墓之地均應讓出若不開之處設
法繞越條
上
諭恩施惟趙景山行賄委員全祥將本王爲首之台壯等强押乘
間丈過界外趙景山尚貪心不足並將此處不能出放希爲
貴局查照又本旗發給民人趙景山之執照内有無莫力克圖
他拉根等處之名目今此處與趙景山毫無干涉係本旗台壯
應留之牧場田此處放給趙景山等照數究查莫力克圖他拉
根等處之地若干仿照
貴局丈放河東頭等地由卓索圖格連西北一帶地方内有無
碍之處撥補趙景山名下如莫力克圖他拉根等處之荒價雖由

貴局收價照數核計由本旗衆台吉名下應得數内扣出以免
牽扯而重公事即恩施於台壯等語伏乞
貴局始終詳細並與本旗蒙民等免其失業之苦而重原
奏即曉諭民人趙景山等此處作爲本旗台壯之牧敞永遠爲業懇乞
貴局查照辦理施行須至移者
右　　移
蒙荒行局
光緒二十九年十二月十四日
十二起稟爲已將莫勒克圖等處文給原佔户趙景山等承領由

署十二起監繩委員全祥 為呈報事竊委員遵扎接丈蒙王所指之那金河
都魯吉一帶山荒即按卯酉方向自九月十五日丈起至十月二十一日止所丈那金河
都魯吉一帶已到圖什葉圖界均係東西相平並無南北越勘惟莫勒克圖他拉根兩處
山林盡屬子午以此丈勘似乎出界奈蒙王有自招之原佃趙景山等踊佔在先奉 扎
之際概亦竣勘填照謹將丈過二等生熟荒地晌數地形按名造具帶圖毘連清冊
暨發過舊户領地執照七張及段内照章撥給台壯五十五户併不可墾等
地另造無租毘連一併彚呈外理合備文呈報為此呈請
局憲大人備查施行須至呈者

右　　　　呈
辦理扎薩克圖蒙荒行局

光　緒　二　十　九　年　十　月　二　十　七　日

十二起報蒙丁及蒙王派人阻攔繩弓該起暫不安戶由

署十二起監繩委員全祥謹

稟

局憲大人座前敬稟者竊委員於本月初十日移至茂好廟東正議開繩為領戶張茂亭文撥忽於十一日接奉

諭示飭往都魯及等處查明閑荒斟酌文放當即協同領戶馳往查該都魯及一處閑荒約有六七千晌其中葦塘水泡鹹場石蓋不可墾雖多而其豐草之茂密厥土之溫融寔爲膏腴之壤堪以文放於十二日率領戶由野馬圖山河南舊佃部福河北岡圖莫之西界接界丈勘是日即有該旗台壯等阻繩攬展

幸得照章開導始罷伊等阻繩之舉丈放一日勘地一千餘晌
十三日朝雨旁午雨止繩弓至地又有台吉卜克結勒圖領衆
阻繩殊屬頑梗不堪百般開導若罔聞知並兼匿旗搶鍬毖不
畏法四思無奈祇可送局法辦以儆效尤正欲解送間忽來蒙
王差員筆帖式濮凌阿持片至起祈繩停止聲稱野馬圖山外
之荒原已稟明永久不開此次必欲强開前約恐有不符且於
蒙民何郡王非敢攔繩願先商酌而後行且原指邉界時亦丈
勘未竣即使與原議晌數將來不能足數亦必丈竣量缺而添
請必無勘待局商妥而行並請釋台吉之囚懇勿送局究辦尤
將旂子如數送還如再不悛任憑法辦等語云云伏思該旗累

次指荒不出者蓋以此荒頗沃故也如此次任其阻留置而不理恐有一於前即成鑒於後局中已經收價如許之多試將何以文撥且此段開荒領户張茂亭等先已驗妥由此作為罷論亦恐伊等不無異言所有蒙人匿旂搶鍬持斤請止一切實在情形理合肅稟陳明恭叩崇安伏乞垂鑒委員全祥謹稟

光緒二十九年閏五月十四日

局批來稟已悉阻繩台吉卜克結勒圖既經蒙王差員濮凌阿請釋仰行查蒙旗辦理至所丈處所現已面同蒙局商議差人前赴王府斟酌先行丈清地數暫勿按號俟蒙王見覆定妥再行酌辦此繳十六日

蒙王爲十二起全委員越界丈放勿庸呈請 督帥移請核議由

札薩克圖郡王 爲移行事情因於閏五月十二日據敝旗野馬圖處墾户四海伯勒倒等禀稱前來身等原領地界北至烏勒特站哈巴奇等處現今丈越界址等情查前禀

欽差等語敝旗原墾界三棵樹那吉巴罕哈達野馬圖等處均爲北界因越界之情出派梅倫阿氏布合筆帖式福娘阿等請示其情差員回禀聲稱面見全委員越界各情伊稱並非任意丈撥此地遵札辦理越原墾處丈至都勒及地方此地已撥八家子屯民人趙姓塔力棍塔力彦哈達訥力彦索格等處均在行丈之數現未丈放暫且停繩候示等情現越界之情實與

奏案不符原墾地界四至以内丈量數目不知多少現丈越此地

原係敞旗台吉壯丁游牧之處因避胡匪遷移都勒及該處四

百餘户以安生業為此移行

貴局酌核越丈之處實為緊要仍以野馬圖挖立封堆為界暫

停繩丈其越丈之情請勿庸呈請

軍帥核奪祈

貴局核議可否退歸原界詳查丈内妥為禁止永免相犯祈為

見覆施行須至移者

右　移　蒙　荒　行　局

光　緒　二　十　九　年　閏　五　月　十　八　日

局批辦覆全委員所文之界係野馬圖迤西都爾吉是否界內業於文到之先飭令暫勿安戶在案今以越界來商惟界內之荒不敷原奏之數尚未見覆俟將應由何處撥補回覆到目再行商酌

蒙王為巴漢山北莫勒克圖一帶甸厰概不准放知會起員由

札薩克圖郡王　為知會事案據前將應文各地概已繪圖咨行督憲查核外一併繪送行局無異仰仍將照案納金山巴漢山一帶作為北址准向南放以及納金河兩岸直到納金山東西兩腋一概出放除此以外東西山一帶甸厰概不准出又自巴漢山以北接連所有沁頭莫勒克圖塔拉根土雷等甸厰暨敖

鬧山東西甸廠共六處城場五所顛末週圍皆係旗屬台壯牧

畜所及牧放

朝廷大淩河官馬要廠前經咨行

軍督移行貴局各在案又於交流那金兩河中間所有綽勒莫

等處葦塘亦須繞留為此合給字據文内所有名處並不准丈

放照前所移應丈之地妥為丈量秉公辦理切切

右　　給

納金河一帶督繩委員

光緒二十九年九月初七日

稟爲蒿古什攬頭五户均係舊佃佔在二龍索口一帶可否出界勘丈請示由

十二起監繩委員全祥謹

稟

總

幫辦大人座前竊委員遵札接丈十起前丈未完之那全河二龍索口

有户荒地並蒙王所指之都爾吉一帶山荒於九月初五日開

繩查該那全河蒙佃陳富升攬頭九户蒿古什攬頭五户共十

四户陳富升等九户曾經十起丈撥一户餘剩八户業於初八

日挨户丈竣所有餘荒無幾遵已槪安曾經文項之趙有年等

二等號户於初九日正丈蒿布什攬頭五户間忽接蒙王來文

内開巴漢山以北東西山一帶甸齣槪不准出等情前來查巴

漢山係那金河之北址二龍索口之前嶂也蒙王既以巴漢山爲北址而二龍索口並蒙王所指之都爾吉一帶山荒均出北址之外委員礙難越界勘丈但該葛古什攬頭五户四户佔據巴漢山之前環那金河之上口其一户已出巴漢山之西北據文内所指之北址相距二十餘里佔居二龍索口之正中矣文内既照案以巴漢山爲北址出此概不准丈放詢據此蒙佃佔二龍索口開荒結廬六七年矣試問此佃户係何人所招此荒段係何人所指該蒙王豈未聞知然蒙王既有來文委員誠難越界現丈葛古什四户不日丈竣其在二龍索口一户可否出界勘丈未敢擅便謹將蒙王來文一併附陳理合肅稟

總幫辦鑒奪伏乞

批示遵行

光緒二十九年九月初九日

局批呈悉王府曾移此情已經敬回飭知在案該王總復在段攔

繩仰候幫辦帶領荒户孫海川等親到王府商辦至未丈之户

仍須遵照前札勘丈不得悮工如其再攔着即連户帶至王府

面見幫辦一同斟酌此繳

稟為所丈段內有樹三十餘株是否有主請飭砍伐以便開墾由

十二起監繩委員金祥謹

稟

總幫辦大人座前竊委員奉派勘丈都魯及一帶山荒業已勘竣凡段內所有鄂博廬墓蒙人致祭之處莫不照章留予惟沿交流河岸有樹三十餘株盡是枯榆老柳均屬無材朽木既非成林又不連株此荒業已出放此樹碍難久植然而朽木雖係無材凡物亦各有主應飭該段台吉一體週知有主者令主剪伐亟宜闢楚開荒無主者聽佃自便勿謂出荒留樹事雖微細關乎交涉若非及時聲明深恐累及民間委員忝署此差職所當執是以

不揣冒昧恭稟上陳虔叩
崇安伏祈　垂鑒
光緒二十九年十一月初三日
批候移該旂知照飭伐如無主時即歸領戶管業

移爲交流河岸有樹三十餘株是否有主請飭該段台吉聲覆以便砍伐開墾由

局銜　爲移知事案據敝局十二起監繩全委員祥稟稱奉派勘丈都魯及一帶山荒云云至凡物亦各有主請飭該段台吉聲覆等情據此查該起丈撥段內既有樹三十餘株應飭該段台吉於一月內查明如有樹主即著本主速行砍伐以便開墾倘無樹主即應歸領戶管業以昭公允除批飭外相應移行

貴旗請煩查照轉飭見覆施行須至移者

右　　　　　　　　移

扎薩克圖王旗

光緒二十九年十一月初六日

蒙王移覆不准伐毀樹木田

扎薩克圖郡王　為移覆事案准

貴局移開十二起監繩委員全祥稟稱經伊所丈之地原有樹木三十餘株以請銷毀等因查本旗據越丈情節已經呈明應報之處示覆尚未賫到況有不肖之徒全祥等乘隙徼幸倘報丈竣杜爾吉一帶荒地局亦忍允移覆前來況其顯係欺凌蒙

旗已極且料紀律無論内地外壤理無二致斷不可有負且據此情每移公文爭辯歷歷蓋以視猶廢紙頓然俾令派抑該杜爾吉一帶地方理宜永為銷封以免本旗有失牧業希即飭禁並不准伐毀樹木置無庸議為此移覆

貴局請煩查照施行須至移者

右　　　　移

蒙荒行局

光緒二十九年十一月十九日

呈為續踹白城子城基繪圖貼説敬候　示遵由

全銜　為呈報事竊查職局遵照

奏案踹定荒段適中之雙流鎮城基一處並聲明如查應有添設

城市之處再行續踹隨時請奪業經呈蒙

憲台批准遵辦在案茲查踹距雙流鎮東北七八十里白城子

地方為由黑龍江赴雙流鎮並由圖什業圖赴新城各處必由

之道茲於該處安設城基俟荒務報竣各户墾闢後酌量設官

堪為繁盛之區卑府心。親往履勘該處地多石子小岡環繞西多

沙峯北控七十七道嶺南臨大仙塔拉一帶平原廣野頗饒遠

勢應請

憲台批示就此立城以爲將來添設分防擴充縣治之地所有

辦法容再妥議章程呈報備考又查南段並西北一帶尚應踊

市鎮街基各一處亦請俟踊有定所或仍由官辦或在民段准

其私立隨時體查情形呈明辦理所有續踊白城子城基一處

緣由除移行外理合繪圖貼說具文呈報

憲台鑒核伏乞

批示遵行須至呈者

右　　　　　　　　呈

軍督部堂增

光緒二十九年十一月二十日

蒙旗移爲請由白城子街基中間承領街基二十方由

札薩克圖王旗　爲移請事於二月初二日接准

貴局移開在洮河北白城子地方踩驗城基一處一切章程價

值仍照雙流鎮城基一律辦理擬於本年二月十五日招領掣

票等因准此敝王倉名下承領街基二十方由中間留寬各一

百丈長各六十丈希爲照辦凡價值均照領户交納即掣票照

依二月十五所指日期派員赴

貴局承領施行須至移者

右　移　蒙　荒　行　局

光　緒　三　十　年　二　月　初　七　日

移覆蒙旗為前由

局街　為移覆事案准

貴旗移開白城招領街基

貴王倉報領二十方由街基中間留各方百丈寬六十丈長價

值照領戶交納等因准此查丈放城基章程均係挨號丈撥不

許指佔所以示公允而廣招徠來文請於街基中間酌留之處

顯屬指佔未免有碍招徠倘敝局違章照辦而以下之戶莫肯報

領既於大局有碍亦於

貴郡王聲聞有關是以未便照辦敝局茲踏城基仍屬井字大

街惟相度形勝東西宜長故每方寬仍六十丈長則一百二十

文此次丈放擬照原章由城之一角自城根抵大街或西南或西北插弓自西向東挨號推放

貴王倉既係首先報領即屬元號計全城三分之一爲二十一方

貴王倉報領須加領一方足成二十一方庶可攤大街三面並佔城門四門甚爲整齊惟須由城之一面安插以免違章而服衆戶至或佔北面一分或佔南面一分均從

貴王倉之便計二十一方共城基寬六十丈長二千五百二十丈合正價經費補平共銀五千玖百六十七兩五錢六分一厘六毫届時希即備價移覆以便照辦相應繪圖備文移覆

貴王旗請煩查照見覆施行須至移者

右　　　　　　移

扎薩克圖郡王旗

光緒三十年二月十三日

蒙王移稱越丈杜爾吉等處並請留各處城泡馬場均不出放由

扎薩克圖郡王烏　為移行事案據本旗梅楞章京四等台吉愛力比吉虎恩賞梅楞好塔拉勿力巳等具聯名稟請原擬丈放外墾北址以至本旗南界等因繪圖咨行

軍督查核暨繪送行局在案外並未轉飭文放各地不覺忽於交流河墾戶界址以北越丈二十餘里以外已到杜爾吉等處均招新領各戶等謂此地係阿爾必吉虎等十餘戶鄉村原籍之地懇留由該杜爾吉以南至墾戶以北址等地倘不得已出放者職等將該杜爾吉及交流河兩岸以至墾戶北至長二十餘里寬十餘里均以遵原　奏條款繳價承領外又由納晋哈

達　巴汗哈達等墾户界址以北沁圖扎拉噶　莫力克圖扎
拉克　他爾根扎拉克　烏尼山以西英圖扎拉克　準蘇扎
拉克　土雷哈達扎拉克一帶五處城泡及伯勒合蘇台大小
城泡等各處屢經不識之人來往游行每言請文承領等該數
名各處係本旗台壯每遇夏秋之季常行游牧之所此地更為
本旗擊放大淩河馬匹至要馬場仍不可出放蒙民各户作為
擊生大淩河馬匹游牧之所等因懇稟前來查台壯等稟情恰
與原　奏八九條相符為此備文合移
貴局煩為查照有挾財勢任意强領者仍飭禁止宜亦體恤本
旗台壯游牧可符原　奏條件所稟六處甸牧以起顛末週圍

並七處城泡等地均不准招蒙民新舊各户照舊留牧以重留放大凌河馬匹兼滋本旗台壯養畜有益不至荒於本業等情仰爲轉飭各該趕員以便本業外前咨行
軍督部堂公文並繪送貴局圖内各地文訖地數如果不敷百萬爾時兩相酌商量爲續放以重原　奏是以備文合移
貴局煩爲查照施行須至移者

右　　　　移

蒙荒行局

光緒二十九年九月初二日

蒙王移稱一切禁地廬墓石礅城礅煤所均應酌留暨荒内不准燒窑燒酒放船等情由

札薩克圖郡王烏　為移覆事案照前次開明移送

貴局文内因本旗所有應放荒界以内遇有先輩

祖瑙彦胡圖克王圖格根與原擬所立祭祀山泉十有餘所計開名目

於下虎林布哈罔子那合哈噶　敖寶哈噶　布代哈噶　豪

勒寶哈噶　耶合西合力土巴噶　西合力土達坻哈噶　哈

坦察干　工心腦爾　薩民圖干　銀德爾圖　舊廟塔　達

沁他拉　烏拉哈陡台　白音套海樹林　十家子泡子　綽

勒木等處皆係封禁祭祀之地及布格吐爾烏達所有關帝廟

四面週留一里　現今且按當初轉飭蒙户禁留之法一體當留

外遇有台吉壯丁等廬墓之地亦應酌留餘地且使絕不與地
段相涉等因在案現在應丈地段內倘遇石灰石廠及鑿石所
煤所城場葦塘凡有山林樹木等處各酌週留日後由本旗專
派各務之人其價租備做本旗官差使用並不准墾户妄為冒
認承領轉賣漁利暨在城基遠近各處凡在本旗荒內所有各
户概不准任意燒酒燒窑放船等事柳條樹木等處亦不准冒
昧入名賺賣希圖應由本旗出賣各務徵收款項入用本旗官
差經費外不准網梁河魚一體封禁原　奏條件内祗以墾務
面論今將各節移送惟恐經丈復有爭論等情分移外相應備
文移行

貴局請煩查照仰轉飭各員以便旗屬公差施行須至移者

右　　移

蒙荒行局

光緒二十九年九月初二日

蒙王移為圖魯勒吉等處不准他人報領由

札薩克圖郡王烏　為移請事茲據本旗管兵梅楞阿敏布虎

並台吉等呈稱卑台吉等懇求與生計有益之圖魯勒吉塔本

札拉戕之處免給他人等語衆等懇乞札薩克移明

行局在案今反五六十氏人等前來將圖魯勒吉地方紛紛丈

量所以具情呈報希為恩施轉行等情據此相應移行希為

貴局派差曉諭衆民他等停止繩丈業經呈報理應聽候

督憲批示遵行將此等肆意之民如

貴總辦等徵庇若不法辦日後民蒙度日一切繁雜均不相

宜等情相應移行

貴局請煩查照施行須至移者

右　　移

蒙荒行局

光緒三十年二月十二日

批查圖魯勒吉在應放界内已經丈定如何又啓狡展

蒙王移稱補放荒界已經呈報將軍俟回文到日再行定奪由

扎薩克圖郡王　爲移覆事今准

貴局來文移開補放已定一事前經移覆各事未能分説已定

之節理應呈報遵俟回文何又定界之有現在敝　王已將邊界

之情呈請

將軍現當回文未到之際詢問要地台吉等意留多寡等情再

行移覆

貴局查照施行須至移者

右　移　蒙荒行局

光　緒　二　十　九　年　七　月　十　二　日

蒙旗頭等台吉色登並各台壯等懇領荒銀由

為移請地價荒銀事呈稟

貴局有本旗頭品台吉色登並各台吉壯丁人等齊赴

貴局懇恩

總幫辦大人案下稟請只因連年賊匪倡亂搶奪財物罄以所趕

無奈携老扶幼拋棄房間地畝遠移避難之人等四十一屯共

四百餘戶有二千餘人並無安居立業所以度日艱難該避難

人等具以乏食絕糧傷情發憤無奈衆等肅齊前往叩懇

總幫辦大人案下恩准請奉

旨允准出售荒地得收價銀之數該台吉壯丁人等應攤多寡時下

所用以被年景飢饉之情以濟飢苦之難

右　　移

蒙荒行局

光緒二十九年又五月初三日

蒙王函請緩發台吉銀兩俟荒務告竣再行分給由

覆啓頃接

貴總辦瑶函備稱莫名啓者於月之初六日蒙局差員等呈報由

貴局移文内聲稱闔旗台吉壯丁及大小八座廟之喇嘛等於

又五月二十日齊到本局掛號即行飭分銀兩等因前來查前

由梵通寺普濟寺兩寺報領銀兩以備重修廟宇經費照稟飭

发为善事自有裨益非浅其余不可无如许多急需至若分发
银两则众布台吉从中截取携带此款无非通融讼端销化无
由莫若预免阖旗受苦为上策而今复有本旗八十八名台吉
联名控控
钦差大臣安抚拟结各节况其显然如果属实分发银两势若烈大
倾油反助生事恭启
总办仁兄暂缓分发银两放荒告竣以后遵
旨分给则庶能贫苦台吉壮丁可蒙
至恩感德无涯立待覆示并启
安吉
弟郡王乌泰顿首

蒙旗移爲衆台吉等稟請台吉暨各廟人等應得荒銀清定次序分散由

札薩克圖郡王　爲移請事於閏五月初六日據敝局委員等稟稱現今衆台吉等稟請應得荒銀等次相查台吉喇嘛壯丁等人丁户口立明清册每名應得多寡各等情前來稟請貴局定章爲此敝旗十甲大台吉等以及梵通寺廣慈寺福寧寺又哎欽廟茂好廟白奇廟奇克台廟敖賚等大小廟八處每廟人丁户口查明立册已於本月二十日伊等齊聚敝局聽候查敝旗

內奉

旨得扁五廟內有受戒喇嘛與三廟未受戒喇嘛各有數目自札薩克以下台吉壯丁花名册與　奏明台吉喇嘛應得均有清册

奴僕人等亦有檔冊有外旗台吉壯丁鄉屯立廟五處其廟喇

嘛未立名冊各等情為此稟請

貴局遵

旨施恩清定次序應得分散祈為見覆施行須至移者

右　　移

蒙荒行局

光緒二十九年閏五月十五日

批　奏放蒙荒所得荒銀既未文竣尚難核算至應分台壯廟寺

喇嘛之數係按荒銀所分應將台壯喇嘛人數查清造冊移送

查核定奪礙難含混酌定

蒙旗協理等員懇請體恤蒙衆施給荒銀由

派辦荒務協理等員　爲知行事六月初六日由

貴局來文全看原文不分晰外敝局協理等員詳查至於扎薩

克圖一旗台吉壯丁喇嘛男婦老幼上年間因胡匪作亂凌虐

甚重至於原籍產業均被搶盡現今各户原業不得衣食不繼

貧苦至極懇恩

貴局總幫辦等明鑒體恤衆蒙急於上行稟明恩施應如何施給

荒銀爲此知行

蒙荒行局

光緒二十九年六月十九日

局批　台壯喇嘛男婦老幼貧苦若以荒銀而論曾已移知荒
務放竣核明應分多寡按名分發若以體恤而論乃係王旗
所管本局未免越俎代謀請由王旗上稟為是辦覆

蒙旗協理台吉移稱連年備亂暨應各項差務虧款懇借荒銀五萬兩由

為移請事案今有本旗四品協理台吉總辦額力恨白音四品
台吉協理巴圖吉力噶爾等呈稟
貴局幫總辦大人案下懇恩荒銀事竊敝旗自數年以來台吉壯
丁喇嘛衆蒙等被吐胡莫地方逆匪衆黨有剛保桑保王洛虎
等為首倡亂搶掠以空而棄業逃往不得安業之際通旗共議
攻打吐胡莫地方乃便賣産業置買鎗藥子毋等搡費銀兩若

干通旗攻圍數月不勝無奈懇請外國洋兵除逐逆匪來往路費又若干此時雖暫得消安而原業不付不但自古例定王差不續乃自己亦不能顧口更有京都雍和公承德府熱河宣華府喇嘛廟等三處大廟乃常念永冀

聖主萬壽鞏固之經僧等經費歷年各旗應備其乃本旗之要差再有例定五十分甲防界兵驛馬站等歷年所用牛馬官差襍項等費亦由本旗台壯應備以上數種要差均出於本旗台壯衆蒙等已產所備自數年受亂以來失業棄產貧苦之極焉能備其要差之有此時無奈敝　旗協理台壯廟衆等通議懇乞貴總幫辦大人案下所收荒價銀內首先借得五萬兩銀之數以

救全旗台壯喇嘛廟等苦難之極以便官差之要俟至荒務放

竣之時再由本旗該台壯喇嘛等應得荒銀多寡之數内扣還

伍萬兩銀之情相應備文移行

貴局查照酌奪急速施恩惟願以待分給施覆須至移者

右　　　　　　　　移

蒙荒行局

光緒二十九年七月十三日

局批　現收荒款無多碍難借給事關銀款並無王旗印文

尤難以局中關防照辦也

蒙旗台壯人等具情請領荒銀並稱王爺多方虧累台壯各情由

具情敝旗台吉壯丁衆蒙等叩懇

貴局總辦大人案下呈請施恩事竊敝旗衆蒙等於二十六年

外旗游匪倡亂搶掠以空衆蒙等逃難之際忽然奉

欽差大臣暨軍督部堂憐恤敝旗衆蒙等實係被屈之情奏

上允准奉

旨出荒揀派幹員前來安插蒙民即出告示分貼各處曉諭以來各

處賊匪平靖暨放荒一事無論蒙民人等以公安插至今敝旗

台壯等感

恩戴德今請者應得

上恩地價銀兩按分發給外又有頭等中等地之加價八錢四錢理應分發敝旗遷移窮苦之户王爺既有城基加價何又爭此銀兩再者王爺分銀只王爺一人算一分其餘家人壯丁均隨旗衆分劈上等加價蒙

將軍恩准王爺又使七十户銀二千兩出給執照准七十户照壹兩四錢明處送情暗中受賄專為虧累台壯是何居心此加價不能歸王再有王爺賞給外户之捌拾兩五拾兩敝旗台壯等從前未使過押租銀二拾兩賞伍拾兩捌拾兩時敝旗亦不知是因何故聞王爺有向衆户暗中使回荒條祖宗之荒款是總辦放來王爺能送外户御令台壯分攤決然不從再有本旗

他拉根莫勒克圖地方王爺勒逼台壯畫押説台壯不願出放

户係王爺所招發給執照台壯並無狡展爭論無荒何能放錢

衆台壯不能無理再有價銀並歷年所徵之租合數交給協理額

爾科恩伯牙里協理巴圖吉爾格力章京色布加卜記名協理

那孫得克吉爾虎等經理按分公分倘若交給王爺以威嚇衆

以致不欲分發者豈敢爭論此次先請支銀貳萬兩亦交四人

經手分給衆户各情呈禀

貴局幫總辦鑒查轉呈　軍督部堂處即將敝旗台壯等呈請數

情查照格外施恩爲此呈禀

光緒三十年二月十四日

移蒙局為眾台壯等聯名具呈請支荒銀貳萬兩各情由

局銜　為移知事案照光緒三十年二月十四日據

貴旗台吉壯丁眾蒙等呈稱竊敝旗眾蒙等於光緒二十六年

外旗游匪倡亂搶掠以空眾蒙等逃難之際云云至即將敝旗台壯

等呈請數情查照格外施恩等情據此當經敝局批以據呈各

情均悉卷查該郡王日前來文除城基歸該王外其正價加價

請照二股分劈該王自為一股喇嘛台壯共為一股並據文稱

賞給外戶之五十兩八十兩喇嘛台壯亦應均攤等情今爾等

不惟五十兩八十兩不認分攤且以加價不應歸王查核兩造

所爭為數懸殊事關旗眾應候轉呈

軍督憲裁奪飭遵至公舉額爾克恩巴牙里等四員日後經手
分劈價銀事尚可行此次請支銀貳萬兩姑准照辦以恤貧苦
除批示外相應備文移知
貴局請煩查照施行須至移者
右　移
荒務蒙局
移知蒙旗同前由
局銜　爲移知案准
貴旗台吉色登等二百五十八名聯名呈稱今者應得地價銀
兩按份發給外又有上中等地之加價銀四錢八錢理應分於

敝旗窮苦之戶王爺既有城基價何又爭此銀兩再者王爺分銀只王爺一人算一份其餘家人壯丁均應隨旗衆分劈再王爺賞給外戶之五十兩八十兩台壯等從前並未使過聞王爺暗中使回卻令台壯分攤決然不從此次台壯等先請支銀貳萬兩交於本旗協理額爾克恩伯牙里協理巴圖吉爾格力章京色布加卜記名協理那孫得克吉爾虎等四人經理按份公分旗等情據此又據面懇放荒二年聞王爺用過銀二十餘萬台壯等一文未發今請領二萬兩為數不多務求照准等語面呈前來查原奏章程第四條内載荒價以一半歸蒙旗自王府以至台吉壯丁喇嘛人等分別等差各有應得數目無所偏

倚等語計現在已經放得荒銀除去兵餉報効並上中等加價

銀另款不計外約歸闔旗公分正價銀三十四萬餘兩原

奏雖未訂明如何分别等差總之三二萬兩核與應得之數尚不

至於過支且所舉四人既係衆人信服自應照准已由敝局發文

貴蒙局轉付以符原　奏體恤蒙艱各安生業之至意惟原呈

所稱加價銀四錢八錢應歸旗衆分劈並五十兩八十兩之押

荒銀台壯決不分攤等語經敝局再四開導紲以申斥終不改其

爭論事關

貴王與　貴旗旂衆應如何攤認之處敝局未便輕擬應俟據

情轉呈

將軍核奪飭覆遵辦除呈報外相應備文移行

貴郡王請煩查照施行須至移者

右　　　　　　移

札薩克圖郡王旗

光緒三十年二月十八日

呈爲蒙旗衆台壯等聯名懇發荒銀二萬兩照准給領報請鑒核由

全銜　爲呈報事竊於光緒三十年二月十四日據札薩克圖旗台吉壯丁色登等二百五十八名到局呈稱敝旗衆蒙等於光緒二十六年外旗游匪倡亂搶掠以空衆蒙等逃難之際云云至即將敝旗台壯等呈請數情查照格外施恩等情據此卷查光緒

二十九年五月奉到

憲台札飭内開查所收荒價該郡王暨台吉壯丁喇嘛等各有

應得之款曾經

奏明在案本應俟荒務辦竣後將款核算清楚分別等次再行飭

領惟該蒙旗素稱貧乏各台吉壯丁喇嘛等大抵貧者多而富

者少自應變通辦理以示體恤況該郡王上年年班晋京業已

在荒價内酌量借支而各台吉壯丁喇嘛等亦有應得之項若

使一概拒絶未免向隅此次晋濟梵通等寺支借荒銀即由該

總幫辦等悉心酌核分別應得多寡量予借給日後台吉壯丁

如有借支亦應比照辦理等因奉此當時因已將荒銀於二十

八年冬季及二十九年四月掃數解省局無存項故未及支借茲
據前情又見所來台壯等均係鵠衣鵠面貧乏實堪憐憫自應遵
飭酌發以體
仁施惟將來分款應如何分等尚未定議未便漫無限制致令
過支統計現經出放荒銀除去報効及開支兵餉暨上中等加
價銀暫行另款存儲外所有應歸旗衆公分之銀約有叁拾餘
萬兩兩王府實支及抵債支借之款已貳拾萬兩該台吉等請
領貳萬兩為數不多將來即如何分劈諒於應得之數不至過
支所有該台壯等公舉之額爾克恩巴牙里等四員職等訪察均
係素行公正向為旗衆推服之人且查該台壯等原呈所稱既

不信服該旗郡王自未便拘泥交該王分給以致反啟爭端茲

由職等照准由局撥銀貳萬兩整眼同蒙局交顎爾克恩伯牙里

等四人承領並取具蒙局承領印文在案其原呈所稱上中等

加價之四錢八錢應歸旗衆公分及王府曾還每户押荒銀五

十兩八十兩原係該王向各户借使台壯等決不應攤還等語

經職等再四開導繼以申斥該台吉等僉口不改其爭辭查此事

關係闔旗實非職等口舌所能調劑應俟報竣時職等妥爲計議呈請

憲台核奪應如何分等撥款及攤認押荒之處出自

憲裁庶昭鄭重而期允服除移行扎薩克圖郡王旗暨蒙荒總

局查照外理合備文呈報爲此呈請

憲台鑒核伏乞

照呈施行須至呈者

右　　　　　呈

軍督部堂增

光緒三十年三月十六日

蒙王移爲衆台壯分銀係何月日奉札各情即請移知備案由

札薩克圖郡王　爲移請事。於二月初一日後有本旗台吉壯

丁等每日會同向

貴局請示分銀等情，又訪聞數百台壯會同分銀一分各散，以

此詳查由

貴局處取荒銀到否理應由

貴總辦處移商前來又去冬間奉到

將軍札文內開俟荒務放竣以後核算數目多少由王府以下

至台壯喇嘛人等均照應得之數不偏不倚按公分給仍准

奏明分放斷不致悮等語在案忽然此等暗中聚衆會同要銀各

散仮以衆利催呼謠言唆衆暗定法約以致日後有關何等之

情不為定准因將此數百台壯等有無暗中傳問之情並分給

荒銀有無如若分給荒銀按照前奉

批　奏明係何月日奉札各情即請移知備案此後

貴局處茲經收得如山之利若分賞貧苦台吉等情該敝王府

伏禮拜而非悞分給該旗台壯等應得之款但前後公文不符
而王府未奉公文惟慎查數百人暗聚得銀各散等情為此移請
貴局請煩查照施行須至移者
右　　移
蒙荒行局
光緒三十年二月二十五日
蒙王為衆台壯領銀二萬兩不應交協理額爾克恩巴幵里等經管移覆由
札薩克圖郡王　為移覆事於本年二月二十八日准
貴局來文移開詳查此次台吉壯丁等前請領銀二萬兩因倚
本旗協理額爾克恩巴幵里巴圖吉爾戕勒總管章京色伯克

加卜記名協理那淼得克及勒虎等四人經理旗衆得倚徑行
發交蒙局自應遵行又協理額爾克恩巴廾里等三人均各有
家但那淼得克吉勒虎一名交給有所干犯而與禮不合此四
人等依名推諉此内想有私心反稱台吉色登等前再三刁登
控案奉
諭旨所有安插辦理本旗事件未完今又任意冒瀆該敝王受冤已
極即扎薩克一旗忠正台壯被一切邪言唆使雖數名台吉等
獨以色登爲首訪查以奸計之利相商具情呈請
貴總辦等不查呈詞始終誇獎一面隱匿爲首猶依究讐私意
作准顯係偏倚而與原

奏定章全然不符外即將各台壯哄誘以利分給以堵口面並將

越文之地意見取合似將地利暗侵入己

貴總辦等甚屬明智雖碍難比較敝王照

督憲擬奏所指謹遵

諭旨各件再有巧言變法分份不能照准相應移覆

貴局查照備案按件移覆須至移者

右　　移

蒙荒行局

光緒三十年二月二十九日

蒙王移稱台壯依仗數百人衆任意違悖扎薩克貪取荒銀由

扎薩克圖郡王　爲移覆事本年二月三十日准

貴局移開查本旗台壯等二百餘人一時貪取荒銀已隨

貴總辦等本意因此敝王前呈地圖外將莫勒克圖塔拉根等

處除俟强取仍不能給再原定扎薩克責任條奉

旨管理旗衆現今旗内幾名不正台吉不顧定章各生疑惑一切邪

言唆衆此等依仗數百人衆並將

諭旨所定扎薩克責任任意違悖而行

貴總辦等奉

上憲　委派意甚明澈始終情形不能不知相應移覆

貴局請煩查照並候

督憲札飭遵行須至移者

右　　移

蒙荒行局

光緒三十年三月初一日

呈為蒙旗達喇嘛拉巴珠理等懇領荒銀已由局酌撥八千兩請　核由

全銜　為呈報事竊於光緒二十九年五月接奉

憲札內開查所收荒價該郡王暨台吉壯丁喇嘛等各有應得

之款曾經

奏明在案本應俟荒務辦竣將款核算清楚分別等次再行飭領

惟該蒙旗素稱貧乏自應變通辦理以示體恤况該王工年年班晉京業已在荒價内酌量借給丙台吉壯丁喇嘛等亦有應得之項若使一概拒絶未免向隅此次普濟梵通等寺支借荒款即由該總幫辦等悉心酌核分别應得多寡量予借給等因奉此當因荒銀前後解省局無存款以故未即照發旋於十月間准扎薩克圖荒務蒙局移行梵通寺喇嘛等請借荒銀六千兩十一月間又准該局移稱普善寺喇嘛等請借荒銀五百兩三十年二月間又准該局移稱普慈寺喇嘛等請借荒銀五百兩各等因先後轉移前來職等查核各該寺請借荒銀為數不多均經隨時照准借給去後並接准該蒙局承領印文各在案兹

於四月初七日據闔旗大小廟倉十三處達喇嘛拉巴珠理等
來局稟稱今秋奉請佛喇嘛歸廟費用缺乏請借荒銀數千兩
以備費用等情並准該蒙局該旗協理額爾克恩伯升里巴圖
吉爾戌勒記名協那孫得克吉爾虎章京色布加卜等一併赴
局會商前來查該達喇嘛等以請佛入廟之款來局請借荒銀
數千兩此時雖未議定該喇嘛等應得若干然計現有荒銀核
與該喇嘛等應得之數無論如何分劈尚不至於過支茲由職局
照准酌量借撥荒銀捌千兩眼同該蒙局該旗協理額爾克恩巴
升里等給領並接准該局暨該旗協理等承領印文存卷除分
移札薩克圖旗暨總局外理合備文呈報為此呈請

憲台鑒核伏乞

照呈施行須至呈者

右　　　　　呈

軍督部堂增

光緒三十年四月初七日

呈爲台壯等欲領荒銀懇請轉呈伏乞　批示由

全銜　爲呈報事竊職局前據扎薩克圖旗台吉壯丁等懇發荒銀貳萬兩由局照發各情業經呈報在案茲於光緒三十年四月初五日據該旗台吉壯丁喇嘛等四千餘人來局稟稱旗衆貧苦難以度日欲分應得荒銀懇請轉呈

憲台恩施按章賞發等語復准蒙局移會事同前因一併前來
查原　奏十條内載荒銀自王府以下至於台吉壯丁喇嘛等
分別等差皆有一定應得數目無所偏倚等語現在應如何分
等尚未定有數目事關闔旗未便田職局擬議應請出自
憲裁酌核定數飭下遵辦方足以昭大信而免爭競前次該台
壯等請領荒銀意願甚奢職等以分款既無定數僅准照領貳萬
兩免其過支故此次該台吉壯丁等請領荒銀男女四千餘人
復行來局哀懇轉呈又准蒙局移會事關闔旗生計自未便壅
於上聞除由職等開導令該旗衆暫回本處聽候
憲示外理合備文呈報為此呈請

憲台鑒核伏乞

照呈分飭施行須至呈者

右　　　　　　　　呈

軍督部堂增

光緒三十年四月初七日

批

呈悉該局所收荒價究有若干尚未報明總數該旗台壯究竟應得之數亦難預定前既由該局呈報酌給二萬金茲復據該台壯等稟稱旗衆貧苦難以度日懇請給發荒銀等語現在該局總辦已另派雙道綸接充俟該道到差後酌量情形或再先給若干以示體恤統俟荒務文竣再行分別奏明辦理候飭駐省總局知照繳

黎生公司為允留福安堂荒段懇乞備案由

黎生公司　謹

稟

[總幫]辦大人鈞前敬稟者竊[卑]公司續領福安堂荒段坐落哈拉烏蘇
自南至北四十六里二繩橫濶十里此段係[職商]預先餘領實因
墾戶眾多不意荒價未能照數交齊業經照款撥地官繩丈放
福安堂名下理宜遵辦何得冒瀆奈集來款項無荒可報以致
墾戶無所安插查此荒與[職商]南界毘連屢向該堂商議慨然允
服情願分給安插各戶實為便民起見伏思福安堂報領此荒
往來川資需用甚繁必須酌量籌補不負和睦交鄰是以情甘

將此段地界留出毛荒五十方以酬麇費所有荒價如數歸職商
一面交納毫無異説但事關荒務未便擅辦爲此具稟懇請
憲核恩准立案俾得墾户相安以免轇轕祗候
批示遵行恭請
勛安伏乞
垂鑒祖武 萬賓謹稟
光緒二十九年十二月初三日
稟悉着即照准備案所有該段荒價即責成該職商等
如期交納毋稍稽延切切此繳

公司稟為段内攬頭等冒領好荒盜賣並稱折扣太少等情由

黎生公司劉昶武等謹

稟

總幫辦大人敬稟者竊職商前已自籌經費稟請招墾集股商辦先後報

公款銀拾壹萬餘兩仰蒙

憲諭給撥桃河南地段准自安插各户並蒙定限户地每户兩方

商安舊户由公司依房丈撥各等因足見

憲恩顧全墾政保護商民之至意隨派妥人安插各户不意該攬

頭等趁職商赴南城催款之際突起貪心勾串民户數人頂名冒

領大段盜賣漁利不令公司丈撥自請委員揀放得逞其奸至

領地不靠廬舍任意零星侵挪橫插片段（公司）是以受累竟致虧
賠伏思原領北段計拾餘萬晌挑可墾者不過六成而戶地挑
三萬四五千晌約三成之多剩可墾不足三成其餘四成盡係
沙堿若統照二成多量予折扣實有不敷可墾地數至墾戶不
易安插是必有累
憲聰（職商）隨徧歷附近大段凡沙堿覺多者皆以四五六成量予折
扣而（職商）所領被戶地挑揀比較尤次但能從權竣事萬不敢自
外生成有負
憲恩事出無奈惟有仍懇
總幫辦大人逾格鴻施派員查驗秉公酌加量予折扣以昭平允而恤商

艱仰祈

鈞裁示遵，曷勝感禱。肅泐蕪稟，祇請

勛安，伏乞

垂鑒。

光緒三十年二月初十日

該公司包領大段至十餘萬晌，加價轉賣，聞每方八十六兩有餘，而於舊佃留地輒控其多，殊非恕道。且繩丈舊户係歸本局派員所稱，不令公司丈撥，自請委員，亦屬非是。至量予折扣一節，除黑頂山、黄羊圈、白城西之黄沙坨並圖古木等處著名石沙之地，此外亦無多折。該公司所領係屬自挑。田王府文移指領之段自與他處不同，况接界大有玉務本公司均係一律扣法，並未苛待該公司也。其平情自思，毋瀆繳

稟為所領北段荒地剩有沙包城片，擬請退還由

黎生公司謹

稟

總
幫辦大人敬稟者竊商職等承領墾務節次受累情形叠已稟陳計邀

鈞鑒茲查北段界内共蒙

諭劃荒地十三四萬晌蒙民任意留占又復零星挑揀高好之地

被佔較多卑公司自開繩丈辦起約計撥出一千方上下現在

周歷履勘勉力挑揀尚可擠撥二三百方此外悉係沙包城片

萬難承領撥墾再四思維職商等已經領撥之地情願不邀折扣

惟所剩沙包城片難墾地段可否仰乞

恩施賞准繳還除俟圖冊造齊詳細計數呈報外所有北段荒地

所剩沙包城片擬請繳還情形理合稟明
憲核示遵肅此寸稟祇請
勛安伏乞　垂鑒
光緒三十年正月二十七日

該公司所領北段去冬業已丈明領有多票惟欠款一萬二千餘金未繳因屆年終姑准展緩今何忽來退地且據該職商面稟不能湊款如不准退還即請均作折扣天下寧有是理查該公司前繳之款若但領北段尚屬有餘而去冬竟於別戶已領之段多方狡展必請撥歸公司情願續繳款項是前於不可買者而强買後又於不能退者而强退視公事爲兒戲豈官款可自由耶仰即函達該同事劉萬資作速繳價毋得抗延干追繳

稟為荒地虧數懇請派員復丈由

黎生公司謹

稟

總幫辦大人敬稟者竊職商自籌經費商辦荒務去春蒙
諭撥三段地節次將攬頭勾串民户冒領盜賣及沙城四萬晌壟
户不領無法安插各情稟請查辦在案於去歲冬月南段經福
謝兩委員送圖註明量予詳細核數均屬持平臘月初張委員
始將北段户地丈完僅送零圖十四張並不挨連亦無户名方
知户地橫插片段侵佔冒領盜賣因年終未能詳查職商回省安
插交價不領沙城百餘户應其今春兑買户地抵補現已兑妥

數十戶尚未過價於今正二十四日來局領照並查斷地各節

現查明北綫照去職委員圖註三十六里職商查僅二十九里餘

多算六里餘不知何因懇乞

派員復丈並查實不可墾沙城地數其餘各節職商亦即派人查

實再行稟請

核辦理合肅具蕪稟虔請

勛安伏乞　垂鑒

光緒三十年三月初三日

該商前請退地否則均作為折扣其爲有意刁狡業

經逐節批明飭令繳價今何又稱斷地查此段係經

田陳榮張四委員先後勘丈何至横繩竟短六里有
餘現在繩起已裁豈能輕易派員往丈如果該商仍欲堅
執仰即出具切結再行派員復勘覈則追委員之咎不
虧則懲該商之罪此係持平辦理勿輕視為具文也至
不可懇之數已經委員查明具報且有連界之大有玉
等比較何庸瀆

為墾戶不領沙城懇乞安插並請復丈所虧地數由

黎生公司謹

稟

總幫辦大人敬稟者竊以自籌經費商辦墾務蒙諭撥全段惟節次

受累各情屢經稟請在案至退不可墾地一節非職商欲退乃北

段戶地冒領揀放三萬餘晌職商盡搜挑放實地四萬五千晌尚

有百餘戶交價缺買地五千晌所剩之沙城毛荒四萬晌實不

可墾職商亦欲丈給墾戶墾戶再三不領有要原佔地者有要退

價者終日嘵嘵勸之不領強逼仍不領均以日後起租恐受有

租無地之累衆情洶洶是難竣事惟有瀝陳苦衷仰求

恩恤俯念農民血汗資本往來跋涉早為安插俾職商刻期造報冊

圖用副

大人培植始終保全之惠及衆戶得地亦必刻銘戴

德再虧地一節更非職商有意刁狡若不實在虧短豈敢稟請復丈

伏查去春原丈委員先由西地哈歌泡子西沿起至卯酉線六里拉子午中線一條又西二十里拉子午西邊線一條諭發全

圖核數相符去冬張委員分色公邊時傳附近陳攬頭舊戶韓景書指領界限由南往北至泡子東沿離原堆三里半核虧地六里餘有春天封堆領邊原人可考職商碍難狡賴推原虧地之故實非委員有心刁難想因年終匆匆誤核所至所有墾戶不

領沙城懇乞安插並虧地數請派員復丈更正各緣由理合稟陳

憲請

勛安伏乞　垂鑒

光緒　三　十　年　三　月　初　六　日

原户挨地留荒係屬　奏案雖本局不能過為限制何得屢以冒領為言該商既自稱將好地挑放其餘自係多剩沙城以之退還天下有是理乎況即此段而論已量予折扣二萬二千五百餘晌再扣尤為無名至領户有要原佔地者乃該商未領荒以前即任意指段以哄愚民自貽伊慼豈能向本局饒舌若所稱虧地六里有餘原丈委員均有責成但論虧地與否不能論有心無心無論賓否本局均可覆丈惟須派親信人隨勘該商即留此聽候可也

為復丈十六起原丈棃生公司荒段虧地呈覆由

蒙荒行局委員全祥遲熙盛為呈報事竊委員等於三月初九日奉

札文内開照得棃生公司稟稱前丈荒段地數不符懇請復丈等因據此可即派全委員祥遲委員熙盛帶同貼書王先祚前往勘丈合亟札飭該員即便遵照務須秉公勘丈稟覆核奪毋負揀派等因奉此遵即於十二日請帶原冊協同蒙員書差繩夫暨棃生公司執事人劉萬賓前往該公司所稱荒段北首繩弓核錯之處眼同指領就卯酉線自西頭舊有封堆起至十六起原丈二十里舊有封堆止詳細勘丈計丈得七千八百三十弓較原丈之數覆多六百三十弓又挨次向東而丈至十六起

原丈十六里東首舊有封堆止計丈得三千七百零八弓較原丈之數覆虧二千零五十二弓查十六起原冊該兩段共計地八萬七千七百五十九晌按覆丈之數絕長補短應虧毛荒一千一百八十四晌六畝二分五厘仍照原均二成一分不可墾併七成核扣淨虧實荒六百五十五晌零九分七厘六毫二絲五忽除其餘各處公司稟稱並無錯顯無庸覆丈外所有勘丈十六起原丈荒段互有盈虧之處理應繪具圖冊備文聲明為此呈報

憲台鑒核須至呈者

右

蒙荒行局　呈

光緒三十年三月十九日

呈悉十六起原丈各段竟致互有贏虧其辦理草率已可概見自應呈請予以嚴懲至該公司荒段除以多補少仍欠款萬餘兩再由局嚴追可也繳圖册存

札為奏放札薩克圖蒙荒更定章程一摺飭照部指各節逐款聲明由

軍督部堂增　為札飭事案准

戶部咨開山東司案呈内閣抄出

盛京將軍增　奏丈放札薩克圖蒙荒地畝更定章程繕單具奏

一摺光緒二十九年十一月十九日奉

硃批戶部知道單併發欽此欽遵到部相應恭錄

硃批咨行

盛京將軍遵照惟查清單内稱街基每丈見方徵收地價銀三分

三厘係按照何處放荒章程徵收又常年徵收基租每丈見方

作京錢三十文京錢是否即制錢其與海龍城街基每寬一丈

長三十丈徵錢三千文以十二千折市平銀一兩兩相比較孰
盈孰絀又該旗原有墾户每户納銀二十兩查扎薩克圖放荒
開墾樣
欽差大臣裕　等奏稱行之二十餘年根株數千餘户現在開墾之
處核計該旗地址已逾其半等語究竟原領各户曾在該旗交
過押租銀若干又此次丈放舊日墾户仍按所定上中下荒價
按晌補交承領究竟各户補繳荒價銀若干以上各節應令該
將軍逐一查明聲覆至所稱加收之四錢八錢地價全行撥給
該王旗公共項下城基價銀歸該郡王辦公之用等語現在部
帑支絀該將軍雖爲軫念蒙艱起見要當兼籌並顧不得全行

撥給並一面查明扣收四錢八錢地價及街基價銀各若干先
行開單報部核辦其舊日墾交過該旗押租銀兩令即在該旗
此次應分一半荒價内如數扣除以清款目又所稱街基限六
年升科查街基與生荒不同應令自報領之日起限一年升科
又所稱毛荒每晌扣作七畝收價查毛荒係屬肥磽併計包舉
不堪耕種者而言其現在墾熟之地據稱已逾該旗地址之半
此等熟地不得概以毛荒扣作七畝計算已上各節應令該將
軍查照辦理至所收價銀據稱已逾三十餘萬兩究竟全荒放
竣約共可收銀若干其已收之三十餘萬兩已動若干尚存若
干應令先行分晰開單報部一面迅即飭員赶緊丈竣以節經

費等因准此除飭蒙荒總局知照外合行札仰該局遵即查照

部指各節逐款聲明以憑奏咨切切延特札

右札札薩克圖蒙荒行局准此

光緒三十年四月十五日

呈為遵飭查明部指各節逐款聲明呈覆由

全銜 為呈覆事竊於光緒三十年四月二十七日奉

憲台札開除原文省繁邀免全錄外所有接准

戶部咨開

盛京將軍增 奏文放札薩克圖蒙荒地畝更定章程一摺欽奉

硃批欽遵恭錄咨行並令查明聲覆暨應查照辦理各節飭局遵即

查照部指逐款聲明以憑奏咨等因奉此覆查
部咨首開街基每丈見方徵價銀三分三厘係按照何章一節
查職局辦荒係遵原奏仿照扎賚特辦荒成案惟該荒自開辦至
今尚未放有城基無可仿照且此荒距省甚遠而週圍數百里
又皆他旗未墾之荒招徠殊屬不易故酌中擬價定爲每見方
一丈價銀三分三厘係屬中地制宜所定價又
部咨内開常年徵收基租每丈見方徵京錢三十文京錢是否
制錢與海龍城街基每寬一丈長三十丈徵錢三千文以十二
千折市平銀一兩比較孰盈孰絀一節查京錢即荒境所用之
市錢俗名中錢每中錢二千合制錢一千計每丈京錢三十文

三十文共九百文按現在荒境市價約京錢三千六百折市平銀一兩海龍城係俗用小錢每三十文徵錢三千以計處小錢十二千一兩計之三千應合銀二錢五分此荒基租計三十文徵京錢九百亦合銀二錢五分是與海龍城比較無甚盈絀矣又開該旗原有墾戶每戶納銀二十兩究竟原領各戶曾在該旗交過押租銀若干又按所定上中下荒價按晌補繳銀若干一節查該旗所送舊戶冊籍花名多有註其祖父之名而承領係其子孫之名者故舊戶交價時必須帶同該攬頭達拉嘎等到局核對原冊數目相符始准將押租撥抵現在舊戶到局交價未齊故扣撥押租現時尚無准數押租既無准數則補繳價

銀亦未便預先核准應俟補繳已齊再行綜核具報又開加收之四錢八錢地價全撥該旗公共項下城基價銀歸該王辦公之用等語現在部款支絀雖為軫念蒙艱起見要當兼籌並顧不得全行撥給並一面查明加收之四錢八錢地價及街基價銀若干開單報部核辦一節查各處蒙荒成案如博多里嘎台王果爾羅斯公等旗所收荒價均不提充報効惟扎賚特開荒始有報効之款此荒仿照辦理以正價之一半作為報効即係為兼籌並顧起見現在部款支絀固未便拘泥惟查此荒開辦之由實因該王將旗地招戶開墾于蒙丁生計有碍以致訐控不休而全旗匱乏之故　奏請官為辦理代籌生計查該王前支

押租並陸續支用抵撥銀已及二十餘萬兩將該王此次應分之正價銀抵補尤過支數萬餘兩無款扣還夫該王所支既多則旗衆之所得遍少而全旗台吉壯丁喇嘛一萬餘人僅分此一半正價荒銀除去該王應得之一份益以該王之過支旗衆所得有限旗衆之生理不裕則該旗之爭訟難銷勢必又興大獄將無了期殊失

朝廷撫恤蒙藩之意故議以正價一半報効者上裕

國帑以城基及加價歸該旗者下恤蒙艱實為兼籌大局起見查現在該旗尚因分款上下交爭迄無一定擬仍依原議辦理俾稍寬裕免致工煩

國家之顧慮至加收之四錢八錢及街基價銀因工中等荒尚有
未經撥定街基前擬續踊一二處所有數目故難懸擬懇容辦
竣一併造報又開押租銀兩應在該旗應得一半項下扣除一
節查職局每收一户價銀照原奏扣還押租註明冊籍作為該王
旗已支應分一半項下銀兩正與
部示辦法相符又開街基應自報領之日起限一年升科一節
查此項街基係屬創設與因繁改設者不同且全荒並無樹木
興造甚難其初職等到荒是處僅有人家二户現在職局設法提創
兩年有餘其已草創房屋者僅只一百餘户計非五六年間不
能甚見稠密若一年起科則空基納賦商民被累而逃户逋租

亦必相因而至反于興創有碍現在酌核情形似應仍依原議辦理庶於創設不易之中仍予以限年齊修之意又開毛荒每晌扣作七畝收價係屬肥磽並計包舉不堪耕種而言現在墾熟之地不得概以毛荒扣作七畝計算一節查毛荒一晌扣作七畝係包舉房場井道而言至肥磽之別已經分爲三等價各不同其不可墾種如河泡水窪沙城石田另由丈放時量予扣除均不在七扣之列蓋扣成指是地者而言若河泡水窪沙城石田不可謂地且不能家家皆遇此等至此次所丈熟地原係該旗從前僅以户計不以地計以致開墾多寡不一熟地若不扣成則房場墓道仍當一一扣除地數既無定限多寡又不齊一

其中難免偏倚且如其地同列一等熟地既不扣成則納租者自當年至六年後均係十成納租生荒扣成六年後即係七成納租仝列一等兩租則兩歧似非平允之道故變通辦理無論生熟荒地房場墓道滿入繩弓一體七扣以免偏倚現在酌核情形似應仍依原議辦理庶歸劃一又開所收價銀據稱已逾三十餘萬兩究竟全荒放竣約共收銀若干其已收之二十餘萬兩已動若干尚存若干應先開單報部一面赶緊丈竣以節縻費查現在生熟荒地將次丈竣惟因舊户多屬貧民應補荒價尚未交齊職局已將餘荒赶丈並加緊催繳舊户價銀不久諒能竣事所有荒價動用尚存各數目既係報竣在即懇容竣事

時一併分別具報以省繁牘職局嗣此自當迅速辦理期早竣事

而免虛糜所有遵查部指各節摞實聲覆之處理合備文呈覆

為此呈請

憲台鑒核奏咨施行須至呈者

右　　呈

軍督部堂增

光緒三十年五月初二日

札為雙道遵札接辦蒙荒稟請加派委員以資勷助飭局知照由

軍督部堂增　為札飭事案據辦理札薩克圖蒙荒行局總辦雙道綸稟稱竊職道於光緒三十年四月二十四日奉到憲札札薩克圖蒙荒總辦張心田撤省所遺總辦一差以職道前往接充暨同員司人等將之一切應辦事宜妥為經理秉公清釐勿得瞻徇用副委任等因蒙此竊查札薩克圖蒙古荒務此時雖已丈竣而棘手之事甚多如安插蒙戶清釐界址撥分款項退還越丈以及侵佔之街基葦塘城場樹林諸要件無一事非緊要之端即無一事非待人而理前次查辦事件稟調之留奉補用知州忠林隨同辦事勷理文案綜核稿件蒙文繙譯官筆帖式明哲接收

呈詞繕譯蒙文候選府經歷委員郭景汾候選縣丞司事徐景星繕寫稟單經理案卷均屬得力之人聯道留心體察均屬妥實可靠此次接辦荒務仍需隨帶前往以資熟手藉可早爲蕆事以仰副憲台委任之意至以前荒務局之督繩監繩管冊差書各委員間有撤差此次荒務事關勘丈必須加派數員接充查有職委員候選直隸州州判何永智候選府經歷張鵬翥郭景芬均堪派爲委員之差其委員補用知州府林長植東邊稅局現無差使應如何發給薪水之處仍請憲台酌量批示再查有試用縣丞許鳴皋候選府經歷潤文擬請派爲効力委員均開清單恭呈憲閱可否按單加札飭派之處出自鈞裁至各該員

現在東邊稅局均有差使現值荒務經費不足之時仍擬支領
稅局原有薪水繙譯官明哲現在文案處有差仍支領文案處
薪水以節糜費如有辦事勤能不辭勞瘁之員再由職道擇優
稟請加給津貼以示鼓勵而免冒濫其川資車價均照例發給
至職道此次接辦荒務係屬短差為日無多數月當可報竣現
在時局東邊稅局事尚簡少收項亦甚寥寥職道雖暫行出差
而於任有人自無貽誤俟將荒務辦有頭緒仍當速回原局當
差藉圖報稱茲懇飭知東邊稅局知照所有遵札接辦蒙荒稟
請加札派員勤辦暨加派委員飭局查照各緣由是否有當理
合稟請 批示等情 據此除批 示並分札外合行抄單并批札仰

該局即便知照，切切特札

右札蒙荒行局准此

光緒三十年正月初四日

謹擬接辦札薩克圖蒙荒緊要章程八條開列於後，恭呈

憲閲

計開

一 界址宜劃清也。現在越界至野馬圖山以北之地，按根量里，見圖數十里之多。查此地皆係孫趙二攬頭承領，當量為退出，另行擇地安插，並在界限處攬之封堆，永照信守，而免侵越。

一 失業蒙民宜妥為綏撫也。查丈奪原佃之戶多因失業呈控。不

休若能將扣出不可墾之地及再丈出浮多之地妥為分撥不至再有紛更

一葦塘宜全行退出也查葦塘一帶地方甚廣局中作折扣賣出收款無多且係張桂石一人認領無难退出

一地價宜速為收齊也查行局所放之地未收地價尚甚多當責令地戶即速歸價以免另生枝節至雖款無着其抗延不交價者將地撤出另佃

一張廷奎所領街基宜量退出歸蒙戶分領也雙流鎮板領街基之戶以張廷奎為最烏王原稟內亦指有此節如此時該領戶尚未轉賣似可少為退出而蒙王亦不至再為藉口

一荒界内扣除不可墾者二十餘萬晌外，安插失業蒙民尚有餘地，
宜仍歸蒙王作為牧養，抑或如數撥出，編列號頭，另招新佃。

一地之等差宜分別也。查以前丈放河東、河北之地，上等作為中等，暨
河南之中等作為下等者，均應認真復丈。如果前定等次太相
懸殊，固當仍令補價；其價與地相符者，仍宜照舊，以免紛更。

一分款宜均也。查王旗常日歷年之餉，計一十一萬有餘，照此地上
地加價之四錢八錢，大約每年數在十二萬之譜，以之彌還歷年之款，
自應有贏無絀。

以上所擬扎薩克圖蒙荒最要之章程八條，其未盡事宜，一俟職道
到局後查看情形，再行隨時稟請
憲台核奪辦理。

謹將擬派委員差使繕具清單恭呈

憲閱

計開

東邊稅局委員留奉補用知州 忠林 擬請派為王橋委員

文案處蒙文繙譯官筆帖式明哲 派為繙譯委員

東邊稅局司事候選縣丞徐景星 派為經理案件委員

東邊稅局委員府經歷郭景芬 派為監繩委員

東邊稅局收判委員候選州判何承智 派為監繩委員

東邊稅局委員候選府經歷張鵬翁 派為監繩委員

候選府經歷潤文 派為監繩委員

試用縣丞許鳴臯 派為監繩委員

批

稟悉。所擬八條尚妥，仰即認真秉公清理，以期尅日指發推末。條押當一款，須查明此項係當日何人所得，今日所得之人名下扣還，始爲平允。查明後即令該王暨台吉喇嘛等出具切結，以免日後嘵瀆。至請派各員，須分別札飭遵照。許鳴皋、潤文二員，稟中係請派爲勁力委員，而單開只有陳勁力二員不給薪水車價外，其餘各員凡支東邊稅局暨文案處薪水者，只給車價；原無薪水者，照三等給薪水車價。並候飭文案處、東邊稅局暨蒙荒總行兩局知照。繳單存。

咨帥札　為飭知事查前班俄武廓米薩爾一千九百二十四年照
會內開照得僞九月初二日距那晏河口八十里之處輪船進
有隊兵卅數名上該河右岸購買牲口乃執潘印屯
民向其開槍是以又派一輪船與武員帶同隊兵前
往而於僞九月初八抵達屯後該隊亦遭槍擊乃
即該屯於交仗時該隊兵死者三人傷者三人且死
尸被屯民焚化屍骨棄與獸食此等抵距之罪犯
乃為首之屯長匪遷於蒙古王圖謝圖王處等因敝
總黃大臣還印曹飭知該屯長申那特而及其所有
黨人交給哈米滬僞員可也等因准此查來文所云

河名屯名皆由俄言號稱繙譯而無錯誤其地實在
何處以及業經委何員查核簡明者各包
既逃圖謝圖旗藏匿自應由該旗趕緊查拏
免致別生枝節當經先行照覆一面札飭該總管
飛速查拏具報在案茲准該俄員函稱此案傳已
俄人被甚屬焚屍拋骨情節甚為殘忍訪聞
係於舊曆正月十六當該四散逃匿兵丁逃往圖
謝圖旗北界逃在札薩圖王旗封禁該處遠多
投奔以免區職難獲等因正核辦間又准札薩
克圖王旗界宜加緊緝總沙克都爾又十三

色楞巴音巴圖等已打死係人四五處情有查
沙克都扎布與係文屯長車登多爾濟特爾字等相近似
係一時帳房需用何起釁除另行外令行札仰該
總管立即就近遴派妥幹人員將案情始末
查明並將係遊牧所指那顏果河旦究係何地正處
何人究竟因何要執籓屯與家居地方之案查覆一
案逐一辦查覆最甚核似一定要辦法以免累
及早即查照要切切特札

右札蒙荒行局　福總辦　○押

大俄國武廓米薩爾　為照會事案查西曆九月二十四日第一千九

百五十四號照會等因今送抄文一件以便將琿春屯攻

打巡隊之事查究可也相應照會

貴軍督部堂查照施行須至照會者

右　照　會

大清國　盛京軍督部堂

俄曆一千九百零三年十一月十八日

光緒廿九年十月十三日　第二千三百八十八號

廓米薩爾額外呈恩：西蒙古去歲閏由北藩搬來住扎
薩克圖郡王旗下，身不把舊情，詳細示俄兵來王旗村
道遠王老男劉卜桑卜打仗，戕殺兩散之後，闔旗會等
太平一節多謝
大俄國兵來保護闔旗蒙衆等感恩報俄國功德之
石碑造刻俄漢蒙三樣字碑，留蒙古由卜魁撤武廓
米薩爾寫來字樣丹獻俄國大臣亦知功德碑記，在二次
之碑爲古蒙匪多人毀壞，又預備碑石造刻，仰呈
那敬之
俄國大臣出照救護蒙古住息千萬蒙衆現下蒙古

災患累者不休，疊次生隙，困仇射謀，調詞屢決

多可排語之有意損偽國之患，以使離似可援

弟于糾纏合以哲里木盟十旗均相援聽偽

國之患，而語之有意鎮路非就近去力保之心，懇

歸獻法塞意耳。身料想中外合義，大仁大義者情

尚且容存亡生為一節，務勢於人，亮要起群膽，大色

天。刻下為賊迅奔至謀，朋黨事已以殊害護底助

人馬刀槍，彼等我而情形，用有振設地兵員張

又傅以瞻年帮助等情之某員二十以年無能

江省偽國無行仗不法華職，我所叙用，以等逆賊

袞杜塔巴山搶劫之犯嘉山薩參將押來朋東克
巴爾賴特偏兵來邊但必要偏兵來急內外
好打何附近大營
又王旅來信身想三偏圖大臣助於王旅閒家太
平時必然人常在王旅所私本平之日亦
係圖功勞報獻之那時參將嚴令大意觀緣偏圖大
臣大意於家陰寒兵必要掌此然人日後而於
生何於了德也於額路兩相處　臣大營日歸建
賊於集匯確寔此然人所杜難路北是兵大
時將此然減之額路北來兵一件錯不必早以除

悉而安居樂業

俄王與俄國和好秉持仁德大義容易而行也

俄武廓夫斯依　為照會事查俄九月二十八日西

歷十一月十八日繳票第一千九百五十八及二千三百

八十八各號照會等因敬悉

貴大臣飭將該照會內所開各人等獲案嚴

查屬應辦有貴處所派駐紮地方之員保護之

可相應照會

貴軍督部堂查照施行須至照會者

右照會

大清國欽命軍督部堂

為札飭事。照得扎賚特旗漢人[illegible]蒙丁[illegible]
十三包[illegible]打死[illegible]八一名，業已疊催
貴盟會查[illegible]札薩克圖[illegible]蒙旗查拏
凶犯[illegible]
該蒙旗[illegible]
[illegible]
[illegible]
辦理[illegible]
查[illegible]

十一月初八日

[illegible]